진짜 하루만에 이해하는

반도체 산업

진짜 하루만에 이해하는
반도체 산업

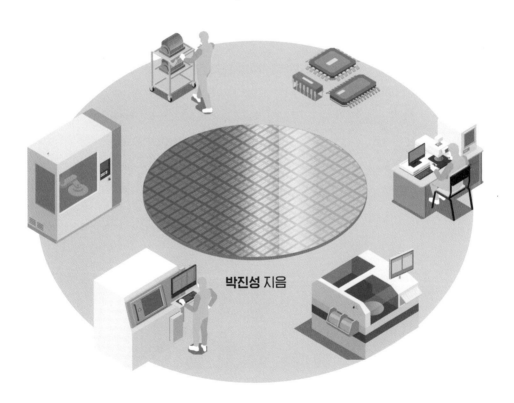

박진성 지음

T.W.I.G
티더블유아이지

한국 경제의 핵심, 반도체

한국 경제에서 가장 중요한 산업 한 가지를 뽑으라면 저는 주저 없이 반도체를 이야기합니다. 메모리 반도체 개발에서 세계 최초 타이틀을 거머쥐기 시작한 1992년부터 반도체 산업은 우리나라의 기간산업으로써 꾸준히 도약해 왔습니다. 한국의 주요 수출 품목과 비중을 보여주는 아래 그림을 함께 볼까요?

	2000년	2005년	2010년	2015년	2018년	2021년
무선통신기기	78.8	275	375.7	325.9	170.9	162
선박	84.2	177.3	471.1	401.1	212.8	230
석유제품	90.6	153.7	318.6	320	463.5	381.5
자동차	132.2	295.1	317.8	457.9	408.9	464.7
반도체	260.1	299.9	514.6	627.2	1267.1	1279.8

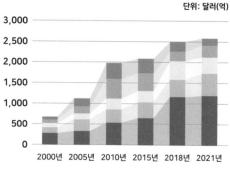

| 한국의 주요 수출 품목과 반도체의 수출 비중 |

2000년 260억 달러로 수출 품목 중 1위를 차지한 반도체는 이후 22년 간 단 6번을 제외하고는 한 번도 1위 자리를 내준 적이 없습니다. 2021년에는 무려 1,280억 달러의 수출액을 기록하며 대한민국 전체 수출액의 20%를 담당하게 되죠. 이는 자동차, 석유제품, 선박, 무선통신기기의 수출액을 전부 합한 것보다 더 큰 규모로 단일 품목으로는 엄청난 수치라 할 수 있습니다.

이렇다 보니, 한국 증시에서 반도체 산업이 차지하는 비중 역시 나날이 커지고 있습니다. 국내 대표 반도체 회사인 삼성전자의 경우 시가총액이 무려 350조 원이나 됩니다. SK하이닉스 역시 68조 원의 시가총액을 자랑하고 있죠. 코스피 시장에 상장된 모든 기업의 시가총액이 약 1,840조 원이니 삼성전자와 SK하이닉스 단 두 회사가 전체 시가총액의 22%를 차지하는 셈입니다.* 게다가 반도체는 장비, 부품, 소재 등을 만드는 여러 협력사가 존재합니다. 이들까지 더하면 반도체 산업의 중요성은 더욱 커집니다. 대한민국 경제의 1/4을 반도체가 책임지고 있다고 해도 과언이 아닙니다.

---

* 2022.07.11 기준입니다.

한국 경제를 책임지는 반도체!

반도체

기타 수출품

| 한국의 주요 수출 품목 중 반도체가 차지하는 비중 |

어렵게만 느껴지는 반도체 공부

많은 사람들이 뉴스, 리포트, 전공 서적 등을 찾아보면서 반도체 산업을 이해해 보려고 노력합니다. 하지만 이내 파운드리, 팹리스, IDM, OSAT, CPU, DRAM, EUV, FPGA, DDR5, EDA, 전공정, 후공정, 포토마스크, 팰리클, TSV, GAA, CIS 등 업계의 어려운 용어들에 압도당해 포기하고 맙니다. 어떤 것이 기술 용어이고, 무엇이 회사 이름인지 구분하는 것조차 버겁습니다.

CPU
팹리스 파운드리
FPGA OSAT
DDR 5
NPU GPU
전공정 후공정 ASIC EUV
DRAM 낸드 플래시

포토마스크
블랭크 마스크
CIS TSV
GAA 펠리클

뭐……지?

반도체 공부, 도대체 어떻게 해야 하는 걸까요?

　큰 그림부터 이해해야 합니다. 숲을 알지 못한 채 나무만 봐서는 답이 나오지 않습니다. 이는 마치 세계 지도가 있으면 각 나라별 관계와 구조를 쉽게 파악할 수 있지만, 세계 지도가 없으면 나라별로 아무리 공부해도 전체적인 개념이 잡히지 않는 것과 같습니다.

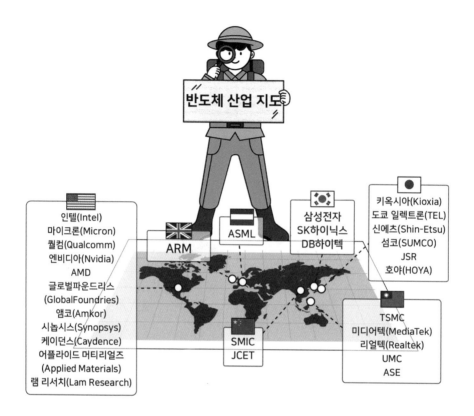

　『진짜 하루만에 이해하는 반도체 산업』은 이러한 기획 의도 아래 탄생했습니다. 반도체 산업을 처음 접하는 비전공자를 위해 어려운 공학 용어들을 과감히 배제하고, 다양한 예시와 실제 사례를 통해 산업의 큰 그림을 이해하는 데 초점을 맞췄습니다.

이 책이 정책가에게는 정책방향의 나침반으로, 사업가와 투자가에게는 기회와 리스크를 들여다보는 현미경으로, 취업을 고민하는 취준생에게는 진로를 탐색하는 내비게이션으로의 역할을 충실히 할 수 있길 바랍니다.

그럼, 지금부터 저와 함께 반도체 세상으로 여행을 떠나 보시죠!

PART 02 시스템 반도체와 메모리 반도체

PART 03 반도체 산업의 생태계와 8대 공정

PART 04 반도체 기업들과 글로벌 주도권 전쟁

PART
01

반도체란
무엇일까?

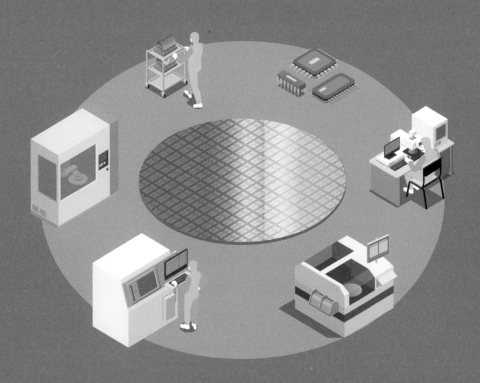

반도체란 무엇이고, 어떤 기능을 하는지 이해하기 쉽게 설명합

니다. 더불어 반도체가 개발된 목적과 발전 방향도 함께 살펴

봅니다.

도체, 부도체, 반도체

자유 전자와 반도체

우리는 하루에도 수십 번씩 반도체 관련 뉴스를 접합니다. 하지만 반도체가 무엇인지는 정확히 알지 못합니다. 반도체란 과연 무엇일까요? 반도체를 이해하기 위해서는 도체와 부도체의 개념을 먼저 알아야 합니다.

도체는 전기가 통하는 물질을 말합니다. 주변에서 흔히 볼 수 있는 구리, 철, 금, 은 등이 모두 도체입니다. 전기가 통하는 도체를 전지와 전구 사이에 연결하면 전구에 불이 켜집니다. 반면 부도체는 전기가 통하지 않는 물질을

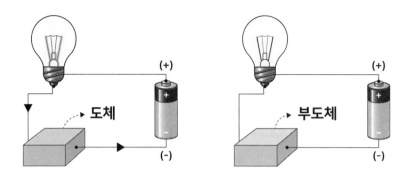

| 그림 1-1. 전구와 전지 사이에 도체를 연결하면 불이 켜지지만,
부도체를 연결하면 불이 켜지지 않는다. |

말합니다. 고무, 플라스틱, 유리 등이 부도체에 속하죠. 전기가 통하지 않는 부도체를 전지와 전구 사이에 연결하면 전구에 불이 들어오지 않습니다.

'아! 그렇다면 반도체는 반만 도체인 물질을 말하는 건가?'

아쉽게도 '반만 도체'이기 때문에 반도체라는 답은 반은 맞고 반은 틀립니다. 정확히는 도체의 특성과 부도체의 특성을 조절할 수 있는 물질이라고 할 수 있습니다. 즉, 전기가 통하거나 통하지 않게 조절할 수 있는 물질이 반도체(Semiconductor)입니다. 대표적인 반도체 물질로는 저마늄(Ge)과 실리콘(Si)이 있는데 현재는 실리콘(Si)을 주로 사용하고 있습니다.

전기가 통한다는 건 어떤 의미일까요? 전자의 흐름을 전류(Electrical Current)라고 합니다. 이 전류가 흐를 때, 우리는 전기가 통한다고 이야기하

죠. 이처럼 전기가 통한다는 것은 전자들이 이동한다는 의미입니다. 그럼 전
자들은 아무 때나 이동할 수 있을까요? 그렇지 않습니다. 전자들을 한 방향으
로 밀어주는 힘이 필요합니다. 이 힘이 바로 전압(Voltage)입니다. 전압이 있
어야만 전자가 이동할 수 있고, 전자가 이동해야만 전류가 흘러 전기가 통하
는 것입니다. 하지만 전압이 있어도 이동할 수 있는 전자가 없다면 전류가 흐
르지 않습니다. 따라서 전기가 통하기 위해서는 이동할 수 있는 전자가 있어
야 합니다. 이렇게 이동할 수 있는 전자를 자유 전자라 하는데, 전기가 통하는
물질인 도체에는 자유 전자가 존재합니다. 그래서 전류가 흐를 수 있죠. 반대
로 전기가 통하지 않는 물질인 부도체에는 자유 전자가 없거나 있어도 매우
적기 때문에 전류가 흐를 수 없습니다.

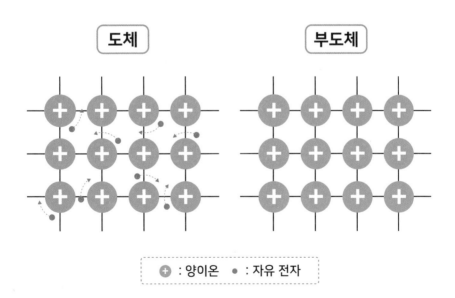

| 그림 1-2. 도체에는 자유 전자가 있지만, 부도체에는 자유 전자가 없다. |

정리하면, 전압을 인가했을 때 이동할 수 있는 자유 전자를 가진 물질은 도체, 자유 전자가 없는 물질은 부도체입니다. 반도체 물질은 본래 전자가 이동할 수 없는 물질(부도체의 성질)이지만, 인위적인 조작을 통해 전자가 이동할 수 있도록(도체의 성질을 갖도록) 만들 수 있는 물질을 말합니다. 반도체 물질을 이해하기 위해서는 반도체 물질 내에서 전자가 이동할 수 있도록 만드는 원리를 알아야 합니다. 그럼, 지금부터 하나씩 알아보도록 하겠습니다.

반도체의 원리와 유형

최외각 전자와 공유 결합

우리 주변에서 흔히 볼 수 있는 유리, 플라스틱, 나무, 전선과 같은 물질을 계속 작은 크기로 잘라서 쪼개면 원자라고 부르는 매우 작은 입자가 됩니다. 원자는 자기만의 성질을 띠기 위한 최소 단위로 양성자(Proton), 중성자(Neutron), 전자(Electron)로 구성되어 있습니다.

그림 1-3에서 볼 수 있듯이, 양성자와 중성자는 서로 오밀조밀 뭉쳐서 원자핵을 이루며 전자는 그런 원자핵에서 멀찍이 떨어져 주위를 돌고 있습니다.

이때 원자핵을 따라 도는 전자의 궤도를 전자껍질*(각)이라고 부릅니다. 원자핵과 가까운 전자껍질부터 차곡차곡 전자가 채워지는데, 자리가 꽉 차면 전자껍질의 수가 늘어납니다. 여러 전자껍질 중 가장 바깥쪽의 전자껍질을 최외각이라 부르고, 최외각에 위치한 전자를 최외각 전자라고 부릅니다.

전자껍질을 돌고 있는 수많은 전자 중, 가장 바깥쪽의 전자만 특별히 최외각 전자라고 이름을 붙인 이유가 있겠죠? 반도체 물질의 원리를 이해할 때 가장 중요한 것이 바로 최외각 전자의 개수입니다. 원자가 가질 수 있는 최외각 전자의 최대 개수는 2개 또는 8개로 정해져 있습니다. 최외각 전자가 2개

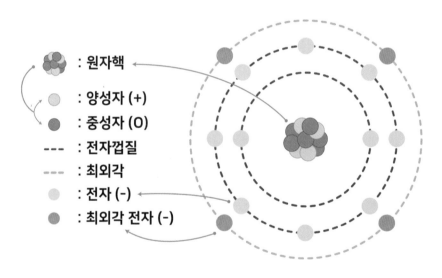

▎ 그림 1-3. 가장 바깥쪽의 전자껍질을 최외각, 최외각에 존재하는 전자를 최외각 전자라고 한다. ▎

* 전자껍질은 과학자들이 원자의 전자 구조를 쉽게 이해하기 위해 만들어낸 개념으로 실제 존재하지는 않습니다.

인 경우 듀엣 규칙(Duet Rule), 8개인 경우는 옥텟 규칙(Octet Rule)을 만족한다고 표현합니다. 듀엣 규칙과 옥텟 규칙을 만족하는 원자는 안정적인 상태를 유지하며 다른 원자와 만나도 쉽게 반응하지 않습니다.

그렇다면 이 규칙을 만족하지 못하는 불안정한 상태의 원자는 어떻게 될까요? 듀엣 규칙이나 옥텟 규칙을 만족하기 위해 다른 원자와 결합하려고 합니다. 이렇게 서로 다른 원자의 최외각 전자끼리 결합하는 것을 공유 결합(Covalent Bond)이라고 합니다. 이해를 돕기 위해 산소 원자(O) 1개에 수소 원자(H) 2개가 결합해 물 분자(H_2O)가 만들어지는 과정을 살펴보겠습니다.

그림 1-4의 왼쪽은 산소 원자입니다. 가운데 원자핵이 있고, 최외각 전자가 6개 있으므로 현재는 불안정한 상태입니다. 오른쪽은 수소 원자입니다. 가운데 원자핵(수소 원자의 원자핵은 양성자 1개로만 이루어져 있습니다)이 있고, 최외각 전자가 1개 있습니다. 산소 원자와 마찬가지로 불안정한 상태입니다.

자, 이렇게 불안정한 두 원자가 서로 만나면 어떤 일이 벌어질까요? 듀엣

 : 원자핵   : 양성자   : 최외각 전자

| 그림 1-4. 산소 원자는 최외각 전자 6개로 옥텟 규칙을, 수소 원자는 최외각 전자 1개로 듀엣 규칙을 만족시키지 못해 불안정한 상태이다. |

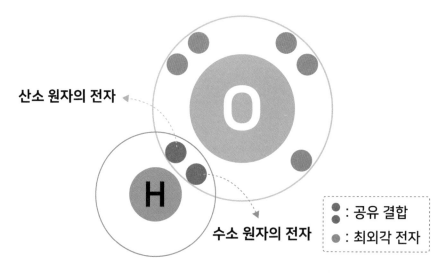

산소 원자의 전자

수소 원자의 전자

● : 공유 결합
● : 최외각 전자

| 그림 1-5. 공유 결합을 통해 수소 원자는 안정적인 상태가 되었지만,
산소 원자는 여전히 불안정한 상태이다. |

규칙과 옥텟 규칙을 만족하기 위해 각 원자의 최외각 전자끼리 공유 결합을 형성합니다. 그림 1-5를 볼까요? 산소 원자의 최외각 전자 1개와 수소 원자의 최외각 전자 1개가 만나 공유 결합을 이루었습니다. 그 결과 수소 원자는 최외각 전자가 2개가 되어 듀엣 규칙을 만족합니다. 반면 산소 원자는 최외각 전자가 7개뿐이라 아직도 불안정한 상태입니다.

그래서 산소 원자는 다른 수소 원자 1개와 한 번 더 결합합니다. 이로써 산소 원자는 8개의 최외각 전자를 갖게 되고, 추가로 결합한 수소 원자 역시 2개의 최외각 전자를 갖게 되었습니다. 결과적으로 산소 원자 1개와 수소 원자 2개가 결합하여 물 분자(H_2O)가 되었으며, 세 개의 원자 모두 듀엣 규칙 또는 옥텟 규칙을 만족하는 안정적인 상태가 되었습니다.

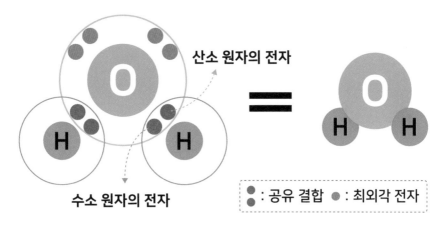

산소 원자의 전자

수소 원자의 전자

● : 공유 결합　● : 최외각 전자

┃ 그림 1-6. 추가된 수소 원자와의 공유 결합을 통해 산소 원자는 옥텟 규칙을,
두 수소 원자는 듀엣 규칙을 만족해 안정적인 상태가 되었다. ┃

자, 이제 앞에서 배운 공유 결합을 활용해 반도체 물질 내에 자유 전자를 만드는 원리를 설명드리겠습니다. 그림 1-7의 왼쪽에서 볼 수 있듯이, 실리콘 (Si) 원자는 4개의 최외각 전자를 가지고 있습니다. 옥텟 규칙을 만족하지 못해 불안정한 상태이죠. 그래서 주변의 다른 원자들과 만나 공유 결합을 형성하려 합니다. 가운데 그림에서는 중앙의 실리콘 원자가 주변에 있는 4개의 실리콘 원자들과 공유 결합을 형성해 옥텟 규칙을 만족한 것을 볼 수 있습니다. 이제 이 실리콘 원자가 무한히 배열된 실리콘 덩어리를 상상해 봅시다. 불안정한 상태의 실리콘 원자들은 주변의 실리콘 원자와의 공유 결합을 통해 8개의 최외각 전자를 확보하고 안정적인 상태가 됩니다.

공유 결합에 사용된 전자는 이동하지 않습니다. 따라서 최외각에 있는 전자들이 모두 공유 결합에 활용되면, 실리콘 덩어리 내에 이동할 수 있는 자유 전자가 없게 됩니다. 자유 전자가 없으므로, 실리콘 덩어리는 부도체의 특성

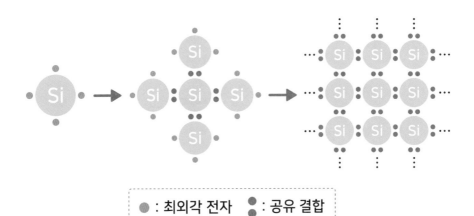

: 최외각 전자
: 공유 결합

| 그림 1-7. 무한히 배열된 실리콘 원자들은 공유 결합을 통해 옥텟 규칙을 만족하며 안정적인 상태가 된다. |

을 갖게 되죠. 그렇다면 어떻게 자유 전자가 없는 이 실리콘 덩어리가 도체의 성질을 띠도록 만들 수 있을까요?

실리콘 원자들 사이에 최외각 전자가 3개 또는 5개인 불안정한 상태의 원자를 불순물로 넣어주면 됩니다. 불순물 원자들이 실리콘 원자들과 새롭게 공유 결합을 형성하면서 전자가 이동할 수 있게 되는 원리입니다. 이렇게 반도체 물질에 불순물을 주입하는 과정을 반도체 공정에서는 도핑(Doping)이라 부르고, 도핑에 사용되는 불순물을 도펀트(Dopant)라고 합니다. 그럼, 지금부터 도핑 과정을 자세히 알아보도록 하겠습니다.

N형 반도체와 P형 반도체

먼저, 실리콘(Si) 원자보다 최외각 전자가 하나 많은(5개를 가진) 원자를 불순물로 넣는 경우입니다. 이때 사용하는 불순물은 인(P)이나 비소(As)가 대표적인데 여기서는 인으로 설명드리겠습니다. 그림 1-8을 함께 봐주세요. 실리콘 원자끼리 배열을 이루고 있는 반도체 물질에 인을 집어넣고 높은 온도에서 충분한 열에너지를 가해주면, 인 원자는 기존 실리콘 원자가 차지하고 있던 자리를 빼앗고 들어가 주변 실리콘 원자들과 공유 결합을 형성합니다. 그런데 인이 가진 최외각 전자는 5개이기 때문에 주변 실리콘 원자 4개와 공유 결합을 형성한 후에도 전자가 하나 남습니다. 이렇게 공유 결합에 활용되지 않고 남은 전자는 자유 전자가 됩니다. 전압을 걸어주면 이 자유 전자가 (-)에서 (+) 방향으로 이동하면서 전류가 흐르게 됩니다. 이러한 방식으로 만든 반

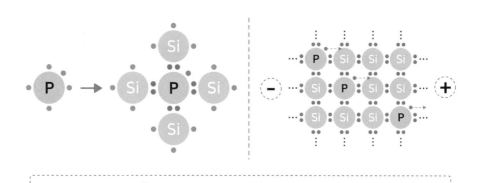

● : 최외각 전자　● : 공유 결합　● : 자유 전자　---→ : 전자의 이동 방향

| 그림 1-8. 인 원자와 실리콘 원자의 공유 결합으로 자유전자가 생겼다. 왼쪽에 (-) 전압을, 오른쪽에 (+) 전압을 걸어주면 자유 전자가 오른쪽으로 이동하며 전류가 흐른다. |

도체를 N형 반도체라고 부릅니다.

다음으로 실리콘 원자보다 최외각 전자가 하나 적은(3개를 가진) 원자를 불순물로 넣는 경우를 살펴보겠습니다. 이때 활용하는 불순물은 붕소(B)나 갈륨(Ga)이 대표적인데 여기서는 붕소로 설명드리겠습니다. 그림 1-9를 함께 봐주세요. 실리콘 원자끼리 배열을 이루고 있는 반도체 물질에 붕소를 넣고 높은 온도에서 충분한 열에너지를 가하면, 붕소 원자는 원래 실리콘 원자가 차지하고 있던 자리를 빼앗고 들어가 주변의 실리콘 원자들과 공유 결합을 형성합니다. 이때 붕소 원자가 가진 최외각 전자가 3개뿐이기 때문에 최외각에 빈자리가 하나 생기게 됩니다. 이렇게 생긴 빈자리를 정공(Hole)이라고 하는데, 전압을 걸어주면 공유 결합에 이용되었던 주변의 전자가 이 정공으로 이동할 수 있게 됩니다. 전자가 이동함으로써 전류가 흐르는 것이죠. 이러한 방

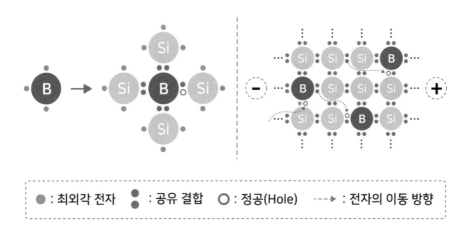

| 그림 1-9. 붕소 원자와 실리콘 원자의 공유 결합으로 정공이 생겼다. 왼쪽에 (-) 전압을, 오른쪽에 (+) 전압을 걸어주면 공유 결합을 이루고 있던 전자가 오른쪽의 정공 자리로 이동하며 전류가 흐른다. |

식으로 만든 반도체를 P형 반도체라고 부릅니다.

지금까지 도핑을 통해 부도체인 순수 반도체 물질에 전류가 흐를 수 있도록 만드는 원리를 알아봤습니다. 그렇다면 반도체에 흐르는 전류의 양도 조절할 수 있을까요? 불순물(도펀트)의 양을 조절하면 됩니다. 불순물의 양을 늘리면 자유 전자나 정공이 많이 생겨납니다. 그만큼 전류가 더 흐를 수 있죠. 반대로 불순물을 적게 넣으면 자유 전자나 정공이 조금 생기게 되고, 전류 역시 적게 흐르게 됩니다. 이렇게 불순물의 양을 조절함으로써 반도체 물질에 전기가 통하는 정도를 조절할 수 있습니다.

P형 반도체와 N형 반도체의 만남, 반도체 소자

전기가 통하지 않는 반도체 물질에 불순물을 집어넣어 전기가 통하는 P형과 N형 반도체를 만드는 방법을 알아봤습니다. 그런데 왜 굳이 전기가 통하는 반도체 물질을 만든 것일까요? 전기를 통하게 만드는 것만이 목적이었다면 애초에 전기가 잘 통하는 금속을 사용하는 것이 더 효과적일 텐데요.

금속이 갖지 못하는 반도체만의 특별한 능력이 있기 때문입니다. 반도체는 P형과 N형 반도체가 만날 때 엄청난 능력을 발휘합니다. P형과 N형 반도체를 조합하면 다양한 기능을 하는 반도체 소자를 만들 수 있습니다. 대표적인 반도체 소자로는 정류 기능을 하는 다이오드(Diode)와 증폭과 스위치 기능을 하는 트랜지스터(Transistor)가 있습니다. 먼저, 다이오드부터 살펴보겠습니다.

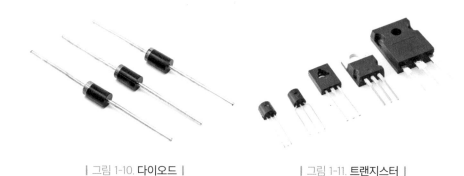

| 그림 1-10. 다이오드 | | 그림 1-11. 트랜지스터 |

P형 반도체와 N형 반도체를 나란히 접합한 후, P형 반도체에 (+) 전압, N형 반도체에 (-) 전압을 걸어주면 전자가 N형 반도체에서 P형 반도체 방향으로 이동하면서 전류가 흐르게 됩니다. 전압을 반대로 걸어주는 경우에는 전류가 흐르지 않습니다. 이렇게 전자가 한 방향으로만 이동할 수 있게 하는 것을 정류라 하고, 정류 기능을 수행하는 소자를 다이오드라고 합니다. 그중 P형 반도체와 N형 반도체를 나란히 접합해 만든 다이오드를 PN 다이오드라고 부릅니다.

PN 다이오드의 정류 기능은 어디에 활용될까요? 우리가 사용하는 콘센트 전원은 모두 교류(AC; Alternating Current)이지만 스마트폰, 태블릿과 같은 기기들은 직류(DC; Direct Current) 전원을 사용합니다. 이런 기기들을 콘센트에 연결해 충전하기 위해서는 교류 전원을 직류 전원으로 바꿔주는 AC/DC 컨버터가 필요합니다. 이 AC/DC 컨버터의 핵심 부품이 바로 PN 다이오드입니다. 또한 PN 다이오드는 라디오와 TV의 교류 무선 전파를 직류로 바꾸어 그 전파 안에 담긴 정보를 추출하는 데도 활용됩니다.

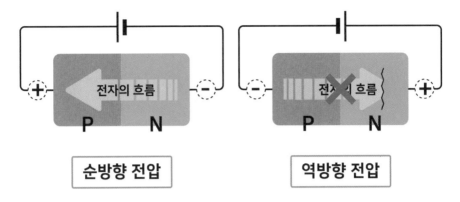

전자의 흐름

P   N

순방향 전압

전자의 흐름

P   N

역방향 전압

| 그림 1-12. P형과 N형 반도체를 나란히 접합하고 P형에 (+) 전압, N형에 (-) 전압을 걸어야만 전자가 이동할 수 있다. |

P형 반도체와 N형 반도체를 다양한 방식으로 접합하면 증폭과 스위치 기능을 가진 트랜지스터를 만들 수 있습니다. 대표적인 트랜지스터인 양극성 접합 트랜지스터(BJT)와 금속 산화물 반도체 전계 효과 트랜지스터(MOSFET)를 살펴보겠습니다.

양극성 접합 트랜지스터(Bipolar Junction Transistor), 줄여서 BJT라 부르는 이 트랜지스터는 PN 다이오드에 하나의 반도체를 더 추가해 만듭니다. P형 반도체 사이에 N형 반도체가 껴 있는 PNP BJT, N형 반도체 사이에 P형 반도체가 껴 있는 NPN BJT가 있죠. 그림 1-13에서 볼 수 있듯, BJT는 전자나 정공을 공급하기 위한 이미터(E; Emitter), 전자나 정공의 흐름을 조절하는 베이스(B; Base), 흐름이 조절된 전자나 정공이 나오는 컬렉터(C; Collector) 세 부분으로 구성되는데, 가운데 끼어 있는 베이스(B)의 두께가 양쪽의 이미터(E)와 컬렉터(C)보다 훨씬 얇은 것이 특징입니다. BJT의 증폭 기능은 라디

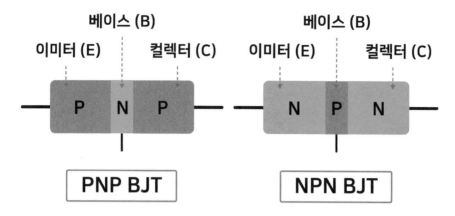

| 그림 1-13. P형과 N형 반도체를 어떻게 조합하는지에 따라 PNP형 BJT(왼쪽)와
NPN형 BJT(오른쪽)로 구분된다. |

오, 앰프, TV 신호의 증폭에 사용되었으며, 스위치 기능은 초기 계산용 컴퓨터에 사용되었습니다.

금속 산화물 반도체 전계 효과 트랜지스터(Metal-Oxide-Semiconductor Field-Effect-Transistor), 줄여서 MOSFET(모스펫)이라 부르는 이 트랜지스터 역시 BJT처럼 증폭기와 스위치 역할을 할 수 있습니다. 그중에서도 스위치 역할에 더 특화되어 있죠. MOSFET은 소스(Source), 바디(Body), 드레인(Drain), 게이트(Gate)로 이뤄져 있습니다. P형 반도체가 소스와 드레인이고, N형 반도체가 바디가 된 구조를 P형 MOSFET이라고 부릅니다. 반대로 N형 반도체가 소스와 드레인이고, P형 반도체가 바디가 된 구조를 N형 MOSFET이라고 부릅니다.

MOSFET은 BJT보다 낮은 전력으로 동작하고, 더 작게 만들 수 있으며, 대량 생산까지 가능하다는 큰 장점을 갖고 있습니다. MOSFET의 등장으로

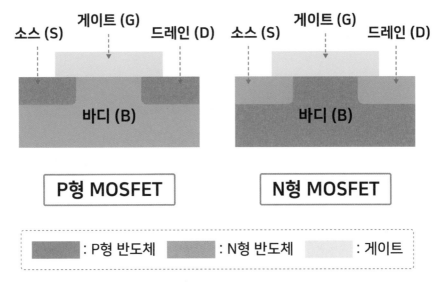

소스 (S) 게이트 (G) 드레인 (D) 소스 (S) 게이트 (G) 드레인 (D)

바디 (B) 바디 (B)

P형 MOSFET N형 MOSFET

: P형 반도체 : N형 반도체 : 게이트

| 그림 1-14. P형과 N형 반도체를 어떻게 조합하는지에 따라 P형 MOSFET(왼쪽)과
N형 MOSFET(오른쪽)으로 구분된다. |

방 한 칸을 차지하던 컴퓨터의 크기가 가정용 책상에 올려놓을 수 있을 정도
로 작아졌고, 덕분에 컴퓨터 산업이 폭발적으로 성장했죠. 오늘날 우리가 사
용하는 컴퓨터, 스마트폰 같은 전자 기기에 쓰이는 대부분의 트랜지스터가
MOSFET 구조를 갖고 있습니다.*

---

* BJT는 큰 전류를 사용하는 전력 반도체나 전류를 직접 제어하는 아날로그 신호처리와 같은 특수
분야에서 꾸준히 사용되고 있습니다.

	PN 다이오드	BJT	MOSFET
구조			
정류 기능	O	X	X
스위치 기능	X	O	O
증폭 기능	X	O	O
활용처	AC/DC 컨버터, 라디오, TV(신호 검지)	초기 계산용 컴퓨터, 앰프, 라디오, TV(증폭)	컴퓨터를 비롯한 대부분의 전자 기기

| 표 1-1. 반도체 소자별 특징 비교 |

3

반도체 개발의 역사와 발전 방향

반도체 이전의 전기 소자, 진공관

P형 반도체와 N형 반도체를 조합하여 다이오드와 트랜지스터처럼 다양한 기능을 하는 반도체 소자를 만들 수 있다는 것을 배웠습니다. 이제부터는 반도체 소자의 기능들, 특히 증폭과 스위치 기능이 어떻게 전자 산업의 패러다임을 바꾸었는지 그 역사를 살펴보겠습니다.

반도체 소자 등장 이전에 다이오드와 트랜지스터 같은 역할을 했던 최초의 전기 소자는 진공관(Vacuum Tube)입니다. 진공관은 진공의 환경에 놓여

| 그림 1-15. 음향 기기와 같이 특수 목적으로 사용되는 현대의 진공관 |

진 금속을 가열할 때 발생하는 전자의 이동을 제어하여 정류, 증폭, 스위치의 기능을 하도록 만든 진공 상태의 유리관입니다. 전구를 개발하는 과정에서 우연히 발명된 진공관은 전구와 매우 흡사하게 생겼습니다.

최초의 2극 진공관은 1905년 영국의 전기 공학자인 플레밍(John A. Fleming)에 의해 다이오드라는 이름으로 발명되었습니다. 2극 진공관은 전류가 한 방향으로만 흐르게 하는 정류 기능을 담당했습니다. 이후 1907년 미국 발명가 포리스트(Lee de Forest)가 3극 진공관을 발명합니다. 2극 진공관에 전극을 하나 더 추가해 증폭과 스위치 기능이 가능하도록 했습니다. 이 증폭과 스위치 기능은 어디에 활용되었을까요?

먼저 증폭 기능은 소리 정보를 가진 전기 신호의 증폭에 사용되었습니다. 3극 진공관이 개발되던 시기, 음반은 레코드판의 형태로 제작되었습니다. 레코드판은 표면에 작은 홈이 파여 있는 플라스틱 판입니다. 홈의 깊이와 형태는 공기의 떨림으로 인한 미세한 압력 변화인 소리를 기록한 것입니다. 공기의 떨림이 1초에 100번이라면, 레코드판에 새겨져 있는 홈도 1초에 100번 움직이도록 해 같은 소리가 나오도록 한 것이죠. 그런데 크기가 한정된 레코드판에 여러 곡의 음악을 기록하기 위해서는 홈이 미세할 수밖에 없었습니다. 미세한 움직임으로는 미세한 공기의 떨림만 만들어 낼 수 있었고, 결국 턴테이블에 레코드판을 얹고 재생하면 소리가 너무 작게 나오는 문제가 발생했습니다. 소리 정보를 가진 전기 신호가 너무 작았던 것입니다. 이때 필요한 것이 바로 작은 소리를 크게 키워주는 앰프입니다. 레코드판에서 읽은 전기 신호를 앰프에 입력하면, 앰프에 있는 3극 진공관을 통해 소리가 크게 증폭되어 출력됩니다. 덕분에 레코드판으로 음악을 감상하는 것이 가능해졌죠.

3극 진공관의 신호 증폭 기능은 통신 분야에서도 활용되었습니다. 3극 진공관이 발명되던 즈음, 미국의 통신 회사 AT&T는 미국 동부 끝에 위치한 뉴욕에서 서부 끝에 위치한 로스앤젤레스(LA)까지 전화를 개통하기 위해 고심 중이었습니다. 아무리 좋은 전화선을 사용해도 전선 저항 때문에 전기 신호가 점점 약해져 잘 전달되지 않았기 때문입니다. AT&T는 이 문제를 해결하기 위해 3극 진공관의 증폭 기능을 이용하기로 했습니다. 신호가 약해지는 중간 지점마다 3극 진공관으로 전기 신호를 증폭하는 아이디어였죠. 결국 AT&T는 3극 진공관의 증폭 기능을 활용해 미국 동부와 서부를 잇는 직통 전화를 개통하는 데 성공합니다.

하지만 진공관 소자에는 여러 가지 단점이 있었습니다. 당시 진공관은 손

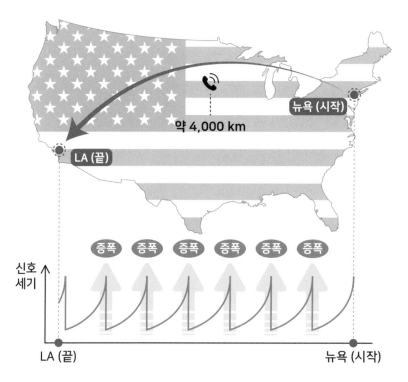

| 그림 1-16. 3극 진공관의 증폭 기능 덕분에 미국 동부와 서부를 잇는 직통 전화가 개통될 수 있었다. |

바닥만 한 크기로 부피가 컸고 유리관이기 때문에 쉽게 파손될 위험이 있었습니다. 또한, 열을 발생시켜야 하는 구동 원리 때문에 필연적인 발열 문제가 존재했습니다. 예열 시간이 필요하고, 소비 전력이 높다는 점도 문제였죠. 가장 큰 단점은 바로 짧은 수명이었습니다. 1초도 끊기지 않는 전화 연결을 위해서는 미국 동부와 서부를 연결하는 기나긴 전화선에 설치된 수많은 진공관을 자주 교체해 줘야 했습니다. 이런 문제를 해결하기 위해 연구원들은 3극 진공관을 개량하는 연구를 진행합니다. 연구가 거듭될수록 진공관의 성능이 개선되고, 수명 역시 늘어났죠. 하지만 30여 년의 긴 연구에도 진공관의 구조상 발열

문제와 파손 문제는 어쩔 수가 없었습니다. 시간이 갈수록 새로운 형태의 증폭기에 대한 필요성이 대두되었습니다.

앞서 3극 진공관은 스위치 기능을 할 수 있다고 말씀드렸죠? 스위치 기능은 어디에 활용되었을까요? 종종 영화에서 주인공이 멀리 있는 상대에게 불을 켰다 껐다 하는 방법으로 신호를 전달하는 장면을 볼 수 있습니다. 불이 켜질 때를 1, 꺼질 때를 0이라 가정하면 101, 10011 등으로 여러 가지 의미를 전달할 수 있죠. 스위치로 불을 켜고, 끄는 것처럼 두 가지 신호를 만들어 내는 것을 스위치 기능이라고 합니다. 전기가 통하게도, 통하지 않게도 할 수 있는 3극 진공관 역시 스위치와 같은 기능이 가능합니다. 전기가 통할 때를 1, 통하지 않을 때를 0이라 하면, 1과 0으로 된 신호를 만들 수 있습니다. 3극 진공관으로 만든 신호는 기계에게 계산 일을 시키는 데 사용됩니다. 1과 0을 이용해서 어떻게 기계에게 일을 시킬 수 있을까요? 이해를 돕기 위해 잠시 1과 0으로 수를 표현하는 이진법에 대해 알아보겠습니다.

우리는 일상에서 0부터 9까지 총 10개의 숫자를 사용하는 십(10)진법을 씁니다. 10개 숫자의 주기가 끝난 후에는 왼쪽으로 한 자릿수를 증가시켜 더 큰 수를 표현하는 방법이죠. 반면 이(2)진법은 1과 0, 두 개의 숫자를 사용합니다. 2개 숫자의 주기가 끝나면 왼쪽으로 한 자릿수를 증가시키는 방식입니다. 십진수 3은 이진수로 $11_{(2)}$, 십진수 30은 $11110_{(2)}$, 십진수 107은 $1101011_{(2)}$로 표현할 수 있죠. 더 길고 복잡해 보이긴 하지만 십진수의 모든 숫자를 0과 1 두 개의 숫자만 사용해서 나타낼 수 있습니다.

자, 이제 기계에게 5+2의 계산을 시켜보겠습니다. 5는 이진수로 $101_{(2)}$,

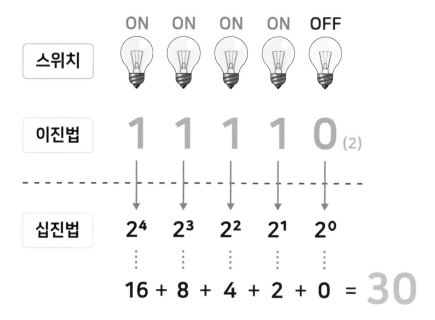

ON ON ON ON OFF

스위치

이진법

$$1 \quad 1 \quad 1 \quad 1 \quad 0_{(2)}$$

십진법

$$2^4 \quad 2^3 \quad 2^2 \quad 2^1 \quad 2^0$$

$$16 + 8 + 4 + 2 + 0 = 30$$

| 그림 1-17. 스위치로 만들어낸 이진수를 다시 십진수로 변환하는 과정 |

2는 이진수로 $10_{(2)}$입니다. 전기가 통할 때를 1, 전기가 통하지 않을 때를 0이라 정의하면, 전기를 통하게(1), 통하지 않게(0), 다시 통하게 해(1) $101_{(2)}$을 만들고 다시 전기를 통하게(1), 통하지 않게(0) 하는 동작으로 $10_{(2)}$을 만든 뒤 이 두 개를 더하는 명령을 내립니다. 기계는 이진수로 이 연산을 수행하고 결괏값을 다시 십진수로 변환하여 우리가 원하는 5+2의 값을 알려줍니다.

문제는 1+1=2와 같은 간단한 연산을 하기 위해서 진공관이 무려 14개나 필요했다는 것입니다. 간단한 계산도 이 정도인데, 복잡한 계산에는 얼마나 많은 진공관이 필요했을까요? 1946년에 개발되어 포탄의 탄도 계산, 기상 예측, 우주선 궤도 계산 등에 활용된 에니악(ENIAC) 컴퓨터에는 18,000개의 진

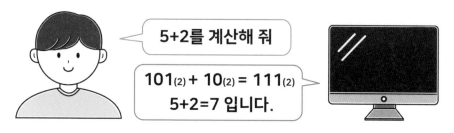

공관과 1,500개의 기계식 스위치가 사용되었습니다. 무게는 30톤에 달했고, 부피는 거실만 했으며(62,500,000cm³), 무려 180KW의 소비 전력을 사용했죠. 300W를 쓰는 데스크톱과 10W를 쓰는 스마트폰에 견줘보면 각각 600배, 18,000배나 많은 전기를 쓰는 셈입니다. 더욱이 18,000개에 달하는 진공관들을 자주 교체해 줘야 하는 번거로움까지 있었죠. 이런 문제들로 인해 진공관 대신 사용할 수 있는 신제품 개발의 필요성이 나날이 커져 갔습니다.

트랜지스터의 등장

2차 세계 대전을 거치면서 반도체 물질이 진공관을 대체할 대안으로 떠오릅니다. 당시 레이더 연구가 활발히 진행되고 있었는데, 연구 중 도핑을 통해 반도체 물질에 전기 전도성을 부여할 수 있고, 교류 신호를 직류로 변환하는 다이오드 특성을 얻을 수 있음을 알게 되었습니다. 이에 연구원들은 반도체 물질을 이용한 증폭기 개발에 돌입합니다.

1947년, 아주 얇은 P형 저마늄(Ge) 반도체층을 가진 저마늄 덩어리 표면과 그 표면에 접촉해 있는 금속판 사이에서 신호가 증폭되는 현상이 발견됩니다. 연구진은 이 반도체 소자가 입력된 작은 신호를 크게 증폭하기 위해 저항을 바꾸며 신호를 전달한다고 보았습니다. 그래서 바꾸다는 의미의 접두사 'Trans-'와 저항이란 의미의 'Resistor'를 합쳐 트랜지스터(Transistor)라는 이름을 붙였습니다. 이렇게 개발된 초기 트랜지스터는 저마늄 표면에 아주 작은 면적으로 접촉된 금속의 모습을 따와서 점 접촉 트랜지스터(Point-Contact Transistor)라고 불렸습니다. 얼마 후, 연구팀에서는 점 접촉 트랜지스터보다 한 층 더 진보한 형태의 또 다른 트랜지스터를 개발합니다. 3극 진공관의 구조와 증폭의 원리를 거의 그대로 차용한 양극성 접합 트랜지스터(BJT)가 바로 그것입니다.

반도체 물질로 만들어진 트랜지스터는 완벽에 가까운 증폭기이자 스위치였습니다. 3극 진공관처럼 진공 유리관이 필요하지 않았으며, 작동을 위해 열을 가할 필요도 없었습니다. 모든 일이 반도체 물질 안에서 해결되는 고체 상태의 소자였죠. 진공관에 비해 내구성과 수명이 향상되었고 소비 전력이 줄었으며 크기 역시 작아졌습니다. 덕분에 유선 장거리 전화선의 유지 비용이 감소했고, 지금의 데스크톱 컴퓨터만 하던 라디오가 한 손에 들어오는 크기로 작아졌죠. 집채만 한 컴퓨터도 냉장고 크기로 줄었습니다. BJT는 10년 만에 유선 통신, 라디오 산업, 컴퓨터 분야를 주름잡던 진공관을 완벽하게 대체합니다. 그리고 세계 최초로 반도체 소자를 개발한 세 연구원, 쇼클리(William B. Shockley), 브래튼(Walter H. Brattain), 바딘(John Bardeen)은 전자 산업 발전에 기여한 공로로 1956년 노벨 물리학상을 수상합니다.

집적 회로의 등장과 세상을 바꾼 MOSFET

BJT의 등장으로 컴퓨터의 성능은 눈에 띄게 좋아졌습니다. 사람들은 복잡한 계산을 하기 위해 점점 더 많은 BJT와 주변 전기 소자들을 일일이 연결하고, 그 지점마다 납땜을 하기 시작했죠. 하지만 긴 전선이 복잡하게 이어지면서 외부 충격에 의한 파손 가능성이 커졌고, 회로가 작동하지 않을 때 어디에서 문제가 발생한 것인지 파악하기가 어려웠습니다.

이 문제를 해결하기 위해 연구원들은 하나의 판 위에서 반도체 소자를 포함한 여러 전자 부품을 만들고, 이를 모두 전선으로 연결하여 회로를 구성하는 방법을 고안해냅니다. 판 안에서 전기적인 연결이 만들어지면 전선의 이동 경로가 짧아지고, 동시에 외부 충격에 의한 파손 가능성이 작아질 것이라 생각한 것이죠. 이렇게 하나의 판에 여러 소자들을 만들어 배치하거나 쌓는 과정을 '집적'이라고 하고, 판에 있는 반도체 소자들을 전선으로 연결해 회로로 구성한 제품을 '집적 회로(IC; Integrated Circuit)'라고 합니다.

1958년, 이 아이디어는 킬비(Jack Killby)에 의해 실현 가능해집니다. 킬비는 세라믹 판 위에 전기 신호 증폭을 위한 트랜지스터 1개와 부수적인 부품 4개를 접착제로 붙이고, 이들이 전기 신호를 주고받으며 동작하도록 전선을 연결했습니다. 비록 하나의 판에 소자들을 덕지덕지 붙인 뒤 전선을 직접 납

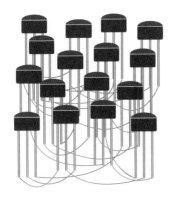

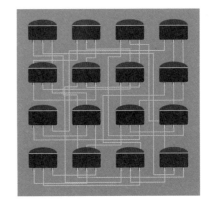

납땜 회로   집적 회로

| 그림 1-19. 소자 사이를 전선으로 연결한 복잡한 형태의 납땜 회로(왼쪽)와
하나의 판 위에 소자와 전선을 고정시켜 만든 집적 회로(오른쪽) |

땜한 형태였지만, 결과는 성공적이었습니다. 세계 최초의 집적 회로가 탄생한 것입니다. 하지만 킬비가 만든 최초의 집적 회로에는 문제가 하나 있었습니다. 사람이 직접 전선을 납땜해야 했기 때문에 대량 생산이 불가능했습니다.

1959년, 노이스(Robert Noyce)와 무어(Gordon E. Moore)가 대량 생산이 가능한 새로운 형태의 집적 회로를 개발합니다. 이 집적 회로는 킬비의 집적 회로와는 달리 매우 깔끔하게 정돈된 형태였습니다. 무엇이 달라진 걸까요? 먼저, 재료가 바뀌었습니다. 연구원들은 저마늄(Ge)이 아닌 실리콘(Si)을 반도체의 기본 재료로 사용했습니다. 실리콘(Si)을 산소(O)와 반응시키면 전기가 통하지 않는 뛰어난 절연체인 이산화규소(SiO_2)를 만들 수 있습니다. 이전에는 습기, 먼지 등에 노출된 반도체 소자들의 전기적 특성이 자주 바뀌었는데,

이산화규소를 실리콘 표면에 씌워(박막) 외부 오염물로부터 실리콘 표면을 효과적으로 보호할 수 있었습니다. 다만, 이렇게 하려면 배선 방식을 바꿔야 했습니다.

이에 연구원들은 이산화규소 박막 위 전선이 지나갈 자리에 홈을 파고, 그 홈에 금속을 채워 넣어 여러 반도체 소자들을 연결하는 새로운 방식을 고안해 냅니다. 그런데 이 새로운 배선 방식은 사람이 일일이 납땜하는 것이 아니라 기계가 처음부터 끝까지 작업할 수 있는 방식이었습니다. 덕분에 집적 회로의 대량 생산이 가능해지면서 본격적인 집적 회로의 시대가 열립니다. 그리고 이 집적 회로를 만든 노이스(Robert Noyce)와 무어(Gordon E. Moore)는 훗날 전 세계 반도체 산업을 이끌어 나갈 기업인 인텔(Intel)을 창업합니다.

대량 생산의 길이 열렸지만, 집적 회로 안에 많은 수의 트랜지스터를 집적하는 데는 한계가 있었습니다. BJT의 크기가 컸기 때문입니다. 1960년, 마침내 BJT를 대체할 금속 산화물 반도체 전계 효과 트랜지스터, MOSFET이 개발됩니다. MOSFET은 구조가 간단해 소형화가 가능했습니다. BJT 1개가 들어가는 면적이면 50~80개의 MOSFET을 넣을 수 있었죠. MOSFET은 BJT에 비해 공정 단계가 40%가량 적어 만들기도 쉬웠습니다. 심지어 BJT보다 소비 전력이 낮았고, 스위칭 속도도 훨씬 빨랐습니다. 새로운 트랜지스터의 시대가 도래한 것입니다.

집적 회로의 개발로 여러 반도체 소자를 전기적 문제없이 연결함과 동시에 대량 생산의 길이 열렸습니다. 그리고 MOSFET의 발명으로 더 작고 더 뛰어난 성능의 반도체 소자를 만드는 것이 가능해졌죠. 집적 회로와 MOSFET

이 만나 작은 공간 안에 수많은 트랜지스터를 넣은 집적 회로 칩을 대량 생산할 수 있게 되었습니다. 그 결과 훨씬 더 복잡한 연산이 가능해졌고, 컴퓨터 산업이 폭발적으로 성장합니다.

반도체 산업의 발전 방향

산업이 발전할수록 더 많은 데이터 처리와 더 복잡한 연산이 요구됩니다. 이는 곧 더 많은 트랜지스터가 필요함을 의미하죠. 결국 반도체 산업의 발전 방향은 '어떻게 하면 더 많은 트랜지스터를 집적할 수 있을까?'로 귀결될 수밖에 없습니다. 트랜지스터를 더 많이 집적하는 방법은 크게 세 가지입니다. 첫 번째 방법은 그림 1-20처럼 집적 회로의 면적을 넓히는 것입니다. 집적할

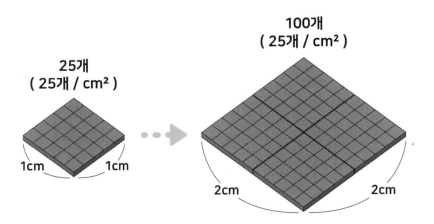

| 그림 1-20. 집적 회로의 면적을 4배 넓히면 같은 크기의 트랜지스터를 4배 더 넣을 수 있다. |

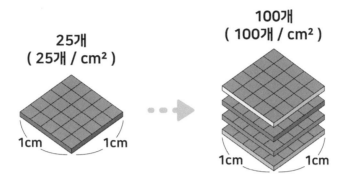

| 그림 1-21. 집적 회로를 수직으로 쌓으면 동일한 면적에 더 많은 트랜지스터를 넣을 수 있다. |

수 있는 면적이 넓다면 당연히 더 많은 트랜지스터를 넣을 수 있겠죠. 다만, 완제품에 집적 회로를 넓힐 만한 공간이 있는지, 오르는 제조 단가를 상쇄할 만큼의 성능 변화가 있는지 등을 따져봐야 합니다.

두 번째 방법은 그림 1-21처럼 동일한 면적에 집적 회로를 여러 층으로 쌓는 것입니다. 면적을 넓히지 않고 더 많은 트랜지스터를 넣을 수 있는 방법입니다. 다만, 이 기술은 적층 공정과 각 층을 전기적으로 연결하기 위한 수직의 구멍인 비아(Via)를 뚫는 공정이 추가되면서 제품의 가격이 올라간다는 단점이 있습니다.

세 번째 방법은 그림 1-22처럼 트랜지스터 자체를 작게 만드는 것입니다. 트랜지스터의 크기가 작아지면 동일한 면적에 더 많은 트랜지스터를 집적할 수 있습니다. 이를 위해서는 미세 공정의 개발 그리고 이 미세 공정을 실현하기 위한 최첨단 반도체 장비가 필요합니다.

현업에서는 이 세 가지 방법을 모두 사용하지만, 집적되는 트랜지스터의

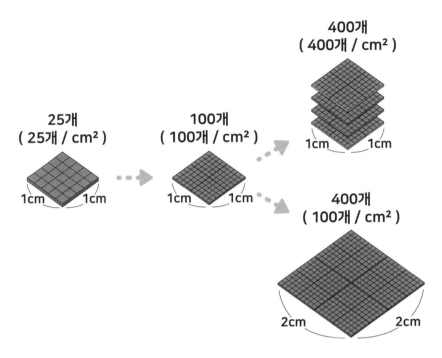

| 그림 1-22. 트랜지스터의 크기를 줄여 이를 수직으로 쌓거나, 더 큰 면적에 집적하면 훨씬 많은 수의
트랜지스터를 넣을 수 있다. |

양은 한계가 있습니다. 집적도를 높일수록 제조 난이도가 기하급수적으로 올
라가기 때문입니다. 그렇다면 집적도를 높이기 위해서는 어떤 능력이 중요할
까요?

첫 번째는 설계 능력입니다. 똑같은 30평 아파트도 구조를 어떻게 설계
하는지에 따라 공간 활용도가 크게 달라집니다. 냉/난방 효율은 말할 것도 없
고 건축 비용도 절감할 수 있죠. 반도체도 비슷합니다. 앞서 말씀드린 것처럼,
오늘날 집적 회로(IC칩)에는 손톱만 한 공간에 수십~수백억 개의 트랜지스터
가 집적되어 있습니다. 수많은 트랜지스터를 어떻게 배치하고, 연결하는지에

따라 반도체의 성능과 품질이 천차만별로 달라집니다. 설계를 잘하면 같은 집적 회로로 더 많은 기능을 구현할 수 있고, 동작하면서 발생하는 열도 줄일 수 있으며, 생산 효율까지 높일 수 있습니다.

두 번째는 미세 공정 능력입니다. 반도체 소자를 더 작게 만들어 오밀조밀 채워 넣어야 더 많이 집적할 수 있습니다. 이때 반도체 소자를 작게 만드는 능력이 바로 미세 공정입니다. 일반적으로 반도체 소자의 크기는 선폭(Line Width)으로 표현합니다. 이때, 선폭은 MOSFET 구조에서 소스와 드레인 사이 거리를 말하는데, 반도체의 크기를 나타낼 때 흔히 사용하는 10나노(nm)라는 것은 소스와 드레인 사이의 거리가 10나노(nm) 임을, 5나노(nm)라는 것은 소스와 드레인 사이의 거리가 5나노(nm) 임을 뜻합니다. 다만, 최근에는 선폭의 의미를 소스와 드레인 사이의 거리로 국한하지 않고, 이 정도 선폭에 상응하는 성능과 집적도를 낼 수 있다는 의미로 넓혀 사용합니다. 따라서 선폭의 숫자가 낮을수록 반도체 소자를 더 작게 만들 수 있거나 또는 그 선폭에 상응하

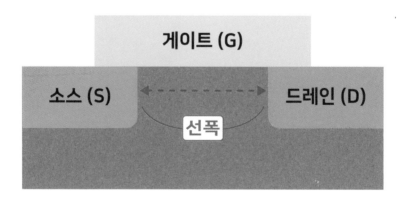

┃ 그림 1-23. 전통적 의미의 선폭(나노)은 MOSFET 구조에서 소스와 드레인 사이의 거리를 의미한다. ┃

는 만큼의 고성능 반도체 소자를 만들 수 있는 것으로 이해하면 됩니다.

미세 공정을 잘하면 경제성까지 확보할 수 있습니다. 완성된 집적 회로는 사각형 모양이지만, 이 집적 회로는 웨이퍼(Wafer)라고 부르는 동그란 원판 위에서 만들어집니다. 이런 모양 차이로 인해 그림 1-24에서 볼 수 있듯, 원판의 가장자리 부분에서는(붉은색 부분) 집적 회로 칩이 만들어질 수 없습니다. 웨이퍼의 일부분이 버려지는 것입니다. 반도체 소자를 작게 만들면 한 장의 웨이퍼에서 더 많은 칩을 만들 수 있을 뿐 아니라, 버려지는 웨이퍼의 크기도 줄어듭니다. 더욱이 칩의 크기가 작아지면 소비 전력까지 줄일 수 있으니 미세 공정은 그야말로 일석삼조(높은 성능, 높은 경제성, 낮은 소비 전력)라 할 수 있습니다.

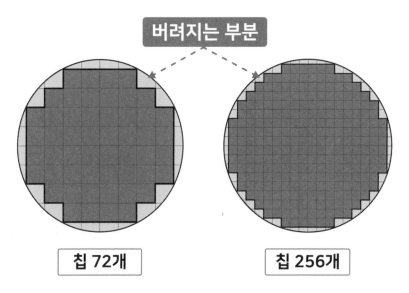

| 그림 1-24. 칩 하나의 크기가 줄어들면 한 장의 웨이퍼에서 만들어지는 칩의 수가 증가하고, 버려지는 웨이퍼의 면적도 줄어든다. |

이론 상으로는 집적도를 높이기 위해 설계를 잘하거나 미세 공정을 잘하면 되지만, 현실에서는 둘 다 잘해야 합니다. 최적화 설계 기술과 미세 공정 기술의 시너지를 통해 더 고성능의 반도체를 더 저렴하게 만들 수 있는 기업, 만이 살아남을 수 있습니다.

반도체, 핵심만 쏙쏙!

1. 도체, 부도체, 반도체

도체는 전기가 통하는 물질입니다. 자유롭게 이동할 수 있는 자유 전자가 있어 전류가 흐릅니다. 부도체는 전기가 통하지 않는 물질입니다. 자유 전자가 없거나 있어도 매우 적어 전류가 흐를 수 없습니다. 반도체는 전기가 통하거나 통하지 않게 조절할 수 있는 물질입니다. 자유 전자 또는 전자가 이동할 수 있는 빈자리인 정공을 인위적으로 만들어 전기적 특성을 조절합니다.

2. 반도체의 원리와 유형

대표적인 반도체 물질인 실리콘(Si)에는 자유 전자가 없어 전류가 흐르지 않습니다. 하지만 최외각 전자가 5개 또는 3개인 원자를 불순물로 넣어 전류가 흐르는 반도체로 만들 수 있습니다. 최외각 전자가 5개인 원자를 불순물로 넣어 만든 반도체를 N형 반도체라 합니다. 최외각 전자가 3개인 원자를 불순물로 넣어 만든 반도체는 P형 반도체입니다.

P형과 N형 반도체를 조합하면 다양한 기능을 하는 반도체 소자를 만들 수 있습니다. 대표적인 반도체 소자로는 정류 기능을 하는 다이오드와 증폭과 스위치 기능을 하는 트랜지스터가 있습니다. 트랜지스터는 양극성 접합 트랜지스터(BJT)와 금속 산화물 반도체 전계 효과 트랜지스터(MOSFET)가 있습니다. 오늘날 우리가 사용하는 컴퓨터, 스마트폰 같은 전자 기기에는 대부분 MOSFET이 사용됩니다.

3. 반도체 개발의 역사

반도체 이전에 정류, 증폭, 스위치 기능을 하던 전기 소자는 진공관입니다. 하지만 약한 내구성, 짧은 수명, 높은 소비 전력, 발열 문제 등으로 인해 곧 트랜지스터(BJT)로 대체됩니다. 사람들은 복잡한 계산을 하기 위해 점점 더 많은 BJT와 주변 전기 소자들을 연결하기 시작합니다. 하지만 긴 전선이 복잡하게 연결되면서 외부 충격에 의한 파손 가능성이 커졌고, 회로가 작동하지 않을 때 어디에서 문제가 발생한 것인지 파악하기가 어려웠습니다. 이 문제를 해결하기 위해 하나의 판 위에서 반도체 소자를 포함한 여러 전자 부품을 만들고, 이를 모두 전선으로 연결하여 회로를 구성하는 집적 회로가 등장합니다. 집적 회로의 개발로 여러 반도체 소자를 전기적으로 문제없이 연결할 수 있게 되었고, 대량 생산의 문이 열립니다.

비슷한 시기 BJT를 대체할 새로운 구조의 트랜지스터가 등장합니다. 바로 MOSFET입니다. MOSFET은 BJT보다 소비 전력이 낮았고, 스위칭 속도도 훨씬 빨랐습니다. 무엇보다 간단한 구조 덕분에 소형화가 가능했습니다.

집적 회로와 MOSFET이 만나 작은 공간 안에 수많은 트랜지스터를 넣고, 이를 대량 생산할 수 있게 되면서 컴퓨터 산업이 폭발적으로 성장합니다.

산업이 발전할수록 더 많은 데이터 처리와 더 복잡한 연산이 요구됩니다. 이는 곧 더 많은 트랜지스터가 필요함을 의미하죠. 결국 반도체 산업의 발전 방향은 '어떻게 하면 더 많은 트랜지스터를 집적할 수 있을까?'로 귀결됩니다. 트랜지스터를 더 많이 집적하는 방법은 크게 세 가지입니다. 첫 번째는 집적 회로의 면적을 넓히는 것입니다. 두 번째는 동일한 면적에 집적 회로를 수직으로 쌓는 방법입니다. 세 번째는 트랜지스터 크기를 작게 만드는 것입니다.

그리고 이 세 가지 방법을 구현하기 위해서는 설계 능력과 미세 공정 능력이 필요합니다. 최적화 설계 기술과 미세 공정 기술의 시너지를 통해 더 고성능의 반도체를 더 저렴하게 만들 수 있는 기업만이 살아남을 수 있습니다.

1. 실리콘 밸리는 왜 '실리콘' 밸리일까?

미국 스타트업의 성지인 실리콘 밸리에는 애플(Apple), 구글(Google), 마이크로소프트(Microsoft), 메타(Meta) 등 세계 최고의 IT 기업들이 모여 있습니다. 이렇게 첨단 IT 기업이 즐비한 실리콘 밸리의 이름이 반도체의 주재료인 실리콘(Silicon)에서부터 유래됐다는 사실을 알고 계시나요?

1956년, 트랜지스터를 최초로 발명한 윌리엄 쇼클리(William Bradford Shockley)는 캘리포니아주 마운틴 뷰 지역에 연구소를 세웁니다. 연구소에는 여러 명의 유능한 박사들이 있었는데, 쇼클리의 괴팍한 성격을 버텨내지 못하고 연구소를 나와 페어차일드 반도체(Fairchild Semiconductor)를 설립합니다. 당시에는 이직이 보편적이지 않았기에 이들은 훗날 배신자 8인으로 불리게 됩니다. 얼마 지나지 않아 페어차일드 출신들이 같은 지역에 인텔(Intel)과 AMD, 내셔널 세미컨덕터(National Semiconductor) 등 수십 여개의 반도체 기업들을 세우며, 이 지역은 반도체 산업의 메카로 거듭납니다. 그리고 미국 내 반도체 시장이 큰 규모로 성장한 1970년대가 되자 실리콘 밸리로 불리기 시작하죠. 이후 반도체로 성공을 거둔 여러 창업자들이 후배 창업가에게 투자금을 지원하며 실리콘 밸리를 중심으로 수많은 벤처 회사들이 설립됩니다. 그 뒤를 이어 창업에 성공한 사람들이 다시 후배들을 지원하며 더욱 많은 벤처회사들이 생겨나게 되죠. 이렇게 성공한 창업자가 후배 창업자를 지원하는 문화가 이어지며 실리콘 밸리는 스타트업의 성지가 됩니다.

반도체 산업이 태동했던 곳답게 오늘날에도 실리콘 밸리에는 인텔, AMD, 엔비디아(NVIDIA), 퀄컴(Qualcomm), 삼성전자, SK하이닉스의 미국 지사 등 여러 반도체 기업이 있습니다. 실리콘 밸리는 여전히 그 이름처럼 '실리콘' 밸리인 셈입니다.

2. 반도체 산업의 시작, 강대원 박사

세계 최초의 집적 회로(IC) 개발자이자 2000년 노벨 물리학 상을 받은 킬비(Jack C. Kilby)의 수상 소감에 등장하는 한국인이 있습니다. 바로, 강대원 박사입니다.

1955년 서울대학교 물리학 학사를 졸업한 강대원 박사는 미국으로 유학을 떠나 물리학 석사와 박사 학위를 취득합니다. 이후, 당대 세계 최고 연구소인 벨 연구소에 입사하여 반도체 연구에 온 힘을 쏟죠. 그리고 1960년, 아탈라(Martin M. Atalla) 박사와 함께 세계 최초로 MOSFET을 발명합니다. 당시 MOSFET에 대한 이론적 구상과 공정 기술은 어느 정도 개발된 상태였지만, 실제 반도체 소자를 만들어 구현한 그의 공적은 무시할 수 없습니다. 이러한 공적을 인정받아 미국 특허청의 '발명가 명예의 전당'에 이름(유일한 한국인)을 올리게 되죠. 1967년에는 같은 벨 연구소에서 근무하던 대만인 지(Simon M. Sze) 박사와 함께 플래시 메모리의 기본 구조(플로팅 게이트)를 개발합니다. 한국에서는 덜 알려져 있지만, 강대원 박사야말로 지금의 반도체 산업을 있게 만든 장본인입니다.

3. Planar FET, FinFET, GAAFET, 이게 다 뭐지?

반도체 산업은 점점 더 작은 소자를 만드는 방향으로 발전해 왔습니다. 하지만, 소자의 크기가 작아지면서 여러 문제들이 발생하기 시작합니다. 대표적인 것이 바로 누설 전류(Leakage Current)입니다. MOSFET의 소스와 드레인 사이에 전류가 흐르면 ON, 흐르지 않으면 OFF인데, 반도체가 OFF 상태임에도 불구하고 소스와 드레인 사이에 전류가 흐르는 현상을 누설 전류라고 합니다. 누설 전류가 생기면 반도체가 스위치 기능을 제대로 수행하지 못할 뿐 아니라, 불필요하게 전력이 낭비됩니다. 저전력 구동이 중요해진 최근의 트렌드와는 맞지 않다고 볼 수 있습니다.

그림 1-25에서 볼 수 있듯, 최초의 반도체 소자는 평면(Planar) 구조를 가졌습니다. 아쉽게도 이러한 구조로는 누설 전류를 완벽히 차단하기가 어렵습니다. 비유하자면, Planar FET 구조는 물이 흘러가는 고무호스가 있을 때, 물의 흐름을 막기 위해 고무호스의 한쪽만 누르는 상태와 같습니다. 당연히 물의 흐름을 완벽하게 막기가 어렵겠죠.

그래서 3차원 구조를 갖는 FinFET가 개발되었습니다. FinFET는 물고기

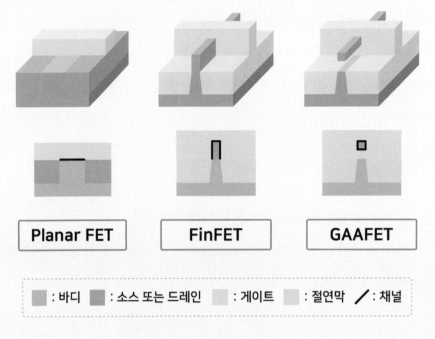

| **Planar FET** | **FinFET** | **GAAFET** |

■ : 바디　　■ : 소스 또는 드레인　　■ : 게이트　　■ : 절연막　　／ : 채널

| 그림 1-25. Planar FET, FinFET, GAAFET 구조와 단면 |

의 지느러미(Fin) 형태를 가진 구조를 만들고, 이 구조를 게이트가 감싸는 형태의 MOSFET입니다. 소스와 드레인 간 거리가 짧더라도, 채널의 세 면을 감싸고 있는 게이트 덕에 누설 전류를 조금 더 낮출 수 있습니다. 이는 마치 물이 흘러가는 고무호스의 세 면을 눌러 물을 차단하는 것과 같습니다. 당연히 한 면만 눌렀을 때보다 물의 흐름을 제어하기가 수월하죠.

　그럼, 고무호스의 네 면을 다 막으면 물을 더 잘 차단할 수 있지 않을까요? 맞습니다. 이렇게 개발된 것이 바로 GAAFET 구조입니다. GAAFET는 게이트가 채널의 네 면을 모두 감싸는 형태(Gate-All-Around)로 누설 전류를 더 효과적으로 제어할 수 있습니다. 또한 게이트가 네 면을 감싸고 있어 같은 면적에 더 많은 채널과 반도체 소자를 집적할 수 있다는 장점도 있습니다.

4. 손톱만 한 반도체 칩에 수백억 개의 트랜지스터를 넣는다고?

오늘날 우리가 사용하는 반도체 칩에는 수십~수백억 개의 트랜지스터가 들어가 있습니다. 작은 반도체 칩 안에 어떻게 그렇게 많은 트랜지스터를 집적할 수 있는 걸까요? 트랜지스터를 만든 다음, 이 트랜지스터를 한 땀 한 땀 납땜해서 연결하는 방식으로는 도저히 불가능합니다. 칩 위에서 수백억 개의 트랜지스터를 동시에 만들고, 이들을 적절하게 금속 선으로 연결하는 방식을 사용해야 가능하죠. 즉, 수백억 개의 트랜지스터가 집적되었다 함은 트랜지스터를 만들어서 칩에 집어넣는 것이 아니라, 칩 위에서 수백억 개의 트랜지스터와 복잡한 전기 배선을 하나의 회로로 만든 것이라고 보는 것이 더 정확합니다. 이때 작은 칩 위에 미세한 회로를 그려내는 능력이 바로 미세 공정 능력입니다. 이 과정은 3장에서 자세히 다룹니다.

시스템 반도체와 메모리 반도체

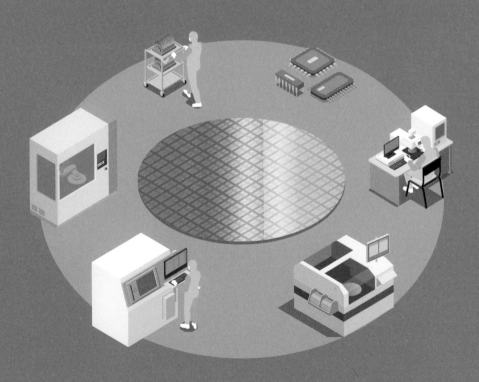

컴퓨터의 작동 방식을 통해 반도체 산업의 두 기둥인 '시스템 반

도체'와 '메모리 반도체'에 대해 배워보겠습니다.

1

컴퓨터가
작동하는 방식

컴퓨터의 작동 원리

우리가 회사에서 일하는 방식을 떠올려 봅시다. 직장 상사가 여러분에게 업무를 '지시'하면 여러분은 그 업무를 '처리'한 후 상사에게 결과를 '보고'합니다. 효율적으로 일을 하기 위해서는 이처럼 체계가 필요합니다. 컴퓨터도 마찬가지입니다. 사람이 컴퓨터에게 업무를 지시하면(입력), 컴퓨터가 그 업무를 수행해서(처리), 다시 사람에게 결과를 보여줍니다(출력). 컴퓨터는 이렇게 입력 → 처리 → 출력의 방식으로 일을 합니다. 입력, 처리, 출력 중 반도체를

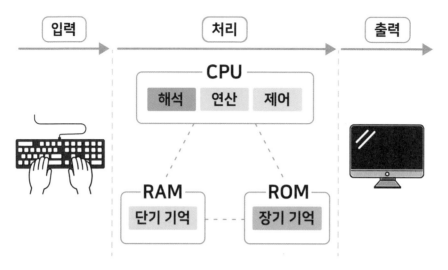

| 그림 2-1. 컴퓨터는 사용자가 입력한 명령을 처리하고 그 결과를 사용자에게 출력하는 방식으로 일한다. 처리 과정은 CPU, RAM, ROM이 함께 진행한다. |

공부하는 우리에게 특히 중요한 부분이 '처리'입니다. 우리가 배울 시스템 반도체와 메모리 반도체가 서로 협력해 처리 과정을 진행하기 때문입니다.

사용자의 명령을 해석하고, 실제 연산을 진행하는 과정은 시스템 반도체가 담당합니다. 두뇌 역할을 하면서 전 과정을 제어하죠. 컴퓨터에 있는 CPU(Central Processing Unit)가 대표적인 시스템 반도체입니다. 하지만 이렇게 똑똑한 시스템 반도체도 하지 못하는 게 하나 있습니다. 바로 기억입니다. 작업을 진행하기 위해서는 잠깐이든 오랜 기간이든 기억하는 게 필요합니다. 이 기억을 담당하는 것이 바로 메모리 반도체입니다. 단기 기억을 담당하는 RAM(Random Access Memory)과 장기 기억을 담당하는 ROM(Read Only Memory)이 대표적인 메모리 반도체입니다. 그럼, 지금부터 컴퓨터가 엑셀 프로그램으로 1+2를 계산하는 과정을 통해 시스템 반도체인 CPU와 메모리 반도체인 RAM과 ROM이 각각 어떻게 동작하는지 배워보도록 하겠습니다.

바탕화면에 있는 엑셀 아이콘을 더블 클릭하면 엑셀 로고가 화면에 나타나면서 몇 초간의 대기 시간이 발생합니다. 이 짧은 시간 동안 컴퓨터에서는 무슨 일이 벌어지고 있는 걸까요? 엑셀 프로그램은 ROM(C드라이브)에 저장되어 있습니다. 그런데 ROM은 속도가 너무 느립니다. CPU가 ROM과 함께 작업을 하면, ROM의 느린 속도 때문에 제대로 작업이 진행될 수 없습니다. 그래서 CPU는 엑셀 프로그램 데이터 중에서 필요한 데이터를 RAM으로 옮겨 RAM과 함께 작업을 진행합니다. 우리가 엑셀 아이콘을 더블 클릭하는 순간, CPU는 사용자의 명령(엑셀 프로그램 실행)을 해석하고 ROM에서 필요한 데이터를 RAM으로 옮기라고 명령합니다. 엑셀 로고가 뜨면서 잠깐 대기하는

| 그림 2-2. 로딩 화면이 나오는 동안 ROM에 저장된 프로그램 및 데이터가 RAM으로 옮겨진다. |

시간은 바로 데이터가 ROM에서 RAM으로 옮겨지는 시간인 것입니다.

RAM으로 데이터가 옮겨지면, 엑셀이 실행됩니다. 이제 CPU는 ROM이 아닌 RAM과 작업을 합니다. 사용자가 키보드로 엑셀에 '=', '1','+', '2'를 누를 때마다 RAM에 데이터가 하나씩 차곡차곡 저장됩니다. 단계별로 저장되므로 Ctrl+Z를 눌러 동작을 한 단계씩 되돌리거나, Ctrl+Y를 눌러 한 단계씩 다시 적용시키는 것이 가능합니다. 사용자가 'Enter'를 입력하면 CPU는 엑셀에 저장된 '덧셈'하는 방법에 따라 '1'과 '2'를 더해 '3'이라는 결과를 순식간에 내놓습니다. 계산된 결과는 다시 RAM에 저장됩니다.

이때 상단에 있는 저장 버튼을 누르면, RAM에 임시 저장된 사용자의 입력 정보와 계산 결과가 ROM(C드라이브)에 파일로 저장됩니다. ROM에 저장하지 않고 엑셀 프로그램을 종료하면 RAM에 임시 저장된 입력 정보와 계산

| 그림 2-3. 사용자가 입력한 + 기호를 덧셈으로 해석하고 연산을 통해 1+2=3이라는 결과를 도출해 출력한다. |

결과 등이 모두 삭제됩니다. RAM과 ROM은 모두 기억을 담당하는 메모리 반도체이지만, RAM은 CPU가 일 할 때 필요한 데이터를 잠깐 기억하는 단기 기억을 맡고, ROM은 데이터를 장기간 보관하는 장기 기억을 맡는다는 점에서 차이가 있습니다. RAM처럼 컴퓨터 전원을 종료했을 때 데이터가 날아가는 반도체를 휘발성 메모리 반도체라고 하고, ROM처럼 컴퓨터 전원이 꺼진 뒤에도 데이터가 저장되어 있는 반도체를 비휘발성 메모리 반도체라고 합니다.

흔히들 CPU를 컴퓨터의 두뇌라고 말합니다. 그래서 컴퓨터를 살 때 CPU의 성능을 최우선으로 보는 분들이 많습니다. 그런데 CPU의 성능이 좋아도 혼자서는 아무것도 할 수 없습니다. CPU와 함께 일하는 RAM이 뒷받침되어야 빠르게 일을 할 수 있습니다. RAM의 용량이 크면 CPU가 RAM에 더 많은 프로그램을 올려놓고 작업할 수 있어 일 처리 속도가 빨라집니다. 우스갯소리로 '다다익램(RAM은 많으면 많을수록 좋다)'이라는 말이 나오는 이유죠.

오늘날 우리가 사용하는 스마트폰, 태블릿 PC 등의 전자제품들은 크기만 다를 뿐 모두 시스템 반도체와 메모리 반도체가 협력하는 방식으로 동작하는 하나의 컴퓨터입니다. 이는 새로운 전자제품, 더 고성능의 전자제품이 등장할수록 더 많은 시스템 반도체와 메모리 반도체가 필요하다는 이야기와 같습니다. IT 시대에 시스템 반도체와 메모리 반도체의 중요성이 계속 커지는 이유가 바로 여기에 있습니다. 그럼, 지금부터 시스템 반도체와 메모리 반도체 각각에 대해 좀 더 자세히 알아보도록 하겠습니다.

2

시스템
반도체

시스템 반도체 시장은 356조 원(3,092억 USD) 규모로 전체 반도체 시장의 55.6%를 차지하고 있습니다. 시스템 반도체는 각 반도체마다 특화된 영역이 있어 그 쓰임에 따라 종류가 매우 다양합니다. 지금부터 대표적인 시스템 반도체인 컴퓨터의 두뇌 역할을 하는 CPU, 그래픽 처리에 특화된 GPU, 스마트폰이나 태블릿 PC의 두뇌 역할을 하는 AP, 인공지능 시대에 떠오르는 AI 반도체(NPU 등), 빛을 전기 신호로 바꿔주는 이미지 센서(CIS)의 동작 원리와 특징을 자세히 알아보도록 하겠습니다.

컴퓨터의 두뇌, CPU

1. CPU의 구성과 작동 원리

흔히 컴퓨터의 두뇌라고 불리는 CPU는 크게 제어 유닛, 산술 논리 유닛 (ALU; Arithmetic Logic Unit), 그리고 아주 작은 용량의 메모리 유닛(캐시 메모리, 레지스터)으로 구성되어 있습니다. 이 세 유닛은 서로 긴밀하게 소통하여 기억, 해석, 연산, 제어 기능을 수행합니다. 제어 유닛은 사용자의 명령을 해석하고, 각 유닛 간의 긴밀한 소통을 제어하는 역할을 합니다. 산술 논리 유닛은

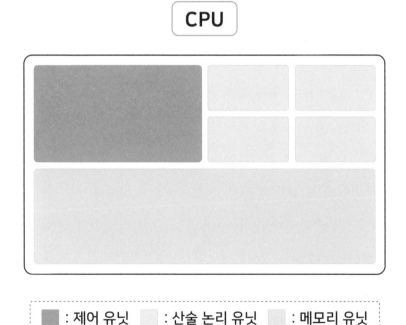

┃ 그림 2-4. CPU는 제어 유닛과 메모리 유닛이 산술 논리 유닛을 보조하는 형태로 구성되어 있다. ┃

제어 유닛이 해석한 명령을 수행하는 연산 기능을 갖고 있으며 메모리 유닛은 사용자가 입력한 명령어나 데이터, 그리고 연산 결과로 나온 결괏값 등을 기억하는 역할을 합니다.

CPU는 시스템 반도체이고, 기억은 메모리 반도체가 담당하는데 왜 CPU 내에 메모리 유닛이 따로 있는지 궁금하실 수 있습니다. 앞에서 CPU가 ROM과 작업하면 너무 느려서 ROM에 있는 데이터를 RAM으로 옮겨서 작업한다고 말씀드렸죠? 그런데 사실 CPU 입장에서 보면, RAM 역시 느리기는 마찬가지입니다. CPU의 작업 속도로 1초 걸리는 일이 있다면, RAM의 작업 속도로는 4분이 걸립니다. CPU 입장에서는 1초면 끝날 일을 몇 분씩 부여잡고 있는 셈입니다. 그래서 RAM에 있는 데이터를 RAM보다 더 빠른 캐시 메모리와 레지스터로 옮겨서 작업합니다. 그럼 애초에 캐시 메모리와 레지스터를 RAM 대신 쓰면 되지 않을까? 하는 생각이 드실 텐데요, 캐시 메모리와 레지스터는 용량 대비 가격이 매우 비싸서 꼭 필요한 만큼만 CPU에 설계해서 넣고 있습니다.

CPU의 성능은 어떻게 알 수 있을까요? CPU의 성능은 코어(Core), 스레드(Thread), 클럭(Clock), 아키텍처(Architecture)에 따라 달라집니다. 코어는 산술 논리 유닛에 해당하는 CPU의 핵심 부품으로 코어의 수는 CPU가 가진 물리적인 두뇌의 수를 나타냅니다. 사람에 비유하자면 작업할 수 있는 사람의 수와 같습니다. 스레드는 CPU가 처리할 수 있는 작업의 최소 단위로 소프트웨어적으로 동시에 몇 가지 일을 처리할 수 있느냐와 관련이 있습니다. 사람으로 비유하자면 1스레드는 한 손을 사용하는 것, 2스레드는 양손을 모두 사용하는 것과 같습니다. 클럭은 CPU가 얼마나 빠른 속도로 일을 처리하는지를 나타내는 지표로 클럭의 단위로는 헤르츠(Hz)를 사용합니다. 또한 클럭은 CPU와 메모리가 데이터를 주고받을 때, 정해진 시점에 작업을 할 수 있도록 신호를 주는 역할을 합니다. 아키텍처는 CPU가 어떤 명령어 체계를 사용하고, 해석과 연산을 어떻게 분배할 것인지, CPU와 주변 부품들의 구성과 동작에 대한 전반적인 구조를 의미합니다. 같은 코어 수나 클럭 속도를 가지고 있어도 아키텍처에 따라 CPU의 성능이 달라집니다.

새로운 용어와 각각의 역할이 낯선 분들을 위해 식당 주방 비유를 통해 좀 더 쉽게 풀어서 설명해 드리겠습니다. 주방에는 셰프(CPU), 요리를 할 수

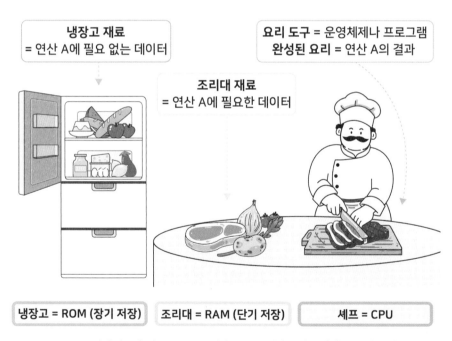

| 그림 2-5. 요리에 필요한 재료(데이터)를 냉장고(ROM)에서 꺼내 조리대(RAM)에 올려놓고 요리(작업)를 하는 셰프(CPU). |

있는 공간인 조리대(RAM) 그리고 재료가 들어있는 큰 냉장고(ROM)가 있습니다. 셰프는 요리에 필요한 재료들(데이터)을 냉장고에서 꺼내 조리대에 올려놓고 작업을 합니다. 요리하는 도중에 냉장고를 열어 필요한 재료를 그때 그때 꺼내면 시간이 너무 오래 걸리기 때문입니다.

오늘 주방에서는 총 8개의 요리를 만들어야 합니다. 주방에 있는 셰프(CPU)는 1명(1코어)인데, 오른손 잡이여서 한 번에 한 가지 요리(1스레드)만 할 수 있습니다. 하나의 요리를 완성하는 데 5분이 걸린다고 가정하면(300초에 1개의 요리가 완성되므로 클럭 속도는 1/300 Hz), 8개의 요리를 완성하는 데 40분이 걸립니다. (1코어, 1스레드, 1/300 Hz = 40분) 이제 클럭 속도, 스레드 수, 코어 수가 바뀔 때마다 작업 속도가 어떻게 달라지는지 알아봅시다.

셰프의 요리 속도가 5배 빨라진다면(1/300 Hz → 1/60 Hz) 어떻게 될까요? 한 개의 요리를 완성하는 데 1분이 소요되고, 전체 요리는 8분이면 끝날 것입니다. 같은 상황에서 오른손 잡이였던 셰프가 양손(2스레드)을 사용한다

	셰프(코어)	한 손 또는 양손 (스레드)	셰프 1명의 요리 속도(클럭)	전체 요리 시간
기본 아키텍처	1명(1코어)	한 손(1스레드)	요리 1개당 5분 (1/300 Hz)	40분
클럭 속도 변화	1명(1코어)	한 손(1스레드)	요리 1개당 1분 (1/60 Hz)	8분
스레드 수 변화	1명(1코어)	양손(2스레드)	요리 1개당 1분 (1/60 Hz)	4분
코어 수 변화	4명(4코어)	양손(2스레드)	요리 1개당 1분 (1/60 Hz)	1분

| 표 2-1. 요리 시간에 빗대어 표현한 CPU 특성(코어 수, 스레드 수, 클럭 속도) 변화에 따른 성능 비교 |

면 4분이면 전체 요리가 끝나게 되죠. 만약 이 셰프와 동일한 능력을 가진 셰프 3명을 추가로 영입한다면(4코어) 1분이면 모든 요리가 완성됩니다. 물론 이렇게 하기 위해서는 주방에서 혼선이 일어나지 않도록 주방 구조를 설계하고, 셰프 간에 해야 하는 요리의 종류와 요리 순서를 정하는 등 일련의 업무 체계(아키텍처)를 잘 짜 놓아야겠죠. CPU의 성능을 결정하는 코어, 스레드, 클럭, 아키텍처의 개념이 이해가 되셨나요?

2. CPU, 누가 잘 만들까?

CPU 시장의 절대 강자는 인텔과 AMD입니다. 2021년 기준 PC(데스크톱, 랩톱 등) 및 서버용 CPU를 포함한 전체 CPU 시장에서 인텔은 약 63%, AMD는 약 37%의 점유율을 차지하고 있습니다.

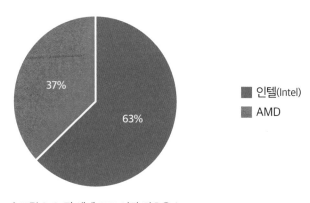

| 그림 2-6. 전 세계 CPU 시장 점유율 |

그래픽 연산의 최강자, GPU

1. GPU의 구성과 작동 원리

과거에는 모니터에 표시되는 그래픽이 단순했습니다. 하지만 컴퓨터로 고사양의 3D 게임까지 즐기는 요즘은 그래픽이 굉장히 화려합니다. 그래픽이 화려하다는 것은 컴퓨터에게 어떤 의미일까요? 그래픽은 픽셀이라는 작은 점들이 모여 만들어집니다. 픽셀 수가 많으면 많을수록 더 정교하고 화려한 그래픽을 구현할 수 있죠. 요즘 많이 사용하는 4K 해상도의 모니터는 약 830만 개의 픽셀로 구성되어 있고, 하나의 픽셀이 무려 1,670만 개의 색을 낼 수 있습니다. 우리가 모니터에서 보는 순간의 화면은 수백만 개의 픽셀이 각각 다른 색과 밝기를 만들어 내면서 나오는 결과물입니다. 이 순간의 화면을 모니터에 구현하기 위해 컴퓨터는 각각의 픽셀 값을 모두 계산해야 합니다. 이 방대한 연산에 필요한 부품이 바로 그래픽 카드(Graphic Card)입니다.

그래픽 카드에는 GPU(Graphics Processing Unit)라고 부르는 그래픽 데이터 연산을 전문으로 하는 시스템 반도체가 들어갑니다. CPU도 연산을 잘하는데 왜 굳이 GPU가 필요할까요? 그래픽 연산에 있어서는 CPU보다 GPU를 사용하는 것이 여러모로 낫습니다. CPU는 어려운 일이든, 쉬운 일이든 한 번에 하나의 작업만을 할 수 있습니다. 동시에 여러 개의 작업을 진행하지 못하고 순차적으로 처리하는 것이죠. 이를 CPU의 직렬성이라 합니다. 그래픽 데이터를 처리하는 연산은 동시에 방대한 양을 수행해야 하기에 직렬성을 갖는 CPU에게 잘 맞지 않습니다. 더욱이 CPU는 고난도 문제를 해결할 수 있는 굉장히 똑똑한 친구인데, 그래픽 데이터 연산은 난이도가 매우 낮은 축에 속합니다. 더 중요한 역할을 해야 할 CPU에게 그래픽 연산을 맡기는 것은, 마치 요리 경력 30년 셰프에게 설거지 끝난 젓가락의 물기를 닦게 하는 것과 같습니다. CPU의 연산 자원을 낭비하는 셈이죠.

GPU는 CPU와 달리 동시에 여러 가지 일을 처리할 수 있습니다. 즉, 병렬성을 갖습니다. CPU에 비해 하나의 코어가 갖는 능력치는 낮지만, 코어의 수가 훨씬 많기 때문에 방대한 양의 연산을 빠르게 처리할 수 있습니다. 일반적으로 사용하는 데스크톱용 CPU는 4 GHz 정도의 클럭으로 고차원의

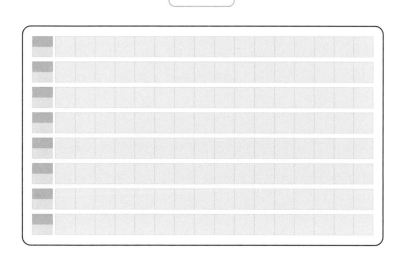

| 그림 2-7. GPU는 제어 유닛과 메모리 유닛이 수많은 산술 논리 유닛을 보조하는 형태로 구성되어 있다. |

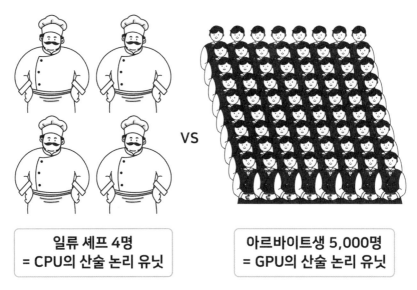

일류 셰프 4명
= CPU의 산술 논리 유닛

아르바이트생 5,000명
= GPU의 산술 논리 유닛

| 그림 2-8. CPU의 산술 논리 유닛이 일류 셰프(CPU 코어) 4명으로 구성된 것이라면, GPU의 산술 논리 유닛은 아르바이트생(GPU 코어) 5,000명으로 구성된 것과 같다. |

작업이 가능한 고성능 코어 4~8개로 구성돼 있습니다. 반면 GPU는 1.5~2 GHz 정도의 클럭으로 단순한 연산만 가능한 중간 성능 코어(스트림 프로세서; Stream Processor) 5,000~10,000개로 구성돼 있죠. CPU가 셰프 4~8명을 고용한 것이라면, GPU는 아르바이트생 5,000~10,000명을 고용한 것과 같습니다. 그래픽 수준이 높아지면서 GPU의 역할이 더욱 중요해지고 있습니다. 흥미로운 것은 GPU가 그래픽 연산 외에 다른 목적으로도 사용되고 있다는 것입니다. 과연 어디에 쓰이고 있는 걸까요?

2. GPGPU(범용 GPU)

2017년, 그래픽 데이터 연산용이었던 GPU가 암호화폐 채굴에 사용되면서 전 세계의 이목이 GPU에 집중되었습니다. 암호화폐 채굴은 모든 거래 기록을 사슬의 형태로 이어 붙이는 단순 연산인데, 작업량이 방대해 대규모 병렬 연산에 특화된 GPU가 많이 사용되었습니다. 한동안 수요가 폭발해 GPU 가격이 배로 올랐었죠.

이처럼 처음에는 한 가지 목적에 특화되어 설계됐더라도 시대의 흐름에 맞게 변화하고 발전하는 것이 반도체 산업의 특성입니다. GPU 역시 시대의 변화에 따라 암호화폐 채굴 등 그 용도가 다양해지고 있죠. GPU를 그래픽 연산 작업뿐만 아니라 여러 작업들에 활용하는 기술을 GPU 범용 연산, 줄여서 GPGPU(General Purpose Computing on GPU)라고 부릅니다.

최근에는 인공지능(AI) 분야에서도 GPU가 사용되고 있습니다. 인공지능은 많은 데이터를 활용한 연산을 통해 의미 있는 추세(Trend)를 찾아가는 과정입니다. 많은 데이터, 많은 곱셈 연산은 CPU의 직렬성을 활용할 때보다 GPU의 병렬성을 활용할 때 더 빠르게 결과를 도출할 수 있습니다. GPU의 이러한 병렬성은 AI 연산을 특화로 하는 새로운 반도체(NPU 등 AI 반도체)가 등장하는 토대가 되었습니다.

3. GPU, 누가 잘 만들까?

내장형 또는 외장형 GPU를 제작하는 회사는 엔비디아(NVIDIA), AMD, 그리고 인텔 세 곳뿐입니다. 2021년 기준, 전체 GPU 시장의 56%를 엔비디아가, 26%를 AMD가, 그리고 나머지 18%를 인텔이 점유하고 있습니다.

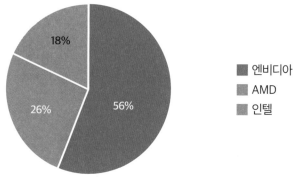

엔비디아
AMD
인텔

| 그림 2-9. 전 세계 GPU 시장 점유율 |

스마트폰의 두뇌, AP

1. AP와 SoC

2000년대 후반, 반도체 산업을 다시 한번 부흥시킨 제품이 등장합니다. 바로 스마트폰입니다. 스마트폰에는 두뇌 역할을 하는 AP(Application Processor)란 반도체가 탑재되어 있습니다. 덕분에 필요한 기능이 구현된 소프트웨어를 설치하면 여러 가지 기능을 할 수 있죠. 컴퓨터의 두뇌 역할을 하는 CPU와 스마트폰의 두뇌 역할을 하는 AP는 무엇이 다를까요?

컴퓨터 본체를 열면, 메인보드라 부르는 초록색 판 위에 CPU, GPU, 인터넷을 위한 통신 모뎀, RAM과 ROM을 비롯해 전력관리, 오디오, 그리고 입출력(I/O; Input/Output) 장치들이 장착되어 있는 것을 볼 수 있습니다. 이처럼 컴퓨터가 동작하기 위해서는 많은 부품들이 필요하고, 또 이 부품들을 연결하기 위한 메인보드가 있어야 합니다. 컴퓨터 본체의 크기가 클 수밖에 없는 이유입니다. 그런데 손바닥만 한 스마트폰에는 이렇게 큰 메인보드를 넣을 수가 없습니다. 그래서 컴퓨터 한 대에 들어가는 주요 부품들을 하나의 반도체 칩에 집적해서 넣습니다. 이 반도체 칩이 바로 AP입니다. 컴퓨터에 메인보드가 있다면, 스마트폰에는 AP가 있는 셈이죠. 손톱만 한 사이즈에 그 많은 부품들이 다 집적되어 있기 때문에 흔히 AP를 반도체 기술의 집합체라고 부릅니다. AP처럼 여러 부품들이 하나의 반도체에 통합되어 하나의 시스템(System)을 구성하는 형태를 단일 칩 시스템(SoC; System on Chip)이라 합니다.

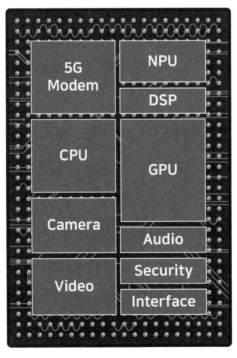

| 그림 2-10. CPU, GPU, NPU, Modem 등 다양한 부품이 하나의 칩에 집적되어 있는 AP의 모습 |

2. 스마트폰 제조사가 AP를 만드는 이유

스마트폰 시대가 시작되던 2007년, 삼성, 퀄컴, 텍사스인스트루먼츠(TI: Texas Instruments), 마벨(Marvell)이 AP 시장에 가장 먼저 뛰어들었습니다. 퀄컴, TI, 마벨은 AP를 제작해 다양한 스마트폰 제조업체에 판매했고, 삼성은 자사의 스마트폰에 탑재함과 동시에 애플(아이폰, 아이팟 터치)에 AP를 공급했습니다. 통신 분야의 강자였던 퀄컴은 스마트폰에 활용되는 AP에서도 경쟁력을 가졌고, 결국 TI와 마벨은 AP 사업에서 철수합니다. 그리고 이 시기, 재정난을 겪던 AMD가 모바일 그래픽 사업부를 퀄컴에 매각합니다. 이를 통해 퀄컴은 모바일 그래픽 분야에서도 강점을 보이며 AP 시장에서 독주체제를 이어갑니다. 초기 스마트폰 시장은 고성능 위주였습니다. 하지만 시장이 곧 포화되면서 신흥 시장을 타깃으로 하는 중저가의 보급형 스마트폰 시장이 열립니다. 이 틈을 대만의 미디어텍(MediaTek)이 잘 파고들어 시장 점유율을 크게 높입니다.

2010년 이후부터는 주요 스마트폰 제조사들이 AP를 직접 설계하기 시작합니다. 2010년, 애플은 반도체 설계 업체인 인트린시티(Intrinsity)를 인수합니다. 이때부터 삼성전자의 AP와 결별하고, 자체 AP를 설계하기 시작하죠. 그리고 2010년대 중반부터 스마트폰 점유율을 꾸준히 올리던 중국의 화웨이 역시 자사 스마트폰에 탑재되는 AP를 자회사인 하이실리콘(HiSilicon)을 통해 만듭니다. 2022년 기준 대표적인 스마트폰 제조사인 삼성전자, 애플, 화웨이 모두 AP를 직접 설계하고 있습니다. 컴퓨터 제조사들은 CPU나 RAM, ROM 등을 직접 설계하지 않는데 왜 스마트폰 제조사들은 AP를 직접 설계하는 걸까요? 그 이유는 자사 완제품인 스마트폰, 태블릿의 경쟁력 때문입니다. 타사의 AP를 활용하게 되면, 타사가 최신 AP를 출시해야 최신형 스마트폰을 만들 수 있습니다. 최신 스마트폰의 일정이 자사의 스케줄이 아닌 AP 회사의 스케줄에 맞춰지는 것이죠. 또한, 스마트폰에 탑재하고자 하는 특별한 기능을 AP에 자유롭게 반영할 수 없다는 한계점이 있습니다. 이러한 이유로 삼성전자나 애플 등 메이저 스마트폰 제조사들은 직접 AP를 설계하고 있습니다.

3. AP 기술(산업)의 발전 방향

최근 AP 시장은 AI 기능이 추가되면서 새로운 시대에 접어들었습니다. 기기의 보안이 향상됨과 동시에 데이터 처리 속도가 빨라지면서 고성능화가 빠르게 진행되고 있죠. 다만, 이렇게 스마트폰의 기능이 고도화되더라도 항상 저전력을 염두에 두고 제품을 만들어야 합니다. 왜 그럴까요?

데스크톱과 스마트폰을 비교해 보겠습니다. 데스크톱은 콘센트를 통해 전력을 안정적으로 공급받습니다. 덕분에 오랜 시간 연속으로 사용이 가능하죠. 반면 스마트폰은 충전기에 꽂아 놓지 않는 한 배터리에 저장된 전력만큼만 사용할 수 있습니다. 스마트폰 이용자에게는 배터리 사용 시간이 매우 중요한 문제가 될 수밖에 없습니다. 배터리 사용 시간을 늘리려면 배터리의 용량을 키우거나 스마트폰 내 부품들이 저전력으로 동작해야 합니다. 배터리 용량이 커질 경우, 스마트폰의 크기도 커져야 하는데 이는 점점 더 소형화, 경량화되고 있는 현재의 추세와 맞지 않습니다. 결국 이 문제는 저전력을 통해 해결해야 합니다. 이런 이유로 AP 제조사들은 반도체 소자 단위에서부터 낮은 전압으로 동작하도록 설계하고, 소비 전력을 줄이기 위해 미세 공정을 진행하는 등의 노력을 기울이고 있습니다.

4. AP 누가 잘 만들까?

2022년 1분기 기준 AP 시장의 점유율은 미디어텍 38%, 퀄컴 30%, 애플 15%, 유니SOC 11%, 삼성전자 5%, 하이실리콘 1% 입니다.

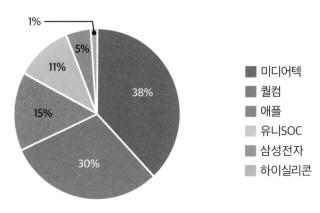

| 그림 2-11. 전 세계 AP 시장 점유율 |

2세대 AI 반도체, NPU

1. NPU의 구성과 동작 원리

방대한 양의 데이터에서 의미 있는 정보를 찾아내려면 어떻게 해야 할까요? 데이터들 간에 존재하는 상관관계, 즉 데이터의 경향성을 찾아야 합니다.

장사가 잘 되는 식당 1,000곳의 데이터가 있다고 가정해 봅시다. 이 데이터에는 식당의 매출과 함께 가게의 위치와 유동인구, 메인 메뉴, 메뉴의 가격대, 가게의 크기 등 여러 요소들이 나와 있습니다. 이제 여러분은 이 방대한 자료를 펼쳐 놓고, 어떤 요인이 매출에 얼마만큼 영향을 미치는지 상관관계를 밝혀내면 됩니다. 어쩌면 대박 가게의 비밀을 찾을 수도 있습니다.

그런데, 문제가 하나 생겼습니다. 분석해야 하는 가게와 변수가 너무 많습니다. 이 모든 데이터를 사람이 다 검토해 특정한 경향성을 찾는 것은 현실적으로 불가능에 가깝습니다. 역시 이런 일은 컴퓨터가 해야 합니다. 그렇다면 컴퓨터에게 어떻게 일을 시킬까요? 경향성을 찾아내는 데 특화된 방법이 바로 머신 러닝(Machine Learning)으로 알려진 기계 학습입니다. 그리고 이 기계학습에서 활용되는 알고리즘이 바로 딥 러닝(Deep Learning), 즉 심층 학

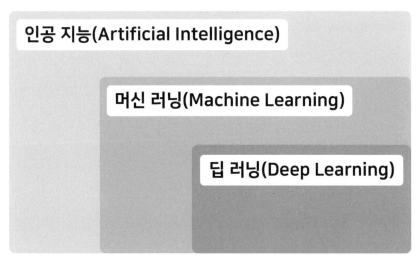

| 그림 2-12. 인공 지능과 머신 러닝 그리고 딥 러닝의 관계. 기계 학습인 머신 러닝은 인공 지능의 한 분야이고, 딥 러닝은 머신 러닝에서 활용되는 알고리즘이다. |

습입니다. 딥 러닝을 활용하면, 각 변수들과 매출의 경향성을 쉽게 파악할 수 있습니다. '유동인구가 50% 증가하면 매출은 27% 증가한다' 혹은 '가격이 20% 오르면, 매출은 37% 감소한다'와 같은 것들이죠. 비록 매출에 영향을 주는 구체적인 원인까지는 알 수 없지만, '변수가 매출과 비례 혹은 반비례해서 변화한다'와 같은 경향성은 손쉽게 알아낼 수 있습니다. 알고리즘을 더 고도화하면 '각 변수가 매출에 ○○ 정도로 영향을 주기 때문에 이 식당을 ○○ 지역으로 옮기면 예상 매출은 ○○ 정도 수준일 것이다'와 같은 솔루션을 제공할 수도 있습니다. 백종원 선생님보다 더 나은 인공지능 선생님이 나올 수도 있는 것입니다.

많은 연산을 진행하는 데 특화된 GPU가 AI 분야에서 먼저 각광받았던 이유가 바로 이것입니다. 대규모의 병렬 계산기 형태를 가진 GPU는 방대한 양의 데이터를 효율적으로 연산하는 데 안성맞춤입니다. 그렇다면 GPU를 놔두고 왜 군이 NPU라는 반도체를 새롭게 만든 걸까요? AI 알고리즘의 유무와 데이터 전송 속도 그리고 가격 때문입니다. GPGPU(GPU 범용 연산)는 AI에 필요한 단순 연산까지만 가능합니다. 연산 결과물을 분석하기 위해서는 별도의 소프트웨어가 필요합니다. 또한 AI 연산에 필요한 고속 데이터 전송 구조(아키텍처)가 없어 속도가 느립니다. 게다가 GPU에는 그래픽 처리를 위한 여러 기능들이 구현돼 있는데, 이는 AI 연산에는 불필요한 것들입니다. GPGPU가 AI 연산을 하는 데 적합한 것은 맞지만, 여러모로 비효율적인 면을 가지고 있던 것입니다.

그래서 AI 알고리즘이 처음부터 탑재돼 있으면서 대규모 병렬 연산 후

고속 데이터 전송 구조까지 갖춘 장치인 NPU를 개발하게 됩니다. NPU는 GPU의 대규모 병렬 연산 능력, 그리고 반도체 회로로 구현된 AI 알고리즘을 갖고 있어 AI 연산의 수행부터 연산 결과물의 분석까지 빠르게 진행이 가능합니다. 게다가 본래 GPU가 가졌던 그래픽 처리 관련 하드웨어를 과감하게 제거해 가격적인 면에서도 충분한 이점을 갖고 있으며, 소비전력 역시 크게 줄었습니다. AI 연산에 최적화된 반도체인 것입니다.

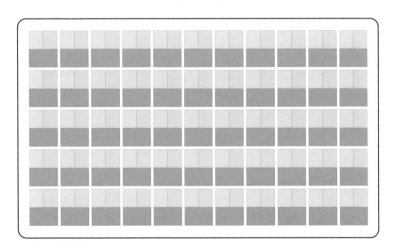

: 제어 유닛　　: 산술 논리 유닛　　: 메모리 유닛

| 그림 2-13. NPU는 다수의 CPU가 하나의 칩에 탑재된 구조이다. 각 CPU는 독립적으로 연산을 처리하면서도 서로의 연산 결과에 영향을 줄 수 있도록 설계되어 있다. |

2. NPU, 누가 잘 만들까?

NPU를 만드는 기업으로는 애플, 화웨이, 삼성전자, 퀄컴 등이 있습니다. 이들의 공통점은 스마트폰이나 태블릿에 탑재되는 AP를 만드는 업체라는 것입니다. AI는 방대한 데이터와 이를 통한 학습이 중요합니다. AP 제조사들은 자신들이 설계한 AP 안에 NPU를 넣어 성능을 테스트함과 동시에 NPU가 처리하는 정보를 수집해 방대한 데이터베이스를 구축하고 있습니다. 그리고 이렇게 수집한 데이터베이스를 바탕으로 NPU의 성능을 계속해서 고도화하고 있죠. 이런 이유로 NPU 시장에서는 전통적인 반도체 기업보다 IT 기업들이 경쟁우위에 있습니다.

애플의 시리, 삼성전자의 빅스비, 구글의 구글 어시스턴트와 같은 인공지능 비서 서비스들은 모두 AP에 NPU가 탑재된 후 성능이 비약적으로 향상되

	CPU	GPU	NPU
구조			
코어(뉴런) 수	적음(보통 1~8개)	많음(수백~수천 개)	많음(수천~수만 개 뉴런)
클럭	높음(~ 5 GHz)	낮음(1.5~2 GHz)	중간(~ 3 GHz)
연산 특성	직렬성(복잡한 연산을 순차적으로)	병렬성(간단한 연산을 동시 다발적으로)	병렬성(복잡한 연산을 동시 다발적으로)
용도	다목적(다양한 작업을 원활하게)	특수 목적(정해진 작업을 빠르게)	특수 목적(인지 능력, 패턴 인식, 신호처리 등)

■ : 제어 유닛　▨ : 산술 논리 유닛　▨ : 메모리 유닛

| 표 2-2. CPU, GPU, NPU의 구조 및 특징 비교 |

었습니다. 스마트폰 카메라가 장면을 인식하여 최적의 필터를 적용하거나 찍은 사진의 손 흔들림이나 노출 부족 또는 과다를 인식하여 가장 좋은 상태의 사진으로 자동 보정하는 기술 모두 NPU 덕분에 활용성이 높아졌죠. NPU가 발전할수록 일상에서 체감할 수 있는 서비스들도 더 늘어날 것으로 예상됩니다.

또 다른 2세대 AI 반도체, FPGA와 ASIC

1. FPGA

인공지능 분야의 연구 개발이 활발하게 이루어지면서 기존의 반도체가 다시 각광받는 경우도 있습니다. 대표적인 것이 FPGA(Field Programmable Gate Array)입니다. FPGA는 상황에 따라서 산술 논리 유닛을 자유롭게 구성할 수 있는 반도체입니다. 이런 자율성은 AI 반도체의 개발 측면에서 아주 효율적입니다. 왜 그럴까요?

CPU는 어떤 분야에서도 활용 가능할 만큼 우수한 범용성을 갖추고 있습니다. CPU의 산술 논리 유닛이 모든 일 처리를 할 수 있도록 탄탄하게 구성되어 있기 때문이죠. 하지만 생산 단계에서 이미 구성이 고정되어 있어 다양한 상황 변화에 대응하기가 어렵습니다. 반면 FPGA에는 CPU와 달리 코어의 구조를 원하는 대로 프로그래밍 할 수 있는 프로그래머블 코어가 쓰입니다. 언제든지 사용자가 원하는 용도에 맞춰 설계를 변경해 쓸 수 있도록 만든 제품이라 볼 수 있습니다. 이해를 돕기 위해 FPGA와 CPU 모두 A 연산, B 연산,

그리고 C 연산이 가능한 상태에서 D 연산을 하라는 명령을 받았다고 가정해 보겠습니다. FPGA는 D 연산이 가능한 논리 회로를 새롭게 구성해 처리할 수 있지만, CPU는 기존에 가지고 있던 A, B, C 연산을 재구성해서 처리해야 합니다. 이는 마치 곱셈 기능이 없는 계산기로 3×5라는 문제를 풀 때, FPGA가 곱셈 기능을 추가해 문제를 푸는 방식이라면 CPU는 3을 5번 더해서 계산하

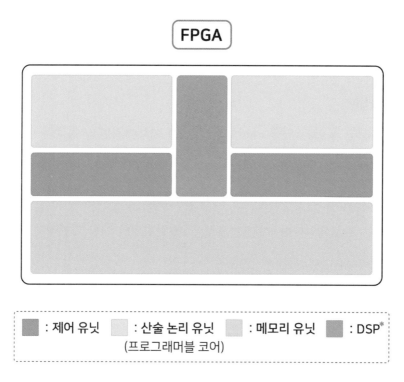

| 그림 2-14. FPGA의 산술 논리 유닛인 프로그래머블 코어는 CPU나 GPU의 코어와 달리 코어의 구조를 연산에 따라 최적으로 바꿀 수 있다. |

---

* DSP는 디지털 신호를 처리하는 역할을 합니다. FPGA가 컴퓨터 뿐만 아니라, 통신, 로봇 제어 등 다른 분야에서도 활용될 수 있도록 도와줍니다.

진짜 하루만에 이해하는 반도체 산업

는 것과 같습니다. 이처럼 FPGA는 최적화된 설계로 연산을 진행하기 때문에 명령어 해석 단계가 CPU보다 적습니다. 그래서 특정 연산을 훨씬 빠르게 처리할 수 있습니다.

FPGA는 어디에 많이 쓰일까요? 특정 용도로 사용하기 위한 반도체를 개발할 때 최적의 설계를 찾기 위해 반도체 개발자들이 많이 사용합니다. 또 로봇, 인공지능 등의 하드웨어 가속기*, 방산 분야, 통신 분야 등에서 주로 활용하고 있습니다.

2. ASIC

FPGA를 활용해 특정 상황에 최적화된 AI 반도체를 설계했다면, 그 형태를 고정해서 대량생산함으로써 제작 단가를 낮출 수 있습니다. 이러한 방식으로 만든 반도체가 바로 특정 용도용 집적 회로, ASIC(Application-Specific IC)입니다. ASIC는 특화 코어, 제어 유닛, 메모리 유닛으로 구성된 반도체 제품으로 구성 자체는 CPU와 매우 비슷하게 보이지만, 특정 연산(기능)만을 수행하도록 제작되었다는 점에서 차이가 있습니다. 특화된 기능만 수행하기에 동작 속도가 빠르고, 물리적인 크기가 작아 소비 전력이 적습니다. 다만, CPU에 비

---

* 소프트웨어가 한차례 처리해서 하드웨어(CPU)에게 연산 명령을 내리는 것이 일반적인데, 소프트웨어를 거치지 않고 하드웨어에서 바로 처리하는 것을 하드웨어 가속이라고 합니다. 로봇, 인공지능, 방산 등 입력되는 신호를 즉각적으로 연산해 빠르게 반응할 필요가 있는 경우일수록 하드웨어 가속 기능이 중요한 역할을 합니다.

해 범용성이 매우 떨어집니다.

ASIC가 활용되었던 대표적인 사례가 바로 암호화폐 채굴입니다. 초기에 사용하던 GPGPU(GPU 범용 연산)에는 채굴과는 무관한 그래픽 관련 기능들이 탑재돼 있었습니다. 그래서 사람들은 암호화폐 채굴에만 활용할 수 있는 전용 반도체 칩을 설계하여 ASIC로 생산했습니다. 덕분에 훨씬 효율적으로 암호화폐를 채굴할 수 있었죠. 이처럼 특정 용도로만 사용할 계획이라면 최적의 설계를 찾은 후, 형태를 고정해 ASIC로 만드는 게 더 이득입니다. 다만, 특

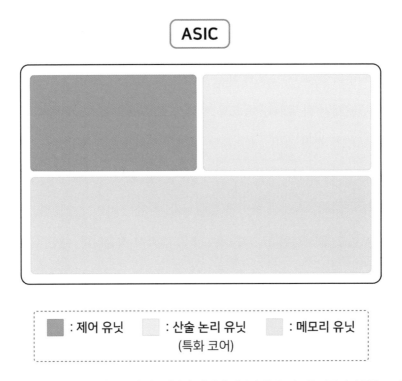

| 그림 2-15. ASIC는 CPU와 구조가 비슷하지만, 한정된 연산만 할 수 있도록 만들어진 특화 코어를 산술 논리 유닛으로 갖는다는 점에서 차이가 있다. |

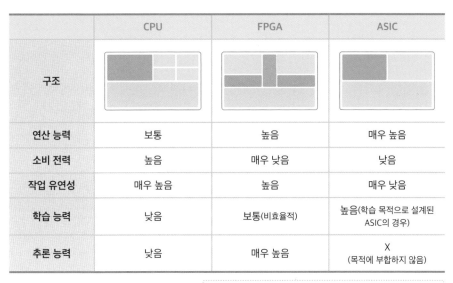

	CPU	FPGA	ASIC
구조			
연산 능력	보통	높음	매우 높음
소비 전력	높음	매우 낮음	낮음
작업 유연성	매우 높음	높음	매우 낮음
학습 능력	낮음	보통(비효율적)	높음(학습 목적으로 설계된 ASIC의 경우)
추론 능력	낮음	매우 높음	X (목적에 부합하지 않음)

■ : 제어 유닛　　■ : 산술 논리 유닛　　■ : 메모리 유닛　　■ : DSP

| 표 2-3. CPU, FPGA, ASIC의 구조와 기능 비교 |

정 용도로 제작되었기 때문에 활용 가능한 분야를 벗어나면 아예 사용할 수가 없고, 기능을 추가하기 위해서는 회로 단계에서부터 재설계를 해야 하므로 설계 변경이 빈번히 일어나는 분야에서는 오히려 효용성이 떨어질 수 있습니다.

3. FPGA와 ASIC, 누가 잘 만들까?

2021년 기준 FPGA 시장은 약 8조 원(69.6억 USD) 규모로 전체 시스템 반도체 시장의 2.3%를 차지하고 있습니다. ASIC 시장은 약 2조 4천억 원(20.5억 USD) 규모로 전체 시스템 반도체 시장의 0.7% 차지하고 있죠. FPGA 분야 1위 기업은 점유율 50%의 자일링스(Xilinx)입니다. 2위는 2015년 업계 2위이던 알테라(Altera)를 인수한 인텔로 30~40% 점유율을 차지하고 있습니다. 2020년에는 인텔의 영원한 라이벌 AMD가 자일링스를 인수하였습니다.

ASIC는 용도에 따라 한정된 기능만 수행하는 범용성이 없는 제품입니다. 어떤 기업에서든 필요에 의해 설계되고 만들어질 수 있죠. 따라서 대표기업을 꼽기가 어렵습니다.

3세대 AI 반도체, 뉴로모픽 반도체

AI 반도체는 그 형태나 기능에 따라 1세대, 2세대, 3세대로 구분합니다. 1세대는 GPU의 대규모 병렬 연산 능력과 CPU와 소프트웨어로 구현된 AI 연산 결과물 분석 능력을 함께 활용해 AI를 구현했던 시기입니다. 하지만, AI 연산에 필요 없는 기능들이 GPU에 탑재돼 있고, CPU와 소프트웨어를 통해 일반적인 명령어로 결과물 분석이 진행되는 만큼 비효율적인 부분이 많았습니다. 그래서 지금의 NPU를 활용하여 AI를 구현한 2세대 AI 반도체가 등장했죠. 2세대 AI 반도체는 1세대의 소프트웨어 AI 알고리즘을 하드웨어로 구현하고 GPU에서 필요 없는 기능들을 빼내 합친 형태입니다. 이로써 1세대 AI 반도체에 비하여 가격적인 측면을 포함한 전체적인 AI 구현 효율성이 높아졌습니다.

현재 활발한 연구가 진행 중인 3세대 AI 반도체는 뉴로모픽(Neuromorphic, 신경 모사) 반도체입니다. CPU는 데이터들을 순서에 따라 순차적으로 하나씩 처리합니다. 이런 경우 2차원 정보에 대한 패턴 분석이나, 실시간 데이터 처리와 같은 영역에서 데이터 처리 지연과 큰 소비 전력 문제가 발생합니다. 이에

	1세대 AI 반도체	2세대 AI 반도체	3세대 AI 반도체
구조	인공지능 알고리즘 CPU / GPU	인공지능 알고리즘 AI 특화 반도체 (GPGPU, FPGA, ASIC, NPU등)	인공지능 알고리즘 뉴로모픽 반도체
하드웨어	기존의 CPU + GPU 조합	인공지능 알고리즘 일부가 하드웨어화 된 GPGPU, FPGA, ASIC, NPU 등	인간의 뇌신경계를 모방해 설계한 뉴로모픽 반도체
인공지능 알고리즘	단순 데이터 연산	인간 뇌신경계 모방	인간 뇌신경계 모방
특징	• 가장 간단한 AI 구성 • 불필요한 하드웨어 다수 • 일반 명령어 • 낮은 효율, 높은 소비 전력	• 필요한 하드웨어만 구성 • 알고리즘의 하드웨어화 • 특수 명령어 • 높은 효율, 낮은 소비 전력	• 특수 설계된 하드웨어 • 알고리즘의 효율성 증대 • 높은 소자 집적도 • 매우 낮은 소비 전력

┃ 표 2-4. 1세대, 2세대, 3세대 AI 반도체 비교 ┃

대한 해결책으로 인간의 뇌, 특히 뇌 속 신경망을 모방하여 데이터의 기억(메모리)과 데이터 연산을 동시다발적으로 진행하는 뉴로모픽 반도체가 연구되고 있습니다. 뉴로모픽 반도체를 활용하면 CPU로는 작업이 어려웠던 사람마다 다른 필체, 목소리, 생김새 등과 같이 정형화되지 않은 글자, 음성, 이미지 등의 데이터를 훨씬 더 잘 처리할 수 있습니다.

최근에는 멤리스터(Memristor)라 불리는 메모리 특성을 갖는 저항 소자를 뉴로모픽 반도체에 사용하려는 연구가 많이 진행되고 있습니다. 멤리스터가 상용화될 경우 소비 전력을 기존에 비해 획기적으로 줄일 수 있을 것으로 기대됩니다.

AI 반도체는 결국 사람의 뇌와 같이 적은 에너지로 많은 양의 연산을 해내는 방향으로 개발되고 진화할 것입니다.

빛을 기록하는 반도체, CIS

1. 이미지 센서 - CIS

이번에는 최근의 산업 동향과 맞물려 큰 성장세를 보이고 있는 이미지 센서에 대해서 알아보겠습니다. 카메라는 주변의 빛을 렌즈로 모아 기록해 주는 물건입니다. 이때, 빛 정보를 기록하기 위해 사용하는 매체가 필름이면 필름 카메라, 이미지 센서면 디지털카메라가 됩니다. 이미지 센서는 3차원의 빛 정보를 전기 신호로 바꿔 2차원의 사진 정보로 만들어 줍니다. 사람의 신체 기관으로 치면 안구, 안구 중에서도 망막과 같은 역할을 합니다.

이미지 센서는 크게 전하 결합 소자(CCD; Charge Coupled Device)와 CIS(Complimentary-Metal-Oxide-Semiconductor Image Sensor)로 구분됩니다. 각 센서의 동작 원리가 다르기 때문에 촬영되는 사진, 그리고 동작하면서 발생하는 그 소자들만의 특성에도 차이가 있습니다. 초기에 사용된 이미지 센

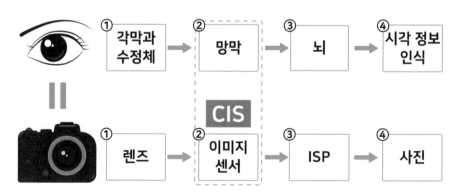

| 그림 2-16. 눈으로 화상을 보는 과정과 디지털카메라로 화상을 처리하는 과정을 비교해 볼 때, CIS는 화상을 전기 신호로 바꾸는 망막의 역할을 한다. |

서는 CCD였습니다. 신호의 잡음(노이즈)이 적어 초기 고성능 디지털카메라 시장과 항공/우주 분야와 같은 전문가 영역을 장악했죠. 하지만, CCD에는 몇 가지 단점이 있었습니다. 반도체 공정을 기반으로 하지만 구체적인 제조 방법에는 차이가 있어 고화소를 집적하거나, 주변 회로를 함께 만드는 것이 어려웠습니다. 또한 전기 신호 처리 방식이 아날로그에 가까워 많은 전력을 소비했죠.

반면, CIS는 이미 사용하고 있던 반도체 칩 제조 기술을 기반으로 제작해 CCD의 단점이었던 화소 집적의 어려움, 큰 소비 전력을 획기적으로 개선했습니다. 또한, 부가 회로들을 하나의 칩에 동시에 만들 수 있었죠. 단점이었던 신호의 잡음도 센서 기술과 소프트웨어를 활용한 이미지 후처리 기술을 통해 보완하면서 CIS는 CCD를 제치고 이미지 센서 시장을 장악합니다. CIS의 연구 개발은 미국이 주도했지만, CCD의 강자였던 일본이 곧 CIS 영역에서도 두각을 드러냅니다. 특히 세계적인 카메라 브랜드인 소니(Sony), 캐논(Canon), 니콘(Nikon) 등이 자사 카메라에 활용하기 위한 이미지 센서 개발에 앞장섰죠. 이들은 주로 큰 사이즈의 이미지 센서를 만들어 전문가용 카메라에 탑재했습니다.

CIS 시장은 스마트폰이 등장하면서 판도가 크게 바뀝니다. 피처폰 시대에는 휴대전화에 카메라가 들어가는 것이 특수한 일이었고, 화소도 30만에서 300만이면 충분했습니다. 하지만 스마트폰 시대로 넘어오면서 전면과 후면에 각 1개씩 최소 2개의 카메라가 탑재되기 시작했습니다. 심지어 최근 출시되는 스마트폰에는 전면 카메라 1개, 후면 카메라 4개(광각, 표준, 망원, 거리 측정)

와 같이 서로 다른 특징을 갖는 여러 대의 카메라가 탑재되고 있죠. 과거와 비교해 훨씬 많은 CIS가 필요하게 된 것입니다.

이러한 흐름을 잘 읽고 기회를 포착한 기업이 바로 삼성전자입니다. 삼성전자는 2015년 디지털카메라 사업 축소, 2016년 생산 중단, 2017년 제품 판매 중단을 통해 디지털카메라 사업에서 철수했습니다. 스마트폰이 가장 인기 있는 카메라로 자리 잡으면서 디지털카메라의 생산량과 판매량이 급감했기 때문입니다. 그리고 카메라 사업을 통해 쌓은 CIS와 광학 설계 노하우를 스마트폰 카메라에 쏟아붓기 시작했죠. 디지털카메라 판매량은 2010년 연 1.2억 대 수준에서 2019년 연 200만 대 수준으로 하락한 반면, 스마트폰의 판매량은 2019년 15.4억 대로 크게 증가합니다. 스마트폰 한 대에 최소 3개 이상의 카메라가 탑재되는 것을 감안하면, CIS 판매량은 이보다 훨씬 많을 것으로 추정됩니다. 2022년 CIS 활용 분야 별 예상 점유율은 스마트폰 71.4%, 디지털카메라 3.15%입니다. 결과적으로 디지털카메라 사업 철수 후 스마트폰 카메라 분야에 집중한 삼성전자의 선택이 옳았던 셈입니다. 덕분에 삼성전자는 일본 기업들이 장악하고 있던 CIS 시장에서 빠르게 성장합니다.

2. CIS의 무궁무진한 성장 가능성과 눈부신 기술의 발전

CIS를 필요로 하는 분야가 점점 많아지고 있습니다. 자율주행차, 사람을 대체할 수 있는 로봇, 드론이 대표적입니다. 모두 CIS를 통해 주변에서 정보를 수집하고, 이를 토대로 행동을 결정하는 기기들이죠. 그럼, 지금부터 CIS가 구체적으로 어떤 역할을 하는지 알아보겠습니다.

자율주행차가 주변 360도를 확인할 수 있는 어라운드 뷰(Around-view) 기능과 자율 주행 기능을 수행하기 위해서는 6~8개의 CIS가 필요합니다. 사이드 미러까지 카메라로 대체하면 최대 10개의 CIS가 들어가죠. 비가 많이 오거나 매우 어두운 환경에서도 정확한 정보를 수집할 수 있는 특수한 CIS(적외선, 자외선 확인)를 사용할 경우 그 숫자는 더 늘어날 것으로 예상됩니다.

로봇이나 드론 분야도 마찬가지입니다. 사람 대신 어렵고 힘든 일을 수행하려면 카메라를 이용해 주변 상황을 파악해야 합니다. 초고속 카메라, 거리 감지 센서, 열화상 센서(온도를 영상으로 만들어 주는 센서), 자외선과 적외선 카메라 등이 필요한데, 모두 CIS가 들어갑니다. 또, 로봇의 바퀴나 관절, 드론의 날개와 같이 중요 부품이 문제없이 동작하는지 확인하기 위해서도 카메라가 필요하죠. 이처럼 카메라가 필요한 영역이 다양해지면서 CIS 시장은 앞으로 더욱 크게 성장할 것으로 예상됩니다.

CIS의 기술 또한 빠르게 발전하고 있습니다. 대표적으로 스몰 픽셀(Small Pixel) 기술이 있습니다. 사용자들은 고화소의 사진을 찍고 싶어 합니다. 다만, 같은 크기의 화소를 더 많이 집적하기 위해서는 더 넓은 공간이 필요합니다. 즉, 이미지 센서의 크기가 커져야 합니다. 하지만 이미지 센서의 크기를 키우면 스마트폰에서 흔히 이야기하는 '카툭튀(카메라가 툭 튀어나온)' 디자인으로 이어지게 됩니다. 이러한 문제를 해결한 것이 바로 스몰 픽셀 기술입니다. 스몰 픽셀 기술을 활용하면 이미지 센서의 크기를 작게 유지하면서 많은 화소를 집적할 수 있습니다. 최근에는 CIS가 받아들인 화상의 품질을 향상시키는 AI 기술도 등장했습니다. 스마트폰 카메라로 단색을 촬영하고 사진을 확대해

| 그림 2-17. AI 기술을 활용하면 저화질 사진을 고화질 사진으로 복원할 수 있다. |

보면, 하나의 색상임에도 불구하고 랜덤하게 발생하는 노이즈로 인해 색이 조금씩 다르게 보입니다. 이때 노이즈를 줄이고 상황에 맞는 색감으로 보정하는 작업이 자동으로 진행되는데, 여기에 활용되는 것이 바로 AI 기술입니다. 또, 저 화소로 촬영되어 화질이 선명하지 않은 사진이나, 손이 흔들려 흐릿하게 나온 피사체의 모습도 AI가 본래 모습을 예측해 선명하고 또렷하게 보정해줍니다.

3. CIS, 누가 잘 만들까?

2021년 기준 전 세계 CIS 시장은 24조 5천억 원(213억 USD) 규모입니다. 시장 점유율은 소니(Sony) 39%, 삼성전자 23%, 옴니비전(OmniVision) 13%, 그리고 기타 기업들(점유율 10% 미만) 25%입니다.

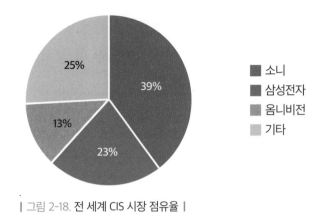

| 그림 2-18. 전 세계 CIS 시장 점유율 |

기타 시스템 반도체

CPU와 GPU 그리고 AP만 보면 시스템 반도체는 명령을 받아 데이터를 처리하는, 소위 두뇌 역할을 하는 반도체의 일종으로 보입니다. 하지만 앞서 살펴본 CIS처럼 시스템 반도체 시장은 이보다 더 다양한 종류의 반도체 제품들을 포함하고 있습니다. 좀 더 살펴보겠습니다.

1. DSP와 ISP

DSP(Digital Signal Processor, 디지털 신호 프로세서)는 디지털 신호 처리에 특화된 반도체로 ADC, ALU, DAC의 세 단계로 구성되어 있습니다. 사람이 감지하는 소리나 빛과 같은 정보들은 모두 아날로그(Analog) 신호입니다. 그래서 DSP의 신호 입력 측에는 아날로그 신호를 디지털 신호로 변환하는 ADC(Analog-to-Digital Converter)가 있습니다. ADC를 통해 디지털 신호로 바뀐 정보는 ALU에 의해 계산을 거치면서 처리됩니다. 이렇게 처리된 디지털 신호는 다시 사람이 인식할 수 있는 아날로그 형태의 신호로 바뀌어야 하는데, 이를 위해 DAC(Digital-to-Analog Converter)가 탑재됩니다.

DSP는 활용 영역에 따라 통신용 DSP, 음성용 DSP 등 종류가 많습니다. 그중 디지털 화상(Image) 신호를 처리하는 데 특화된 DSP가 바로 ISP(Image Signal Processor)입니다. CIS가 받아들인 화상 정보를 아날로그 전기 신호로 생성하여 ISP로 보내면, ISP는 이 전기 신호를 디지털 신호로 바꾸고(ADC) 화상의 명암, 채도, 선명도 등을 향상시키는 보정 작업을 진행합니다. 일차적인 작업이 끝나면 디지털 화상 신호를 압축하여 JPEG 사진이나 MP4 영상 파일로 저장하죠. 최근, CIS가 점점 고화소화 됨에 따라 ISP가 연산하는 화상 정보의 양이 늘어나고 있습니다. 더 정확한 색감과 뛰어난 선명도의 사진과 영상을 촬영하고자 하는 시장의 요구에 따라 ISP의 성능과 알고리즘도 크게 발전하고 있습니다.

2. DDI

DDI(Display Driving IC)는 디스플레이를 구현하기 위해 사용하는 반도체로 TV, 노트북, 컴퓨터 모니터, 스마트폰 등 디스플레이가 존재하는 모든 곳에 필수적으로 탑재됩니다. GPU가 디스플레이에 구현할 화면을 디지털 신호로 연산하면 DDI는 그 디지털 신호를 디스플레이 서브 픽셀(R, G, B 값)이 이해할 수 있는 아날로그 신호로 바꿔 전달합니다. GPU와 디스플레이 사이에서 통역사의 역할을 하는 것입니다. FHD TV는 약 620만 개, UHD(4K) TV는 약

진짜 하루만에 이해하는 반도체 산업

2,500만 개, SUHD(8K) TV는 약 1억 개의 서브 픽셀 수를 갖습니다. 서브 픽셀의 수가 늘어날수록 더 많은 DDI가 필요하죠. 현재 스마트폰 디스플레이에는 1개, 일반적인 FHD 모니터에는 약 6개, 4K TV에는 최대 48개의 DDI가 들어가 있습니다. 디스플레이 시장이 발전할수록 DDI 시장 역시 함께 성장할 것으로 예상됩니다.

3. PMIC

PMIC(Power Management IC)는 전자 기기 부품에 필요한 전압을 안정적으로 공급하는 반도체입니다. 전기가 필요한 모든 제품에 필수적으로 탑재되죠. 데스크톱을 예로 들어볼까요? 데스크톱 내에 CPU, GPU, DRAM, 냉각팬 등 다양한 부품들은 각기 다른 전압이 필요합니다. 예를 들어 CPU, GPU, DRAM은 1~1.1V, 통신 모듈은 3.3~5V, SSD의 NAND 플래시 메모리는 10~15V를 필요로 하죠. 우리가 콘센트에서 공급받는 전압은 220V입니다. 이 전압을 사용해 부품 각각에 장착된 PMIC가 실제 소자들에 알맞은 전압을 끊김 없이 일정하게 공급합니다. 스마트폰도 크게 다르지 않습니다. AP, 이미지 센서, 디스플레이, 통신 칩, 메모리 반도체 등이 필요로 하는 전압이 모두 다르므로 많은 양의 PMIC가 필요합니다. 또, 스마트폰 충전 시 전력을 제어하거나, 순간적으로 많은 전력을 필요로 하는 부품들에 알맞은 전압을 공급할 때에도 PMIC가 사용됩니다. 전자 제품이 점점 고기능화됨에 따라 앞으로 더 많은 PMIC가 쓰일 것으로 예상됩니다.

반도체, 핵심만 쏙쏙! ●●●

1. 컴퓨터가 작동하는 방식

컴퓨터는 입력 → 처리 → 출력의 방식으로 일합니다. 반도체를 공부하는 우리에게 특히 중요한 부분은 '처리'입니다. 시스템 반도체와 메모리 반도체가 서로 협력해 처리 과정을 진행하기 때문입니다. 사용자의 명령을 해석하고, 실제 연산을 진행하는 과정은 시스템 반도체가 담당합니다. 메모리 반도체는 기억하는 역할을 합니다. 컴퓨터에 있는 CPU(Central Processing Unit)가 시스템 반도체이며, 단기 기억을 담당하는 RAM(Random Access Memory)과 장기 기억을 담당하는 ROM(Read Only Memory)이 메모리 반도체입니다. 오늘날 우리가 사용하는 스마트폰, 태블릿 PC 등의 전자 제품들은 모두 시스템 반도체와 메모리 반도체가 협력하는 방식으로 동작합니다.

2. 시스템 반도체

CPU: 컴퓨터의 두뇌 역할을 하는 대표적인 시스템 반도체입니다. 제어 유닛, 산술 논리 유닛, 아주 작은 용량의 메모리 유닛(캐시 메모리, 레지스터)으로 구성되어 있으며, 코어(Core), 스레드(Thread), 클럭(Clock), 아키텍처(Architecture)에 따라 성능이 달라집니다. 어려운 일이든 쉬운 일이든 한 번에 한 작업만 처리하는 직렬성을 가지고 있습니다.

GPU: 컴퓨터 모니터에 화면을 보여주기 위해서는 방대한 연산을 동시에 처리해야 합니다. 이때 사용하는 반도체가 GPU입니다. GPU는 여러 가지 일을 동시에 처리할 수 있는 병렬성을 갖습니다. 덕분에 그래픽 연산 작업뿐만 아니라 여러 작업들에 활용되고 있습니다. 이처럼 GPU를 다양한 목적으로 활용하는 기술을 GPU 범용 연산, 줄여서 GPGPU(General Purpose Computing on GPU)라고 부릅니다.

AP: 스마트폰의 두뇌 역할을 하는 반도체입니다. 컴퓨터 한 대에 들어가는 주요 부품들을 하나의 반도체 칩에 집적해서 넣은 단일 칩 시스템(SoC; System on Chip)입니다. 주요 스마트폰 제조사들이 직접 AP를 제작하고 있으며, 특히 저전력 설계에 심혈을 기울이고 있습니다.

NPU: 대표적인 AI 반도체로 AI 연산의 수행부터 연산 결과물의 분석까지 빠르게 진행이 가능합니다. 주로 AP 안에 탑재되어 있으며, AP를 만드는 스마트폰 제조사들이 NPU 분야에서도 높은 경쟁력을 갖고 있습니다.

FPGA: 상황에 따라서 산술 논리 유닛을 자유롭게 구성할 수 있는 반도체입니다. 산술 논리 유닛이 고정되어 있는 CPU에 비해 연산을 훨씬 빠르게 처리할 수 있습니다.

ASIC: 특정한 기능만을 수행하도록 맞춤 설계된 반도체입니다. 하나의 특화된 기능만을 가지고 있어 동작 속도가 빠르고 소비 전력이 적다는 장점을 갖습니다. 다만, 특정 용도로 제작되었기 때문에 활용 가능한 분야를 벗어나면 아예 사용이 불가합니다.

뉴로모픽 반도체: 인간의 뇌, 특히 인간의 뇌 속에 있는 신경망을 모방하여 데이터의 기억(메모리)과 연산을 동시다발적으로 진행하는 3세대 AI 반도체입니다. 뉴로모픽 반도체를 활용하면 사람마다 다른 필체, 목소리, 생김새 등과 같이 정형화되지 않은 글자, 음성, 이미지 등의 데이터 처리를 훨씬 잘 해낼 수 있습니다. 현재 뉴로모픽 반도체와 관련해 활발한 연구가 진행 중입니다.

CIS: 디지털카메라에 사용되는 이미지 센서입니다. 스마트폰의 등장으로 급격히 시장이 확대되었으며, 향후 자율주행차, 로봇, 드론 등 그 활용처가 무궁무진해 큰 성장이 예상됩니다.

DSP: 디지털 신호 처리에 특화된 반도체입니다. 활용 영역에 따라 통신용 DSP, 음성용 DSP 등으로 다양하게 나뉩니다. 디지털 화상(Image) 신호를 처리하는 데 특화된 DSP로는 ISP(Image Signal Processor)가 있습니다. 멀티미디어 기기 또는 디지털 통신 기기 등에 활용됩니다.

DDI: 연산된 디지털 신호의 화면 정보를 아날로그 신호로 전환해 주는 반도체입니다. TV, 노트북, 컴퓨터 모니터, 스마트폰과 같이 디스플레이가 존재하는 모든 곳에 필수로 탑재됩니다.

PMIC: 안정적인 전력 공급을 돕는 반도체로, 전기가 공급되는 전자 제품에는 필수로 들어가 있습니다.

1. MCU란?

컴퓨터에 탑재되는 CPU는 범용 프로세서라 다양한 종류의 일을 두루두루 잘한다고 했죠? 다만, 다재다능한 프로세서인 만큼 비쌉니다. 이렇게 비싼 프로세서를 사용해 '1번 버튼이 눌리면 LED를 켜라'와 같은 단순한 작업을 시키는 것은 자원 낭비입니다. CPU가 하기에는 너무 단순한 기능들을 처리하기 위해 만든 것이 바로 MCU입니다. MCU는 단순한 기능을 하기 위해 만들어진 소형 컴퓨터와 같습니다. MCU에는 PC용 CPU 대비 낮은 사양의 CPU, 입출력 포트, 메모리, 통신 장치가 하나로 묶여 있죠. MCU는 CPU만큼 복잡한 연산을 처리하지 않기에 오류 발생이 적습니다. 그래서 간단한 업무이지만 절대로 틀리면 안 되는 즉, 높은 신뢰성을 필요로 하는 작업에 쓰입니다. 대표적인 예가 차량용 반도체입니다. 자동차에는 무수히 많은 센서와 기계적인 움직임을 제어하는 모터, 유압장치, 엔진 등 여러 부품들이 탑재됩니다. CPU가 전체 상황을 컨트롤해 각 장치들에 명령을 내리면 장치마다 부착되어 있는

MCU가 해당 명령을 수행합니다.

2. 인텔 진영 VS. ARM 진영

반도체 산업을 공부하다 보면 '인텔 진영', 'ARM 진영' 이런 말을 종종 듣게 됩니다. 이것은 어떤 의미일까요? 컴퓨터는 모바일 기기에 비해 전력 공급으로부터 자유롭습니다. 저전력보다는 고성능이 가장 큰 관심사이죠. 고성능의 코어를 설계하는 회사로는 인텔과 AMD가 있습니다. 인텔이나 AMD의 코어 설계를 바탕으로 시스템 반도체를 만드는 회사들을 '인텔 진영'이라 부릅니다.

반면, 스마트폰은 컴퓨터와 다르게 저전력이 필수입니다. 아무리 성능이 좋아도 저전력 설계가 뒷받침되지 않으면 그 진가를 온전히 누릴 수 없습니다. 이 분야에서 두각을 드러낸 회사가 바로 ARM입니다. ARM은 적당한 성능의 저전력 코어를 설계하는 회사입니다. 고성능이 중요한 시대에는 별 주목을 받지 못했지만, 저전력이 중요해지면서 ARM의 저전력 설계가 시장에서 큰 인기를 얻고 있습니다. 실제로 많은 AP 제조사들이 ARM의 설계를 바탕으로 저전력이면서도 고성능을 내는 AP를 만들고 있습니다. 애플의 A 시리즈 AP와 M 시리즈 CPU, 퀄컴의 스냅드래곤(Snapdragon) 시리즈 AP, 삼성전자의 엑시노스 시리즈 AP 모두 ARM 코어를 기반으로 하고 있습니다. 이렇게 ARM의 설계를 기반으로 시스템 반도체를 만드는 회사들을 ARM 진영이라 부릅니다.

이전에는 고성능이 필요한 분야에서는 인텔-AMD 코어 설계를, 저전력이 중요한 분야에서는 ARM 코어 설계를 바탕으로 시스템 반도체를 만들었습니다. 두 진영의 영역이 분리되어 있었죠. 하지만 최근에는 두 진영 모두 저전력이면서도 고성능인 코어를 개발하고 있습니다. 또, 컴퓨터와 스마트폰의 경계가 점점 모호해지면서 두 진영이 부딪히는 영역이 계속 늘어나고 있습니다. 앞으로 어느 진영이 더 앞서게 될지 귀추가 주목됩니다.

메모리
반도체

메모리 반도체는 정보를 저장하고, 저장된 정보를 읽는 데 특화된 반도체입니다. 2021년 기준 177조 원(1,538억 USD) 규모로 전체 반도체 시장의 27.7%를 차지하고 있죠. 메모리 반도체 시장은 소수 업체가 전체 시장을 과점하고 있는데, 자랑스럽게도 대한민국의 삼성전자와 SK하이닉스가 메모리 반도체 시장을 이끌고 있습니다. 물론 처음부터 이랬던 것은 아닙니다. 불과 23년 전만 해도 20개가 넘는 메모리 반도체 회사들이 있었습니다. 삼성전자와 SK하이닉스는 어떻게 그 많은 경쟁자들을 모두 제치고 메모리 반도체 시장을 장악할 수 있었을까요?

이번 장에서는 메모리 반도체의 종류와 각각의 특징을 배우고, 메모리 반도체 시장에 뛰어든 우리나라 기업들이 어떻게 지금과 같은 입지를 다질 수 있었는지 자세히 알아보겠습니다.

앞에서 메모리 반도체에는 크게 RAM(휘발성 메모리)과 ROM(비휘발성 메모리)이 있다고 말씀드렸죠. 먼저 RAM부터 공부해 볼까요?

RAM

RAM은 Random Access Memory의 약자입니다. 여기서 Random Access(임의 접근)란 무슨 뜻일까요? CPU는 연산에 필요한 정보를 메모리 장치에 저장해 두고 필요할 때마다 꺼내서 사용합니다. CPU가 임의의 정보를 RAM에 요구했을 때, 정보에 접근하는 방식에 따라 순차 접근과 임의 접근으로 나누어집니다. A부터 E까지의 정보 중에 가장 끝에 위치한 정보 E에 접근할 때 순차 접근은 A, B, C, D를 모두 거쳐 E에 접근하는 방식입니다. 반면, 임의 접근은 A부터 D를 건너뛰고 바로 E에 접근하는 방식이죠. 임의 접근은 정보가 어느 메모리 셀(Cell)에 저장되어 있는지에 상관없이 정보에 접근하고 정보를 불러오는 데 걸리는 시간이 동일하다는 특성을 갖습니다. 항상 동일한 읽기 속도를 유지하면서 데이터를 불러올 수 있는 것이죠. 이 때문에 CPU는 연산에 필요한 많은 정보를 RAM에 저장하게 되었고, RAM은 주기억 장치라 불리게 됩니다.

RAM은 크게 SRAM(Static RAM)과 DRAM(Dynamic RAM)으로 구분됩니다. SRAM과 DRAM은 모두 전원 공급이 차단되면 저장한 데이터가 소멸되는 휘발성 메모리지만, 회로 구성이나 동작 속도에서 차이가 있습니다. SRAM은 트랜지스터 6개로 구성되어 있습니다. 반면 DRAM은 트랜지스터 1개와 커패시터* 1개로 구성되어 있죠. DRAM은 하나의 비트(Bit)**를 저장하기 위한 메모리 셀의 회로 구성이 단순하여 SRAM보다 더 큰 용량을 더 저렴하게 만들 수 있습니다. 반면 SRAM은 비용이 비싸지만, 동작 속도가 DRAM보다 100배 이상 빠릅니다. 이런 특징 때문에 SRAM은 꼭 필요한 용량만 만들어 CPU의 메모리 유닛에 속하는 캐시 메모리로 활용합니다. 그럼 DRAM은 어디에 사용될까요? 앞에서 CPU와 RAM, ROM의 관계를 설명드렸는데요, 우리가 일반적으로 이야기하는 RAM이 바로 DRAM입니다. 메모리 반도체 시장에서 가장 큰 규모를 차지하는 DRAM에 대해 더 자세히 알아보겠습니다.

1. DRAM(Dynamic RAM)의 구조

DRAM은 'Dynamic RAM'의 약자로, '동적 RAM'이라는 의미를 가지고 있습니다. 여기서 '동적(Dynamic)'이라는 개념이 왜 쓰이는 걸까요? DRAM의 구조와 동작 원리 때문입니다. DRAM은 1개의 트랜지스터와 1개의 커패

---

* 커패시터는 전자를 잠깐 저장하는 역할을 하며 다른 말로는 콘덴서라고 부릅니다.
** 정보의 최소 단위입니다. 컴퓨터는 모든 정보를 0과 1로 처리하는데, 0 또는 1 각각의 숫자가 하나의 비트(Bit)입니다.

시터가 연결되어 있는 1T1C의 구조입니다. 이 구조에서 어떻게 데이터를 저장할 수 있을까요? 앞서 말씀드린 것처럼, 컴퓨터는 0과 1로 이루어진 이진수를 사용합니다. 저장되는 데이터 역시 이진수로 이루어져 있죠. MOSFET을 켜서 커패시터에 전자를 채워 넣으면 DRAM 셀에 데이터 1이 저장됩니다. MOSFET을 꺼서 커패시터에 전자가 없는 상태가 되면 DRAM 셀에 데이터 0이 저장되죠. 이렇게 MOSFET을 통해 커패시터 내 전자의 유무를 조절하여 데이터를 저장합니다.

그런데 문제가 하나 있습니다. 커패시터에 채워 넣은 전자는 시간이 지날수록 조금씩 새어 나갑니다. DRAM 셀에 저장된 데이터 1이 시간이 지나면서 0으로 바뀌는 것입니다. 따라서 커패시터의 전자가 빠져나가지 않도록 주기

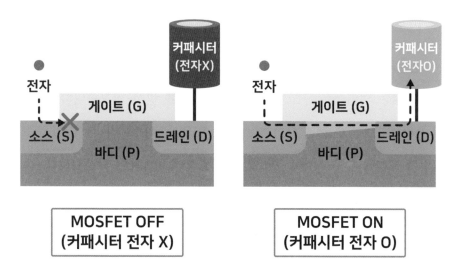

| 그림 2-19. MOSFET을 꺼서 커패시터에 전자가 채워지지 않으면 0, MOSFET을 켜서 커패시터에 전자가 채워지면 1이 저장된다. |

적으로 전자를 채워주는 리프레시(Refresh) 작업을 해줘야 합니다. 데이터를 저장한 후에도 계속 리프레시 작업을 해줘야 하기 때문에 동적 RAM이라 불립니다. 반면, 리프레시 작업이 필요하지 않은 SRAM은 '정적(Static)' RAM이라는 이름이 붙었죠.

DRAM은 저장된 데이터를 읽는 것도 편합니다. 전자는 많은 쪽에서 적은 쪽으로 이동하려는 특성이 있습니다. 커패시터에 연결된 MOSFET을 켰을 때 전자가 MOSFET을 통해 빠져나온다면, 커패시터에 전자가 있었다는 의미로 해석할 수 있습니다. 물통을 거꾸로 들고 뚜껑을 열었을 때, 물이 나오면 물통 안에 물이 들어 있었음을 알 수 있는 것과 같은 이치입니다. 반대로 MOSFET을 켰을 때 전자가 나오지 않는다면, 이를 통해 커패시터에는 0이 저장되어 있었다는 것을 알 수 있습니다. 물론 실제 작업은 이보다 복잡하지만, 개념상으로는 이렇게 이해해도 충분합니다.

2. DRAM의 속도, DDR(Dual Data Rate)

CPU는 데이터를 주고, DRAM은 데이터를 받아 저장합니다. 컴퓨터가 동작한다는 것은 크게 보면 데이터를 주고받는 과정이라 할 수 있습니다. 그런데 데이터를 아무 때나 주고받으면 엄청난 비효율이 발생합니다. 정해진 시점에 맞춰 데이터를 주고받아야 합니다. 이 정해진 시점이 바로 클럭입니다. CPU와 DRAM은 클럭에 맞춰 데이터를 주고받습니다. 클럭에는 상승(Rising)과 하락(Falling)이 있습니다. 상승 시점에만 데이터를 전송하는 방식은 SDR(Single Data Rate)입니다. 반면, 상승과 하락의 두 시점 모두에서 데이

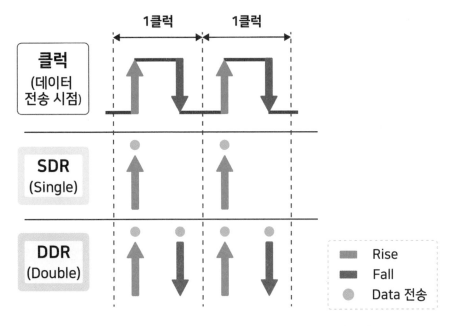

| 그림 2-20. SDR은 상승 클럭에만 데이터를 보내고 DDR은 상승과 하락 클럭 모두에서
데이터를 보낸다. |

터를 보낼 수 있는 방식은 DDR(Dual Data Rate)입니다. 하나의 클럭에 데이터를 2배로 처리할 수 있는 DDR 방식이 SDR 방식보다 2배 더 빠릅니다. 그래서 현재 나오는 DRAM은 모두 DDR 방식을 사용하고 있습니다.

DDR 방식에도 DDR1부터 DDR5까지 다양한 버전이 있습니다. DDR 뒤에 붙는 숫자가 높을수록 데이터 처리 속도는 빠르고 전력 소모가 적습니다. 보통 버전이 한 번 업그레이드될 때마다 약 2배 빨라집니다. 현시점에서는 DDR5가 가장 최신 버전이지만, 시장에서는 여전히 DDR4 제품들이 주류를 이루고 있습니다.

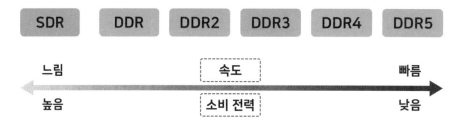

| 그림 2-21. DRAM 기술이 발전함에 따라 처리 속도는 빨라지고 소비 전력은 줄어든다. |

3. DRAM, 누가 잘 만들까?

시장 조사 전문 업체인 Trend Force에 따르면, 2021년 기준 DRAM 시장은 106조 원(925억 USD) 규모로 전체 메모리 반도체 시장의 60%를 차지하고 있습니다. DRAM 시장 1위는 42.3%의 점유율을 자랑하는 삼성전자입니다. 2위는 29.7%의 SK하이닉스, 3위는 22.3%를 차지한 미국의 마이크론입니다. 이 세 회사의 시장 점유율이 무려 94.3%입니다. 남은 5.7% 중 4.2%는 대만 회사인 난야(Nanya)와 윈본드(Winbond)이며, 1.7%는 기타 여러 작은

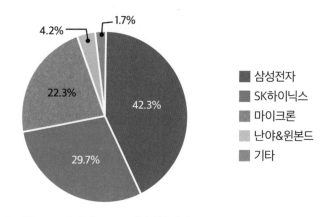

| 그림 2-22. 전 세계 DRAM 시장 점유율 |

회사들입니다. 5.7% 점유율에 속하는 회사들은 고성능과는 거리가 먼 제품 위주로 DRAM 사업을 영위하고 있습니다.

ROM

1. 하드디스크(HDD)에서 SSD로

보조 기억 장치라 불리는 ROM은 Read Only Memory(읽는 것만 가능한 메모리)의 약자입니다. 과거에 ROM은 오직 저장되어 있는 데이터를 읽는 것밖에 할 수 없었기 때문에 '읽는 것만 가능한 메모리'라는 이름이 붙었습니다. 물론 지금은 읽고 쓰기가 자유로운 ROM이 등장했지만, 이미 ROM이라는 단어가 고유 명사처럼 사용되고 있어 계속 ROM이라 부르고 있습니다.

ROM은 주기억 장치인 RAM을 보조하는 동시에 데이터를 저장하는 역할을 합니다. 전원을 끄더라도 데이터가 보존되는 비휘발성 메모리이죠. 과거에는 천공테이프와 자기테이프, 그리고 하드디스크(HDD; Hard-Disk Drive)를 ROM으로 사용했습니다. 이 중 하드디스크는 요즘도 꾸준히 사용되고 있습니다.

하드디스크는 자성 물질이 발라져 있는 알루미늄 원판에 자석의 N극과 S극을 촘촘히 배치해서 데이터를 기록하고, 표면의 자성을 읽어내는 헤드(Head)가 이 원판 위를 옮겨 다니면서 필요한 데이터를 읽어내는 방식입니다. 데이터를 읽기 위해서는 디스크가 1분에 5,400~10,000번의 빠른 속도로 회전함과 동시에 헤드도 움직여야 하므로 소음이 발생하고 충격에 약하며 데이터 처리 속도가 느립니다.

반면, 반도체 기술의 발전과 함께 등장한 SSD(Solid-State Drive)는 데이터의 저장과 읽기가 전자적으로 이뤄지고, 하드디스크와 달리 물리적인 구동이 없어 소음이 발생하지 않고 충격에 강하며 데이터 처리 속도가 훨씬 빠릅니다. 노트북이나 데스크톱과 같이 소형 컴퓨터에 대한 수요 증가와 빠른 동작 속도에 대한 요구가 커지면서 SSD는 ROM 시장에서 기존 주류였던 하드디스크를 빠르게 대체해 나갑니다. 과거에는 메모리 반도체라 하면 DRAM만을 지칭했습니다. 천공테이프와 자기테이프, 하드디스크는 반도체가 아니기 때문입니다. 하지만 SSD로 ROM 시장이 재편되면서 최근에는 SSD에 활용되는 NAND 플래시 메모리가 DRAM과 함께 메모리 반도체의 대표 주자로 자리매김하고 있습니다.

SSD에는 DRAM과는 다른 구조를 가진 플래시 메모리라고 불리는 반도체 소자가 들어갑니다. DRAM과 플래시 메모리의 가장 큰 차이는 0과 1의 데이터를 저장하는 메모리 셀의 구조입니다. DRAM의 메모리 셀은 1개의 트랜지스터와 1개의 커패시터로 이루어져 있습니다. 전자가 저장되는 커패시터가 스위치 역할을 하는 트랜지스터와 물리적으로 연결되어 있어 필연적으로 전자의 소실이 발생합니다. 그래서 꾸준히 리프레시 작업을 해야 하죠. 반면 플래시 메모리는 플로팅 게이트(Floating Gate)라고 불리는 절연체에 둘러싸인 구조에 전자를 보관함으로써 데이터를 저장합니다.[*] 물리적인 연결 자체가 없

---

[*] 플로팅 게이트에 전자가 없으면 1, 전자가 있으면 0이 저장됩니다.

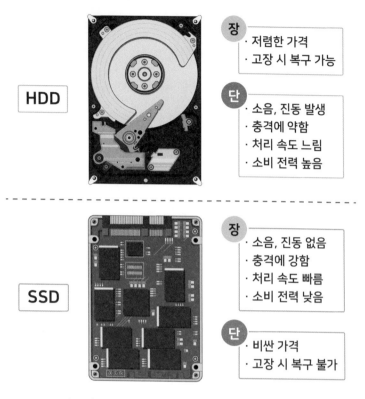

장
· 저렴한 가격
· 고장 시 복구 가능

단
· 소음, 진동 발생
· 충격에 약함
· 처리 속도 느림
· 소비 전력 높음

장
· 소음, 진동 없음
· 충격에 강함
· 처리 속도 빠름
· 소비 전력 낮음

단
· 비싼 가격
· 고장 시 복구 불가

| 그림 2-23. HDD와 SSD의 내부 구조 및 특징 비교 |

어 한번 저장된 전자는 소실되지 않습니다. 즉, 리프레시 작업이 필요 없습니다. 그러나 플래시 메모리의 이러한 셀 구조는 읽기와 쓰기의 속도를 저하시킵니다. 물론 소자를 직렬로 연결하고, 칩 여러 개를 묶어 하나의 SSD로 구현할 경우 쓰기와 읽기 속도를 빠르게 향상시킬 수 있습니다. 하지만 이 역시 기존 SSD와의 비교일 뿐이고, 개별 소자의 동작은 DRAM에 비해 매우 느립니다.

2. NAND와 NOR 플래시 메모리

플래시 메모리를 바둑판처럼 배열하면 하나의 평면에 수많은 플래시 메모리가 집적되면서 더 큰 용량을 갖게 됩니다. 이때 중요한 것은 플래시 메모리들을 연결하는 방식입니다. 연결 방식에 따라 NAND 플래시 메모리와 NOR 플래시 메모리로 나누어지는데, 현재는 대부분이 NAND 플래시 메모리를 사용합니다.

일정 개수의 플래시 메모리 셀들을 직렬로 연결한 것을 스트링(String)이라고 합니다. NAND 플래시 메모리는 스트링들이 병렬로 연결된 상태입니다. 그림 2-24를 같이 볼까요? 하나의 스트링에 16개의 플래시 메모리 셀이 직렬로 연결되어 있고, 이런 스트링 4개가 병렬로 연결되어 있습니다. CPU가 스트링2의 8번 셀 정보를 읽기 위해서는 먼저 스트링2를 선택해 읽기 준비를 하고, 그다음 8번 셀을 선택해 저장된 정보를 읽어야 합니다. 8번 셀 하나를 읽기 위해서 두 단계를 거치는 것이죠. 그래서 NAND 플래시 메모리는 읽기 속도가 느립니다.

반면, 데이터를 쓰는 작업(기록, 지우기)은 빠릅니다. 일반적으로 데이터는 하나의 셀이 아니라 연속된 셀에 이어서 기록됩니다. NAND 플래시 메모리는 스트링으로 연결된 플래시 메모리 한 줄을 통째로 선택해 한 번에 지우거나 기록할 수 있습니다. 예를 들어, 스트링2의 모든 셀(16개 셀)에 데이터를 기록한다면 1번 셀부터 16번 셀까지 하나씩 작업할 필요 없이 스트링2를 선택하고, 16개 셀에 동시에 데이터를 기록하는 단 두 단계만으로 쓰기 작업이 가능합니다.

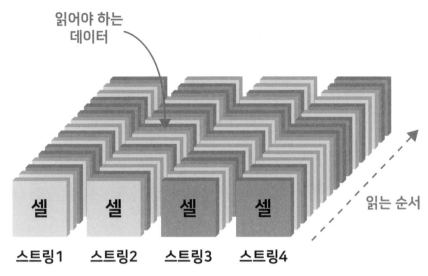

읽어야 하는
데이터

셀　　셀　　셀　　셀

읽는 순서

스트링1　　스트링2　　스트링3　　스트링4

| 그림 2-24. 스트링으로 묶인 NAND 플래시 메모리. 읽기 속도는 느리지만,
쓰기(기록, 지우기) 속도는 빠르다. |

이번에는 그림 2-25를 같이 보면서 NOR 플래시 메모리의 특징을 살펴보겠습니다. NOR 플래시 메모리는 플래시 메모리 셀들이 병렬로 연결되어 있습니다. CPU가 2번 행의 8번 열에 저장된 데이터를 읽어야 할 때, 한 번에 그 셀을 선택해 데이터를 바로 읽을 수 있어 읽기 속도가 NAND 플래시 메모리보다 빠릅니다. 하지만 2번 행의 16개 셀 모두에 데이터를 기록한다면 셀을 하나씩 선택해 기록하는 과정을 16번 반복해야 하므로 쓰기 속도가 NAND 플래시 메모리에 비해 느립니다.

3. NAND 플래시 메모리 시장의 성장

일반적으로 저장해 놓은 데이터를 읽는 경우가 더 많기 때문에 데이터에

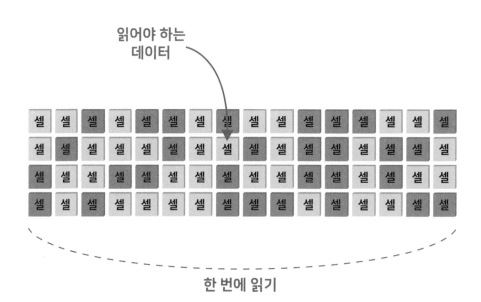

읽어야 하는
데이터

한 번에 읽기

| 그림 2-25. 셀이 펼쳐져 있는 NOR 플래시 메모리. 읽기 속도는 빠르지만,
쓰기(기록, 지우기) 속도가 느리다. |

빠르게 접근할 수 있는 NOR 플래시 메모리가 주로 사용될 것 같지만, 실제 시장에서는 그렇지 않습니다. 이 부분은 경제적인 논리와 NAND 플래시 메모리의 읽기 속도 향상 방법으로 설명될 수 있습니다. 플래시 메모리들을 직렬로 연결한 NAND 플래시 메모리는 고밀도로 집적하기 편한 반면, 병렬로 연결한 NOR 플래시 메모리는 집적하기가 어렵습니다. 집적이 편하다는 것은 더 쉽게 만들 수 있다는 것이고, 결국 같은 용량일 때 가격이 더 저렴하다는 것을 의미합니다. 경제성에서 NAND 플래시 메모리가 NOR 플래시 메모리를 앞서는 것이죠. 또, NAND 플래시 메모리 여러 개를 묶어 사용하는 경우에는 대역폭이 늘어나는 효과가 발생해 느린 읽기 속도를 보완해 줄 수 있습니다.

이런 이유로, 현재 시장에서는 NAND 플래시 메모리가 대세로 자리 잡고 있습니다.

ROM은 속도 대신 용량을 선택한 부품으로 NAND 플래시 메모리 역시 용량을 키우는 방향으로 기술 개발이 진행되고 있습니다. 그런데 하나의 평면에 작게 만든 플래시 메모리 소자들을 배치하여 용량을 증가시키는 기존 방법은 그다지 효율적이지 않았습니다. 이에 연구원들은 다른 방법으로 더 큰 용량의 NAND 플래시 메모리를 만들기 시작합니다. 이때 나온 것이 바로 NAND 플래시 메모리를 아파트처럼 위로 쌓는 3D NAND 플래시 메모리입니다. 3D NAND 플래시 메모리 덕분에 훨씬 큰 용량의 플래시 메모리를 만드는 것이 가능해졌습니다. 3D NAND 플래시 메모리는 2013년 삼성전자가 세계 최초로 24단을 쌓으며 시작되었고, 이후 2014년 32단, 2015년 48단, 2017년 64단, 2018년 92단을 쌓으며 계속 높아지고 있습니다. 2015~2016년부터는 SK하이닉스, 키옥시아, 마이크론 등도 적층 기술을 이용해 3D NAND 플래시 메모리를 제작하기 시작했고, 2019년에는 SK하이닉스가 세계 최초 128단, 2020년에는 176단을 쌓았습니다. 현재 3D NAND 플래시 메모리 집적 기술은 200단을 상회하고 있으며, 기술적인 난이도가 점점 높아지고 있습니다.

4. NAND 플래시 메모리, 누가 잘 만들까?

시장 조사 전문 업체인 Trend Force에 따르면, 2021년 기준 NAND 플래시 메모리 시장은 64조 원(555억 USD) 규모로 전체 메모리 반도체 시장의 40%를 차지하고 있습니다. 2021년 4분기 기준 NAND 플래시 메모리 시장 1위는 삼성전자(점유율 33.1%)입니다. 2위는 SK하이닉스(+Solidigm)(점유율 19.5%), 3위는 일본의 키옥시아(점유율 19.2%), 4위는 WDC(점유율 14.2%), 5위는 미국의 마이크론(점유율 10.2%)입니다.

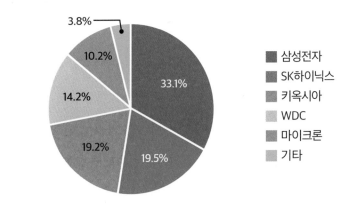

| 그림 2-26. 전 세계 NAND 플래시 메모리 시장 점유율 |

메모리 계층 구조

컴퓨터는 두뇌 역할을 하는 CPU와 저장 역할을 하는 RAM과 ROM이 함께 일합니다. 이때, ROM의 속도가 느리기 때문에 CPU는 ROM에 있는 데이터를 RAM으로 옮겨 RAM과 함께 작업을 한다고 말씀드렸습니다. 그런데 왜 굳이 RAM과 ROM 두 개가 필요한 걸까요? 애초에 RAM의 용량을 크게 만들어 RAM만 사용하거나, ROM의 속도를 높여서 CPU와 ROM이 함께 일하도록 하면 될 텐데 말이죠. 이에 대한 해답을 얻기 위해서는 메모리 장치의 특성을 토대로 분류한 메모리 계층 구조를 이해해야 합니다. 흔히 물건의 성능과 가격은 비례 관계에 놓여 있다고 말합니다. 가격이 싸면 성능이 아쉽고, 성능이 좋으면 가격이 비싸다는 이야기죠. 메모리 장치 역시 이와 같은 특징을 갖습니다. 용량이 크거나 속도가 빠르면 가격이 비쌉니다. 가격이 비싸면 소비자들이 구매를 꺼리죠. 그러나 가격을 저렴하게 낮추면 용량이 부족하거나 속도가 느립니다. 소비자들은 속도가 느리거나 용량이 부족한 제품 역시 외면합니다. 결국 적당한 가격 수준에서 속도나 용량을 만족스럽게 맞춰야 합니다.

이 문제를 해결하기 위해 컴퓨터 공학자들은 다소 극단적인 방법을 선택했습니다. 속도는 빠르지만 단기 기억만 가능한 RAM의 용량은 작게, 속도는 느리지만 장기 기억이 가능한 ROM의 용량은 크게 만든 것입니다. RAM은 속도가 빠르지만 용량이 작아서 적당한 가격 수준에서 만들 수 있습니다. ROM 역시 용량이 크지만 속도가 느리기에 적당한 가격 수준이 가능하죠. 속도는 RAM이 맡고, 용량은 ROM이 맡으면 결국 적당한 가격 수준에서 속도와 용량을 맞출 수 있는 것입니다.

컴퓨터에는 RAM과 ROM 외에도 레지스터와 캐시 메모리가 사용됩니다. 이 모든 메모리 장치들은 메모리 계층 구조를 따릅니다. 메모리 계층 구조에 속하는 메모리 장치들은 자료의 보존성, 가격, 속도, 용량 측면에서 서로 다른 특성을 갖고 있습니다. 여러 메모리 장치들을 속도가 빠른 순서대로 정렬하면, 레지스터(Register) → 캐시 메모리(Cache Memory) → RAM → ROM의 순서입니다. 동일한 용량이라고 할 때 레지스터가 가장 비싸고 ROM이 가장

쌉니다. 레지스터와 캐시 메모리는 속도는 빠르지만 용량을 크게 만들기에는 가격이 너무 비싸 꼭 필요한 용량만을 만들어 CPU 안에 넣습니다. 반면 RAM은 레지스터나 캐시 메모리보다 속도는 느리지만, 이 둘보다는 큰 용량으로 만드는 것이 가능합니다. ROM은 속도가 더 느린 대신 아주 큰 용량을 저렴하게 만들 수 있습니다.

레지스터, 캐시 메모리, RAM은 속도가 빠른 편에 속합니다. 감당할 수 있는 가격에 속도까지 맞추려면 저장 공간을 줄일 수밖에 없습니다. 그래서 레지스터, 캐시 메모리, RAM은 저장 공간이 작습니다. 그리고 이들은 전원을 끄면 정보가 모두 사라지는 휘발성 메모리입니다.(물론, 비휘발성이면서 RAM의 특성을 갖는 새로운 메모리 소자들도 개발되고는 있습니다) 반면 ROM은 속도보다는 저장 공간에 집중했습니다. 속도가 아주 느린 대신 그만큼 큰 저장 공간을 갖습니다. ROM은 원래의 목적에 맞게 전원을 끄더라도 정보가 사라지지 않는 비휘발성 메모리입니다.

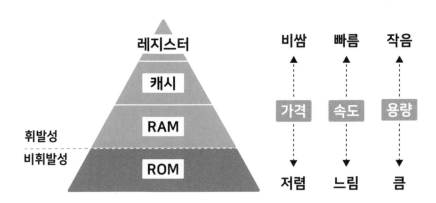

| 그림 2-27. 메모리 장치들은 가격, 속도, 용량, 자료의 보존성에 따라 계층 구조로 나타낼 수 있다. |

메모리 반도체 시장의 치킨 게임

자동차를 좋아하는 저에게 최고의 영화는 〈분노의 질주〉입니다. 분노의 질주 시리즈를 보다 보면, 간혹 치킨 게임을 벌이는 장면이 등장합니다. 각자의 차를 몰고 서로 마주 보는 상태에서 가속 페달을 밟아 전속력으로 돌진하는데, 먼저 핸들을 꺾거나 브레이크를 밟는 쪽이 지는 게임이죠. 처음에는 자신 있게 시작하지만 두 차가 가까워질수록 운전자들은 많은 생각을 하게 됩니다. 결국, 잃을 것이 많은 쪽이 핸들을 꺾거나 브레이크를 밟게 되죠.

메모리 반도체 시장에서도 세 번의 큰 치킨 게임이 있었습니다. 메모리 반도체 시장의 치킨 게임은 가격 경쟁을 통해 벌어집니다. 상대 기업이 대규모 적자를 더 이상 감당하지 못하고 백기를 들 때까지 가격을 계속 낮추는 방식입니다. 이때, 원가보다 저렴한 가격에 반도체를 공급하기 때문에 상대 기업뿐 아니라 자신도 큰 피해를 입습니다. 그럼에도 불구하고 누군가 포기할 때까지 게임은 끝나지 않습니다. 그 결과 게임이 끝난 후에는 시장이 크게 재편되고, 살아남은 기업은 엄청난 이익을 얻게 됩니다. 지금부터 메모리 반도체 시장에서 벌어진 세 차례의 치킨 게임을 통해 어떻게 메모리 반도체 산업이 현재에 이르게 되었는지 살펴보겠습니다.

1. 첫 번째 치킨 게임

1971년, 인텔은 IBM에서 발명한 DRAM을 상용화해 큰 성공을 거둡니다. 1974년이 되자 인텔의 DRAM 점유율은 무려 82.9%에 이르게 되죠. 미국은 반도체 종주국답게 초창기 메모리 반도체 시장을 독식합니다. 이런 미국에 도전장을 내민 국가가 바로 일본입니다. 일본은 1950년부터 트랜지스터 라디오와 휴대용 계산기 등을 만들며 반도체 산업의 노하우를 축적합니다. 그리고 1971년, 다음 반도체 시장을 이끌어 갈 제품으로 DRAM을 선정하고 DRAM 개발에 착수합니다.

2년 뒤, 일본 반도체 산업이 한 단계 도약하는 사건이 발생합니다. 바로 오일 쇼크입니다. 오일 쇼크로 세계 경제가 순식간에 얼어붙자 미국의 반도체 기업들은 투자를 축소합니다. 하지만 일본 기업들은 이를 기회로 보고 투자에 박차를 가합니다. 공장의 규모를 확대하고 공정을 더 정교화해 수율을 높이고 생산 원가를 낮추는데 성공합니다. 덕분에 일본 기업이 만든 DRAM 은 시장에서 경쟁우위를 갖게 됩니다. 이에 일본 기업들은 자국 시장을 넘어 해외로 뻗어 나갈 계획을 세우는데, 이때 눈에 들어온 곳이 바로 DRAM 의 본고장인 미국 시장입니다. 그리고 1984년, 일본 기업인 NEC, 도시바(Toshiba), 히타치(Hitachi) 등에 의해 첫 번째 메모리 반도체 치킨 게임이 시작됩니다.

일본 기업들의 공격적인 저가 공세로 DRAM의 가격(64K 기준)은 1년 만에 3달러에서 0.30달러로 곤두박질칩니다. 미국 언론은 이를 '제2의 진주만 공습'이라 표현할 정도였죠. 피해는 미국 기업에만 국한되지 않았습니다. 당시 삼성전자의 64K DRAM 생산 원가는 1.70달러였습니다. 하나를 팔 때마다 1.40달러의 적자가 발생했고, 한 해 누적 적자가 약 2억 달러에 이르게 됩니다. 결국 일본 기업의 저가 공세 속에서 시장 점유율이 1.3%까지 추락한 인텔이 사업 철수를 결정하며 첫 번째 치킨 게임은 끝이 납니다. 이후 15년간 메모리 반도체 시장은 일본 기업들이 석권합니다.

첫 번째 치킨 게임에서 일본 기업들은 어떻게 승리할 수 있었을까요? 가장 큰 이유는 앞선 기술력입니다. 당시 일본 기업의 수율은 80%, 미국 기업의 수율은 50%였습니다. 웨이퍼 한 장에서 100개의 DRAM을 만든다고 가정했을 때, 일본 기업은 80개의 양품(불량품 20개)을 만들 수 있었지만, 미국 기

| 그림 2-28. 첫 번째 치킨 게임 결과(1985년 기준) |

업은 50개의 양품(불량품 50개)밖에 만들어내지 못했습니다. 웨이퍼 1장의 가격이 100달러라면, 일본은 DRAM 1개당 1.25달러에, 미국은 2달러에 만드는 셈으로 생산 원가에서부터 큰 차이가 발생했습니다. 일본 특유의 장인 정신과 품질에 대한 집착이 만들어 낸 결과였습니다. 또한 일본은 정부가 주도적으로 반도체 산업을 지원했습니다. 일본 기업들은 정부의 지원을 등에 업고 어려운 시기에도 지속적인 시설 투자와 연구를 진행했습니다. 더불어 엔화 가치가 낮게 유지되며 수출 경쟁력까지 확보할 수 있었죠. 여러모로 일본에 유리한 환경이었던 셈입니다.

2. 두 번째 치킨 게임

첫 번째 치킨 게임에서 패배한 미국. 그러나 미국은 역시 호락호락한 상대가 아니었습니다. 1985년, 마이크론, 인텔, AMD, 내셔널(National) 등 미국 반도체 기업들은 DRAM을 만드는 일본 반도체 기업들을 반덤핑 혐의로 국제무역 위원회(ITC)에 제소합니다. 이에 미국 상무부는 일본산 메모리 반도체에 대해 21.7%~188% 덤핑 마진을 확정하죠. 그리고 1986년, 그 유명한 미·일 반도체 협정이 체결됩니다. 일본 기업의 반도체 생산원가를 공개하고 수출 가격 데이터를 제공함은 물론 일본 내 미국 반도체 시장 점유율 20% 달성 등의 조건이 달린 일본에 매우 불리한 협정이었죠. 이처럼 미국이 일본 반도체 산업을 견제하는 사이 한국의 반도체 기업들이 서서히 두각을 드러내기 시작합니다.

1983년, 본격적으로 메모리 반도체 산업에 뛰어든 한국의 삼성전자는 초기에 많은 어려움을 겪습니다. 그러나 80년대 PC의 시대가 도래하면서 새로운 기회가 찾아옵니다. 1970년대 등장한 PC는 80년대에 이르러 본격적으로 보급됩니다. 당시 DRAM 세계 1위였던 일본은 25년 이상의 수명을 자랑하는 매우 고품질의 반도체를 만들고 있었습니다. 고품질인 만큼 가격 역시 매우 비쌌죠. 하지만 고품질의 일본산 DRAM은 슈퍼 컴퓨터나 서버용으로는 적합했지만, 보급형 PC에는 적합하지 않았습니다. 이러한 이유로 가격 메리트가 있으면서도 꽤 괜찮은 성능을 가진 삼성전자의 DRAM이 불티나게 팔리기 시작합니다. 당시 일본 기업들은 '고품질의 제품이 수요를 창출한다'는 관점을 가지고 있었습니다. 반면 한국 기업들은 '시장에서 필요로 하는 제품을 더 싸게 만들기 위한 기술을 개발한다'는 입장을 고수했죠. 일본 기업들의 이러한 품질 우선주의는 격변하는 PC 시장에는 맞지 않았고, 한국 기업들에게 새로운 기회가 열립니다.

PC 시대의 도래로 실력을 키워 나가던 한국의 삼성전자는 두 번의 큰 결정을 통해 시장에서 승기를 잡습니다. 첫 번째 결정은 스택(Stack) 기술의 채택입니다. 1M(메가, Mega=1,000,000) DRAM까지는 하나의 평면에 DRAM 셀을 넣을 수 있었지만, 4M DRAM부터는 입체 설계를 통해 여러 층으로 셀을 집적해야 했습니다. 문제는 셀을 집적하는 방법이었습니다. 웨이퍼를 파내서 한 층을 만들고 그 위로 층을 쌓는 트렌치(Trench) 방식과 웨이퍼 위에 아파트처럼 한 층씩 차례로 쌓는 스택(Stack) 방식이 있었죠. 트렌치 방식은 크기가 작은 고성능 반도체 소자를 만들 수 있지만, 공정이 까다롭고 불량이 발생하면 분석이 어려웠습니다. 반면, 스택 방식은 트렌치 방식보다 소자 성능

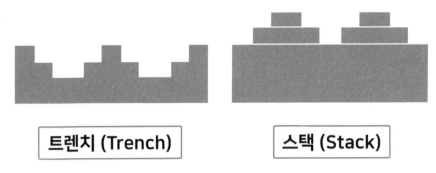

트렌치 (Trench)　　　　스택 (Stack)

▎그림 2-29. 트렌치 방식이 건물에 지하를 만드는 것이라면 스택 방식은 건물에 층을 쌓는 것이라 할 수 있다. ▎

은 떨어졌지만 생산이 용이하고 불량이 발생했을 때 분석이 쉬웠습니다. 일본의 NEC, 도시바, 미국의 TI, IBM, 한국의 현대전자와 금성반도체 등은 트렌치 방식을 채택했습니다. 반면 일본의 히타치, 미츠비시(Mitsubishi), 마츠시타(Matsushita), 그리고 한국의 삼성전자 등은 스택 방식을 채택했죠. 결과는 스택 그룹의 승리였습니다. 트렌치 방식을 선택한 기업들은 4M DRAM의 수율 하락을 겪으며 대부분 2군으로 밀려나고, 스택 그룹의 기업들은 승승장구하게 됩니다. 특히 빠른 연구 개발과 양산을 통해 시장을 선점한 삼성전자는 3년간의 적자를 1988년 단 1년의 이익으로 극복합니다.

1990년대 초, 삼성전자는 회사의 명운을 건 두 번째 결정을 합니다. 약 1조 원의 예상 손실을 감수하고, 200 mm 웨이퍼 공정으로의 전환을 결단한 것입니다. 당시 반도체 업계 표준은 150 mm 웨이퍼였습니다. 그런데 왜 삼성전자는 200 mm 웨이퍼를 선택한 걸까요? 우선, 웨이퍼가 크면 더 많은 칩을 만들 수 있습니다. 하지만 웨이퍼 크기만 바뀌는 게 아니라 장비까지 다 바꿔야 해서 비용이 많이 들고, 아직 검증이 제대로 되지 않은 새로운 장비로 반도체를 만드는 과정에서 불량률이 급증하는 등의 여러 문제가 생길 수 있습니다. 반도체 장비 업계가 위험을 감수하는 초기 고객에게 장비를 할인해 주는 이유입니다. 이런 모든 리스크를 떠안고, 웨이퍼 크기 변경이라는 승부수를 띄운 것입니다. 다행히 결과는 대성공이었습니다. 덕분에 150 mm 웨이퍼를 사용하는 경쟁사보다 80% 높은 생산성을 달성하며, 사상 최대 호황을 맛보게 됩니다.

90년대 이르러 한국 반도체 기업들의 실력은 빠르게 성장합니다. 일본과의 기술 격차를 크게 줄였으며, 16M DRAM부터는 세계 최초 개발 수식어가 항상 꼬리표처럼 따라붙게 되죠. 그러나 위기가 없었던 것은 아닙니다.

1992년, 마이크론은 한국 메모리 반도체 기업들을 반덤핑 혐의로 제소합니다. 곧 미국 상무부가 조사에 들어갔고, 삼성전자 0.74%, 현대전자 7.19%, 금성반도체 4.97%의 덤핑 마진을 확정합니다. 그런데 우리나라의 메모리 반도체 기업 3사의 덤핑 마진 수치는 지난 일본 기업들의 덤핑 마진(21.7%~188%)에 비하면 턱없이 낮은 수치였습니다. 왜 그랬을까요? 일본 기업들은 미국에서의 점유율을 끌어올리기 위해 자국에서 판매되는 가격보다 매우 낮은 가격으로 미국에 반도체를 판매했습니다. 의도적으로 가격을 낮춰 시장 질서를 왜곡한 것입니다. 반면 한국 기업들은 국내 시장과 미국 시장에 큰 가격 차별을 두지 않았습니다. 이것은 한국 기업들이 그만큼 반도체를 싸게 만들 수 있었기에 가능한 일이었습니다. 미국의 덤핑 관세 부과는 오히려 한국 반도체 기업들의 DRAM 기술력을 홍보하는 결과를 불러일으켰습니다.

이렇게 첫 번째 위기를 무사히 넘겼지만, 곧 두 번째 큰 위기가 찾아옵니다. 바로 IMF 외환 위기입니다. 외환 위기로 한국 경제가 무너지면서 정부의 구조조정 명령에 의해 현대전자와 금성반도체가 합병하여 하이닉스(현 SK하이닉스)가 설립되는 등 한국 반도체 산업은 큰 어려움을 겪게 됩니다. 비슷한 시기 누적되는 적자로 일본 반도체 업계도 구조조정이 진행됩니다. NEC, 히타치의 메모리 반도체 부문, 미츠비시의 DRAM 부문이 합쳐져 엘피다(Elpida)가 설립됩니다.

한국의 메모리 반도체 산업이 휘청이자, 대만의 많은 기업들이 메모리 반도체 시장에 뛰어듭니다. 그리고 몇 년 뒤 기술력을 확보한 대만 기업에 의해 2007년 두 번째 치킨 게임이 시작됩니다. 치킨 게임에 2008년 글로벌 금융 위기까지 더해지면서 당시 주력 제품인 512M DRAM의 가격은 2006년 6.80달러에서 2009년 0.50달러로 폭락합니다. 출혈 경쟁이 이어지는 가운데 한국 기업들은 큰 손해를 보면서도 오히려 더 큰 투자를 감행해 공장 건설을 앞당깁니다. 같은 가격에 더 고용량의 DRAM을 공급하는 방식으로 대만 기업의 공격에 대응한 것입니다. 두 번째 치킨 게임의 결과는 매우 참담했습니다. 삼성전자 -14.3%, 하이닉스 -51%, 마이크론 -47.9%, 대만의 난야와 이노테라는 각각 -105.6%와 -57.9%의 영업 이익률을 기록했으며, 설립 당시 DRAM 세계 2위였고, 2008년 DRAM 시장 점유율 8.3%를 차지하던 독일의 키몬다(Qimonda)는 두 번째 치킨 게임으로 파산합니다. 일본의 엘피다는 정부의 공적 자금과 은행 융자를 통해 2조 원가량의 자금을 수혈받아 간신히 버티었고, 치킨 게임을 일으킨 대만 기업들은 고용량 DRAM 시장에서 철수합니

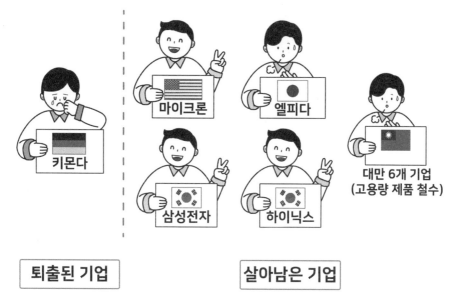

키몬다 | 마이크론 | 엘피다 | 대만 6개 기업 (고용량 제품 철수) | 삼성전자 | 하이닉스

| 퇴출된 기업 | | 살아남은 기업 |

┃ 그림 2-30. 두 번째 치킨 게임 결과 (2009년 기준) ┃

다. 결국 두 번째 치킨 게임은 한국의 삼성전자와 하이닉스, 미국의 마이크론의 승리로 끝이 납니다.

3. 세 번째 치킨 게임

치킨 게임에서 승자가 되면 게임이 끝난 후부터 엄청난 이윤을 얻을 수 있습니다. 이미 두 번의 치킨 게임에서 이러한 사실이 확인되었죠. 두 번째 치킨 게임에서 천문학적인 적자를 경험한 대만과 일본의 메모리 반도체 기업들은 그간의 적자를 한 번에 만회하기 위해 2010년, 세 번째 치킨 게임을 시작합니다. 생산 시설과 설비에 대한 투자를 선언하고, 증산을 통해 DRAM 공급을 늘린 것입니다. 이에 질세라 우리나라의 삼성전자와 하이닉스도 대대적인 설비투자를 통해 DRAM 공급량을 증대시킵니다. 무너져가는 대만과 일본 기업들의 상황을 알고, 아예 회생하지 못하도록 만들려는 것이 목표였을 것입니다.

늘어난 DRAM 공급량으로 인해, 같은 해 5월에는 2.70달러였던 1G DRAM 가격이 단 7개월 만에 1달러 아래로 떨어집니다. 결국 3차 치킨 게임으로 누적 적자가 6조 원 달하게 된 일본의 엘피다는 다시 회복하지 못하고 파산합니다. 이후 엘피다는 마이크론에 인수가 되죠. 대만의 기업들도 DRAM 사업을 철수하거나, 가전제품 등에 쓰이는 저용량 DRAM 제품을 제작하는 쪽으로 사업을 조정합니다. 그리고 두 번째 치킨 게임에 이어 세 번째 치킨 게임에서도 살아남은 삼성전자와 하이닉스, 마이크론은 메모리 반도체 시장을 과점하며 그간의 손실을 만회함은 물론 막대한 이익을 창출합니다. 이른바 빅3 체제가 완성된 것입니다. 그리고 더 이상의 치킨 게임 없이 이 구도가 10년 넘게 이어져오고 있습니다. 이미 엄청난 수익을 창출하고 있는 빅3 기업이 굳이 자기들끼리 치킨 게임을 벌일 이유가 없겠죠.

세 차례의 치킨 게임이 끝나고 한국 반도체 산업에 새로운 바람이 불어옵니다. 그동안 엄청난 경쟁을 통해 많은 DRAM 공장이 순차적으로 세워졌습니다. 하지만 모든 공장에서 최신형 DRAM을 생산할 수는 없었죠. 공장을 지을 당시에는 최신 설비와 장비였더라도, 몇 년이 지나면 구형이 되어버리니까요. 그래서 DRAM 생산에 활용되지 않는 구형 장비들에 대한 용도변경이 일어납니다. 최신의 장비는 아닐지라도 생산하는 데 지장이 없는 유휴 장비들을 시스템 반도체 제품 생산에 활용하면서 메모리 반도체 기업들은 점차 시스템 반

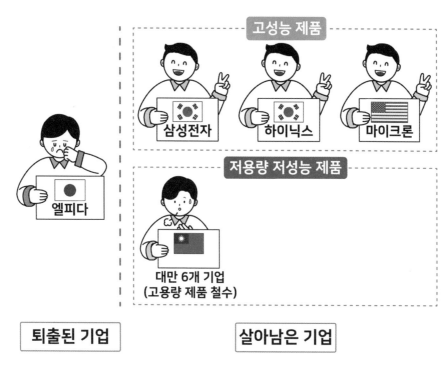

| 그림 2-31. 세 번째 치킨 게임 결과 (2012년 기준) |

도체 시장으로 사업 영역을 확대합니다. 특히 CIS의 경우 스마트폰, 자율주행차, 드론 등 많은 분야에서 수요가 증가하고 있는데, DRAM 생산 시설을 용도 변경함으로써 시장 수요에 대응하고 있습니다.

4. 한국의 승리 요인

승자의 입장에서 할 수 있는 얘기지만, 한국이 치킨 게임에서 이길 수 있었던 요인은 크게 4가지가 있습니다.

첫째, 환경 변화에 대처가 빨랐습니다. 메모리 반도체 산업이 시작된

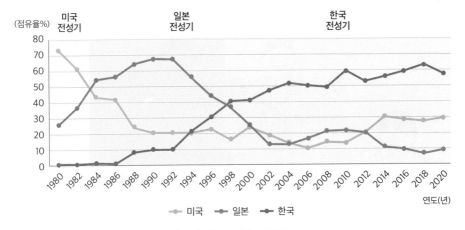

| 그림 2-32. 메모리 반도체 시장 국가별 점유율 (출처: Monolithic 3D) |

1983년부터 1위가 미국에서 일본으로 바뀌고, PC의 시대가 등장했으며, 외환위기, 금융위기, 그리고 치킨 게임을 겪으면서도 시장의 흐름을 정확히 판단하고 남들보다 더 멀리 보면서 빠른 결정을 내렸기에 살아남을 수 있었습니다.

둘째, 다른 나라에는 존재하지 않는 '재벌' 기업 구조가 그 역할을 톡톡히 했습니다. 재벌 구조에 대한 비판은 잠시 논외로 하고, 반도체 산업의 관점에서만 판단해 보겠습니다. 올해 또는 내년의 이익으로 경영 능력을 평가받아야 하는 CEO는 장기적인 의사결정을 내리기 쉽지 않습니다. 리스크를 줄이고 지출을 통제해 당장의 이익을 극대화하는 방향을 선택할 가능성이 높습니다. 한 번에 10~20조 원이 들어가는 시설이나 설비 투자를 과감하게 집행하는 일 또한 매우 어렵죠. 반면 재벌 구조에서는 총수가 큰 결정권을 갖기에 단기적으로 큰 적자를 보더라도 미래를 위해 과감하게 투자를 하는 것이 훨씬 수월합니다. 웨이퍼 크기를 바꾸는 중대한 결정도 빠르게 내릴 수 있죠. 여러 계열사가 있다는 점도 강점입니다. 반도체만 하는 회사는 몇 년간 적자가 지속되면 재정적으로 버티기가 힘듭니다. 하지만 여러 계열사를 거느리고 있으면 반도체에서 적자가 나더라도 계열 회사에서 들어오는 수익이 있기 때문에 좀 더 오래 버틸 수 있습니다.

셋째, 시장을 바라보는 관점이 달랐습니다. 완벽주의를 표방한 일본 기업들은 고성능 반도체 개발과 양산에 집중했습니다. 또, 단가를 낮추기 위해 설비 확충을 기반으로 한 규모의 경제에 지나치게 의존했죠. 반면, 한국 기업들은 시장이 필요로 하는 수준의 제품을 더 싸게 만드는 방법을 고민했습니다. 막대한 투자비가 들어간 기존 생산설비의 활용 기간을 길게 가져가면서 공정 수를 줄여 생산 기간을 단축하고, 좀 더 높은 수율을 갖는 것에 집중했습니다.

넷째, 뛰어난 기술력이 뒷받침되었습니다. 삼성전자의 경우 1998년 DRAM 시장 1위에 오른 이후 지금까지 단 한 번도 1위 자리를 내준 적이 없습니다. 신공정의 적극 반영, 뛰어난 공정 기술력을 통한 높은 수율, 3D DRAM과 같은 새로운 구조에 대한 연구개발을 기반으로 대량 양산 능력을 지속적으로 발전시키며 경쟁 기업의 견제를 뿌리치고 있습니다. 이러한 요인들이 맞물려 오늘날 한국 메모리 반도체 산업이 세계 제일이 될 수 있었습니다.

메모리 반도체의 슈퍼 사이클

메모리 반도체를 공부한 분들이라면, 슈퍼 사이클이라는 용어를 들어 보셨을 겁니다. 슈퍼 사이클을 이해하기 위해서는 사이클(Cycle)의 개념을 알아야 합니다. 주기적으로 비슷한 패턴이 나올 때 우리는 사이클이 있다고 말합니다. DRAM 가격 변동을 보여주는 그림 2-33을 볼까요?

가격이 크게 상승했다가(상승 사이클) 정점을 찍고 다시 크게 하락하는(하락 사이클) 모습이 반복되는 것을 볼 수 있습니다. 여기서 가격이 크게 뛰어 메모리 반도체를 만드는 기업들의 수익이 큰 폭으로 증가하는 구간을 슈퍼 사이클이라고 합니다. 슈퍼 사이클에 돌입하면 기업의 이익이 급증하고, 주가 역시 상승하는 일이 많아 메모리 반도체 산업에 투자하는 투자자들은 지금이 어

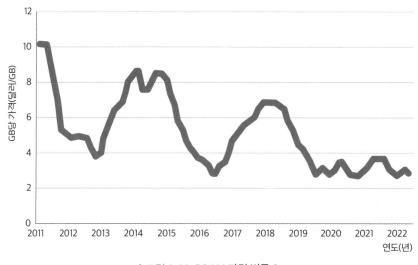

| 그림 2-33. DRAM 가격 변동 |

느 사이클에 해당하는지를 항상 눈여겨봅니다.

그렇다면, 왜 이런 사이클이 반복되는 걸까요? 가격은 수요와 공급에 의해 결정이 됩니다. 따라서 어떤 요인들이 메모리 반도체의 수요와 공급에 영향을 주는지를 알아야 합니다. PC의 보급, 스마트폰의 등장, 클라우드 서비스를 위한 데이터 센터 증설처럼 수요를 크게 촉발하는 트렌드가 발생하면 메모리 반도체 가격은 뜁니다. 가격이 상승해 수익이 증가하면, 기업은 공급을 크게 늘려 수익을 극대화하죠. 하지만 수요가 계속될 수는 없습니다. 수요가 정점을 찍고 하락하면, 이내 공급이 수요를 초과하는 상황이 옵니다. 이때부터 반도체 가격은 하락합니다. 여기에 반도체 치킨 게임이나 글로벌 경제 위기까지 더해지면 상황은 걷잡을 수 없이 악화되죠.

재미있는 것은 이런 반복적인 사이클은 메모리 반도체 시장에만 존재한다는 것입니다. 시스템 반도체는 그 종류가 굉장히 다양하고, 사용처가 정해져 있습니다. PC에는 CPU, 스마트폰에는 AP, 암호화폐 채굴에는 GPU, 전력 관리에는 PMIC처럼 말이죠. 시스템 반도체는 수요처에서 원하는 특성을 갖도록 특별히 설계된 제품인 경우가 많고, 계약에 따라 가격이 결정되며, 생산량 역시 관리가 됩니다. 일종의 선판매 후생산 체계인 셈입니다. 이런 환경에서는 가격이 메모리 반도체만큼 수요와 공급에 따라 민감하게 반응하지 않습니다.

반면 메모리 반도체는 DRAM과 NAND 플래시 메모리를 대표로 그 종류가 매우 적습니다. 게다가 규격화되어 있어 상호 호환이 가능합니다. 단, 몇 종류만으로 수많은 수요처에 대응할 수 있는 것입니다. 이런 상황에서는 대량으로 물건을 만들어 원가를 낮추고 그때그때 필요로 하는 곳에 판매하는 방식, 즉 선생산 후판매를 하는 것이 여러모로 이득입니다. 하지만 대량생산을 통해 많은 재고를 안고 가는 만큼 가격 변동성에 크게 노출될 수밖에 없습니다.

메모리 반도체의 높은 가격 변동성은 1등 기업만 살아남을 수 있는 환경을 더욱 고착시킵니다. 삼성전자가 1992년에 최초로 개발하고, 1996년 말부터 양산이 시작된 64M DRAM의 가격 변화가 나온 그림 2-34를 함께 볼까요?

64M DRAM은 1997년에 60달러였으나, 이듬해인 1998년에는 1/3 수준인 20달러가 되었습니다. 그리고 시간이 지남에 따라 더 급격하게 떨어져, 2000년 10달러, 2001년 2.50달러, 2002년 1.20달러, 2003년 1.50달러, 2004년 2달러를 기록하죠. 시장에서 판매를 시작하고 3년 만에 1/6, 4년 만에 1/24 수준으로 떨어진 것입니다. 최초의 제품을 빠르게 내놓는 회사는 비싼 가격에 제품을 팔 수 있어 엄청난 수입을 거둬들일 수 있지만, 연구개발이

	시스템 반도체	메모리 반도체
제품 종류	다품종	소품종
가격 변동성	낮음	높음
핵심 경쟁력	시스템 반도체 생태계 (특화 기업)	대량 생산을 통한 가격 경쟁력 확보 (규모의 경제/자본력)
대표 제품	CPU, GPU, NPU, AP, CIS, ISP, DSP 등	DRAM, NAND 플래시 메모리

| 표 2-5. 시스템 반도체 산업과 메모리 반도체 산업의 특징 비교 |

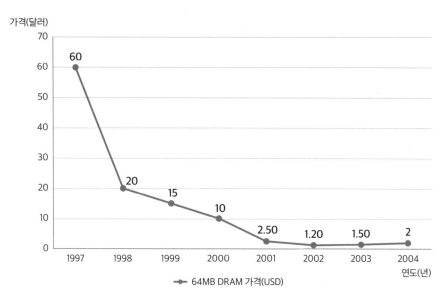

| 그림 2-34. **64M DRAM 가격 변화** |

늘어져 후발주자로 시장에 뛰어들면 가격이 하락한 상태에서 제품을 판매해야 하므로 투자금도 회수하지 못하는 상황이 올 수 있습니다. 이처럼 메모리 반도체 시장은 같은 제품을 팔더라도 1등 기업이 수익을 독식하는 구조를 가지고 있습니다.

반도체, 핵심만 쏙쏙!

1. 메모리 반도체

정보를 저장하고, 저장된 정보를 읽는 데 특화된 반도체를 메모리 반도체라고 합니다. 단기 기억을 담당하는 RAM(Random Access Memory)과 장기 기억을 담당하는 ROM(Read Only Memory)이 대표적인 메모리 반도체입니다.

2. RAM

주 기억 장치라 불리는 RAM은 크게 SRAM(Static RAM)과 DRAM(Dynamic RAM)으로 구분됩니다. SRAM은 동작 속도가 빠르지만 가격이 비싸서 꼭 필요한 용량만 만들어 CPU의 메모리 유닛에 속하는 캐시 메모리로 활용합니다. 우리가 일반적으로 말하는 RAM은 DRAM을 의미합니다. DRAM은 'Dynamic RAM'의 약자로, '동적 RAM'이라는 의미를 가지고 있습니다. 전자가 빠져나가지 않도록 주기적으로 전자를 채워주는 리프레시(Refresh) 작업이 필요해 동적 RAM으로 불리고 있습니다. 하나의 클럭에 데이터를 2배로 처리할 수 있는 DDR 방식이 SDR 방식보다 2배 더 빠르며, DDR 뒤에 붙는 숫자가 높을수록 데이터 처리 속도는 빠르고 전력 소모가 적습니다. 보통 버전이 한 번 업그레이드될 때마다 약 2배 빨라집니다.

3. ROM

보조 기억 장치라 불리는 ROM은 주기억장치인 RAM을 보조하는 동시에 데이터를 저장하는 역할을 합니다. 과거에는 천공테이프와 자기테이프, 그리고 하드디스크(HDD; Hard-Disk Drive)를 ROM으로 사용했지만, 최근에는 SSD(Solid-State Drive)로 시장이 빠르게 재편되고 있습니다. SSD에는 DRAM과는 다른 구조를 가진 플래시 메모리라고 불리는 반도체 소자가 들어갑니다. 플래시 메모리는 연결하는 방식에 따라 NAND 플래시 메모리와 NOR 플래시 메모리로 나누어지는데, 현재는 거의 대부분이 NAND 플래시 메모리를 사용합니다.

더 큰 용량의 NAND 플래시 메모리를 만들기 위해 NAND 플래시 메모리를 아파트처럼 위로 쌓는 3D NAND 플래시 메모리가 개발되었습니다. 2013년 24단을 시작으로 현재는 200단을 상회하며 기술적 난이도가 계속 높아지고 있습니다.

4. 메모리 계층 구조

메모리 반도체를 속도가 빠른 순서대로 정렬하면, 레지스터(Register), 캐시 메모리(Cache Memory), RAM, ROM의 순서입니다. 대신 동일한 용량으로 만들 때, 이 순서대로 가격이 비쌉니다. 레지스터와 캐시 메모리, RAM은 속도가 빠른 대신 저장 공간이 작습니다. 그리고 전원을 끄면 정보가 모두 날아가는 휘발성 메모리의 특성을 갖습니다. 반면 ROM은 전원을 꺼도 정보가 저장되는 비휘발성 메모리로 속도가 아주 느린 대신 그만큼 큰 저장 공간을 갖습니다.

5. 메모리 반도체 시장의 치킨 게임

상대 기업이 큰 규모의 적자를 감당하지 못하고 백기를 들 때까지 가격을 계속 낮추는 치킨 게임이 세 차례 있었습니다. 첫 번째 치킨 게임(1984년)의 결과, 메모리 반도체 시장의 주도권은 미국에서 일본으로 넘어갑니다. 그리고 두 번째 치킨 게임(2007년)으로 한국이 메모리 반도체 시장을 주도하는 나라로 우뚝 섭니다. 이후 세 번째 치킨 게임(2010년)이 벌어지며 한국의 삼성전자, 하이닉스(SK하이닉스의 전신), 미국의 마이크론 세 회사의 빅3 체계가 굳어집니다. 그리고 이 체계가 지금까지도 이어지고 있습니다.

6. 메모리 반도체의 가격 변동성과 승자 독식 구조

시스템 반도체와 달리 메모리 반도체는 사이클이 있습니다. 가격이 크게 뛰어 기업의 이익이 급증하는 구간을 슈퍼 사이클이라고 합니다. 그리고 슈퍼 사이클이 끝나면 이내 가격이 큰 폭으로 떨어지죠. 이처럼 메모리 반도체 시장은 가격 변동성이 매우 큽니다. 이러한 가격 변동성은 1등 기업만 살아남을 수 있는 환경을 더욱 고착화합니다. 메모리 반도체가 처음 나오면 수요가 공급을 초과해 가격이 비쌉니다. 초기에 제품을 출시한 1등 기업은 높은 가격에 제품을 팔 수 있어 이익이 크게 늘어나죠. 반면 후발 주자는 공급이 수요를 초과해 가격이 하락한 상태에서 제품을 출시합니다. 가격이 낮으니, 이익 역시 크지 않죠. 같은 제품을 팔더라도 먼저 시장에 제품을 내놓는 1등 기업이 수익을 독식하는 구조입니다.

반도체, 한 걸음 더!

1. 컴퓨터의 정보 저장 단위

컴퓨터는 0과 1로 이루어진 이진수를 사용합니다. 각각의 숫자는 비트 (Bit) 단위로 저장이 되죠. 즉, 1비트는 0 또는 1이 담겨 있는 정보의 최소 단위입니다. 비트 2개를 연결하면, $00_{(2)}$, $01_{(2)}$, $10_{(2)}$, $11_{(2)}$의 네 가지 정보 중 하나를 담을 수 있습니다. 3개를 연결하면 $000_{(2)}$, $001_{(2)}$, $010_{(2)}$, $011_{(2)}$, $100_{(2)}$, $101_{(2)}$, $110_{(2)}$, $111_{(2)}$의 여덟 가지 정보 중 하나를 저장할 수 있죠. 비트를 하나씩 연결할 때마다 표시할 수 있는 정보의 수가 2^2, 2^3과 같이 2의 제곱수로 늘어납니다. 이런 식으로 비트를 계속 연결하면 담을 수 있는 정보의 종류를 계속 늘릴 수 있습니다. 하지만 그만큼 정보의 크기가 커져서 처리하기가 어려워지죠. 그래서 한 번에 처리하는 정보의 최소 단위를 8비트로 고안하였고, 이를 1바이트(Byte)란 단위로 나타내게 됩니다.

이다음부터는 컴퓨터에 바이트를 몇 개 저장할 수 있는지를 기준으로 국제단위계(SI 단위계)의 규칙에 따라, 1,000 배마다 용량 단위 앞에 배율에 따른 접두어를 붙이는 방식으로 새로운 단위를 만듭니다. 1,000 바이트는 1킬로바이트(kB), 1,000킬로바이트는 1메가바이트(MB), 1,000메가바이트는 1기가바이트(GB)와 같은 식입니다. 기가바이트 이후 단위는 테라바이트(Terabyte), 페타바이트(Petabyte), 엑사바이트(Exabyte), 제타바이트(Zettabyte), 요타바이트(Yottabyte)입니다.

2. SSD를 더 알아보자!

SSD(Solid State Drive)는 NAND 플래시 메모리, DRAM, 컨트롤러로 구성되어 있습니다. 각각의 역할을 알아볼까요? NAND 플래시 메모리는 전원이 끊겨도 데이터가 날아가지 않는 비휘발성 메모리입니다. 덕분에 정보를 장기간 저장할 수 있죠. DRAM은 CPU 안에 있는 캐시 메모리와 비슷한 역할을 합니다. DRAM은 NAND 플래시 메모리보다 속도가 빠릅니다. 외부에서 입력한 데이터는 DRAM에 먼저 빠르게 저장된 후, 상대적으로 느린 NAND 플래시 메모리에 차례로 저장이 됩니다. NAND 플래시 메모리와 DRAM은 모두 메모리 반도체입니다. 이 둘을 제어하기 위한 시스템 반도체가 필요하겠죠? 바로, 컨트롤러입니다. 컨트롤러는 NAND 플래시 메모리와 DRAM을 제어하는 역할 외에도 하나의 NAND 플래시 메모리 소자에 여러 비트를 저장하면서 발생하는 데이터 오류를 줄여주고, 특정 NAND 플래시 메모리 소자만을 반복적으로 사용해 수명이 급격히 떨어지는 일을 막습니다. 컨트롤러가 얼마나 뛰어난 알고리즘으로 동작하는지에 따라 SSD의 성능과 수명이 달라질 수 있습니다.

3. 비메모리란 무엇일까?

반도체를 공부하다 보면, 비메모리란 단어를 접하게 됩니다. 비메모리란 어떤 걸 말하는 것일까요? 비메모리는 우리나라에서만 사용하는 용어로 메모리 반도체를 제외한 다른 반도체, 특히 시스템 반도체를 의미합니다. 시스템 반도체가 메모리 반도체보다 시장 규모가 더 크지만 우리나라가 워낙 메모리 반도체 강국이다 보니, 반도체 산업을 이야기할 때 메모리 반도체와 그 외 반도체(비메모리)로 구분해 표현하는 경우가 많습니다. 물론 시스템 반도체도 우리나라에서만 사용하는 용어로 해외에서는 로직 반도체라고 부릅니다. 글로벌한 시각에서 보면 비메모리 반도체, 시스템 반도체라는 말은 모두 맞지 않는 용어입니다.

4. 반도체 제품이 이렇게나 많다고? (Feat. 세부 분류)

반도체를 크게 시스템 반도체와 메모리 반도체로 나누어 설명했지만, 사실 더 다양한 분류 방식이 존재합니다. 큰 틀에서 개별 소자, 집적 회로, 기타 이렇게 세 가지로 분류할 수 있습니다. 하나씩 알아볼까요?

먼저 개별 소자는 다이오드나 트랜지스터처럼 집적되지 않은 형태로 반도체 소자 하나가 패키지 된 반도체 제품을 말합니다.

집적 회로(IC)에는 앞에서 배웠던 시스템 반도체와 메모리 반도체가 포함됩니다. 시스템 반도체는 아날로그와 마이크로 컴포넌트, 로직 반도체로 구분됩니다. 아날로그 반도체는 아날로그 신호나 전력을 제어하는 반도체를 말합니다. 아날로그 신호를 디지털로 변환하는 ADC(Analog-to-Digital Converter),

			다이오드, 트랜지스터
반도체		개별 소자	다이오드, 트랜지스터
	집적 회로	시스템 반도체	
		아날로그	ADC, DAC, PMIC
		마이크로 컴포넌트	MPU(CPU), MCU, DSP
		로직	FPGA, AP, DDI
		메모리 반도체	
		휘발성	SRAM, DRAM
		비휘발성	플래시 메모리(NAND, NOR)
	기타 반도체	광전자	LED, LD, CIS
		센서	온도 센서, 기압 센서, 가속도 센서, 자기 센서

| 표 2-6. 반도체 세부 분류표 |

디지털 신호를 아날로그로 변환하는 DAC(Digital-to-Analog Converter), 전력을 관리하는 PMIC(Power Management IC)가 대표적인 아날로그 반도체입니다. 마이크로 컴포넌트는 범용으로 사용되는 소위 말하는 두뇌 역할을 담당하는 소형 반도체 칩을 말합니다. 이 중 MPU(Micro Processor Unit)는 데이터를 처리하는 CPU와 같은 반도체를 의미합니다. 단독으로는 동작이 불가하고, 메모리 장치가 함께 있어야 합니다. MCU(Micro Controller Unit)는 CPU에 메모리 장치가 함께 집적된 반도체로 단독 동작이 가능합니다. DSP(Digital Signal Processor)는 아날로그 신호를 디지털로 처리(연산)하는 반도체입니다. 로직 반도체는 논리 회로(AND/OR/NOT)로 구성되어 제어 역할을 하는 반도체를 말합니다. 사용자가 원하는 대로 논리 회로를 구성할 수 있는 FPGA(Field Programmable Gate Array), 모바일의 두뇌 역할을 하는 AP(Application Processor), 디스플레이 구동 회로인 DDI(Display Driver IC)가 로직 반도체에

해당합니다.

메모리 반도체는 휘발성과 비휘발성으로 나뉘며, 휘발성에는 SRAM과 DRAM이, 비휘발성에는 플래시 메모리가 있습니다.

기타 반도체로는 광전자 반도체와 센서가 있습니다. 먼저, 광전자 반도체는 빛과 관련된 일을 하는 반도체입니다. 전원을 인가하면 빛을 내는 LED(Light Emitting Diode), 빛을 냄과 동시에 유도 방출이 일어나 레이저를 발생시키는 LD(Laser Diode), 이미지 정보를 얻는 CIS(CMOS Image Sensor)가 대표적인 광전자 반도체입니다. 센서는 다른 형태의 정보를 전기 신호로 바꿔주는 반도체 제품을 말합니다. 온도 정보(스마트폰의 온도)를 전기 신호로 바꿔주는 온도 센서, 기압 정보(스마트폰의 고도-해발 고도)를 전기 신호로 바꿔주는 기압 센서, 가속도 변화(스마트폰의 회전, 기울임)를 전기 신호로 바꿔주는 가속도 센서, 자기장 정보 (스마트폰의 나침반)를 전기 신호로 바꿔주는 자기 센서 등이 있습니다.

진짜 하루만에 이해하는 반도체 산업

반도체 산업의
생태계와 8대 공정

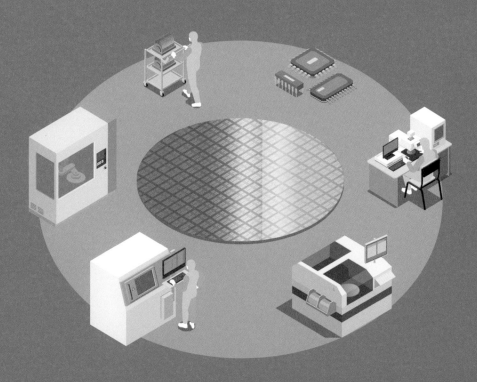

반도체 산업의 분업 체계와 반도체 제조 8대 공정을 공부합
니다.

반도체 산업의
분업 체계

종합 반도체 기업 VS. 분업 체계

두 빵집이 있습니다. A 빵집은 호밀빵, 마늘빵, 샌드위치, 스콘, 쿠키, 케이크 등 서로 다른 특징을 가진 50여 종의 빵을 판매합니다. 반면 B 빵집은 가장 대중적인 단팥빵과 식빵 두 가지만 판매합니다. A 빵집은 여러 전문 업체와 협업해 빵을 생산합니다. 50 종류가 넘는 빵을 혼자서 만드는 것이 쉽지 않기 때문입니다. 또, 다양한 입맛을 가진 소비자들이 찾아오므로 각각의 빵을 소량으로 생산해 판매하고 있습니다. 반면 B 빵집은 직접 빵을 만듭니다. 빵 종류가 2개뿐이라 혼자서도 충분히 전문성 있게 만들 수 있습니다. 찾아오는 손님들 역시 단팥빵 아니면 식빵을 살 것이므로, 한번 만들 때 대량으로 생산해 단가를 낮추고 있습니다.

반도체를 공부하는데 왜 갑자기 빵 이야기를 할까요? 이야기 속 빵집의 모습이 반도체 산업과 비슷하기 때문입니다. 다품종 소량 생산의 특징을 갖는 A 빵집은 시스템 반도체 시장과 닮았습니다.[*] 시스템 반도체는 수천~수만 가지 종류가 있고, 각 반도체의 기능과 특징이 다 다릅니다. 그렇기에 필요한 만큼만 소량으로 제작을 하죠. 반면 메모리 반도체 시장은 소품종 대량 생산을 하는 B 빵집과 닮았습니다. 메모리 반도체 시장의 96%가량을 DRAM과 NAND 플래시 메모리가 차지하고 있습니다. 물론 제품(컴퓨터, 모바일, 서버 등)과 부가적인 기능(고속, 인공지능 등)에 따라 다양한 메모리 반도체 제품으로 세분화되고는 있지만, 활용처에 따라 상이한 설계가 필요한 시스템 반도체 제품에 비하면 그 종류가 매우 적은 편입니다. 또, 메모리 반도체 기업들은 대량 생산을 통해 범용적인 DRAM 또는 NAND 플래시 메모리의 제작 단가를 낮추고 있습니다.

앞서 A 빵집은 여러 전문 업체와 협업해 빵을 만들었습니다. 반면 B 빵집은 혼자서 모든 빵을 직접 만들었죠. 시스템 반도체 기업과 메모리 반도체 기

---

[*] 소량 생산은 상대적인 기준입니다. 시스템 반도체의 생산량은 월 수백만~수천만 개에 달합니다. 다만, 수억~수십억 개를 생산하는 메모리 반도체에 비하면 상대적으로 적기에 소량이라는 표현을 사용하고 있습니다.

업도 반도체를 제작하는 방식이 서로 다를까요? 반도체를 만드는 과정은 크게 4단계로 나눠볼 수 있습니다. 1단계는 제작할 반도체의 설계 도면을 작성하는 설계입니다. 2단계는 설계 도면에 맞게 웨이퍼에 반도체를 만드는 제조입니다. 3단계는 반도체 제품이 잘 동작하는지 검사하는 테스트와 웨이퍼에 만들어진 반도체를 칩 단위로 자르고 외장재를 씌워 완제품으로 만드는 패키지입니다. 4단계는 완제품을 유통하고 판매하는 유통 및 판매입니다.

1~4단계의 전 과정을 직접 진행하는 회사를 종합 반도체 기업(Integrated Device Manufacturer), 줄여서 IDM이라 부릅니다. IDM은 자체 설계, 자체 생산을 진행하므로 반도체 설계 도면을 타 업체에 주고 외부에서 생산하는 기업에 비해 보안성 면에서 강점을 갖습니다. 또, 모든 과정이 수직계열화되어 있어 일의 진행 속도가 빠르고, 비용 절감이 가능하죠. 하지만 한정된 자원과 인원으로 모든 영역에서 경쟁력을 갖춰야 하는 숙제를 안고 있습니다. 대표적인 IDM으로는 삼성전자, 인텔, SK하이닉스, 마이크론, 키옥시아, WDC 등이 있습니다. 인텔을 제외하면 대부분 메모리 반도체 기업입니다. 이처럼 메모리 반도체 기업들은 B 빵집처럼 직접 반도체를 제작합니다.

반도체 산업 초기에는 IDM의 형태가 일반적이었습니다. 그러나 시간이 지날수록 다양한 시스템 반도체가 요구되고, 반도체 제작 단계별로 특화된 기업들이 등장하면서 요즘은 많은 시스템 반도체들이 분업 체계에서 생산됩니다. 즉, 대부분의 시스템 반도체 기업들은 A 빵집처럼 분업 체계 방식으로 반도체를 만들고 있습니다.

분업 단계를 좀 더 알아볼까요? 설계 단계에 특화된 기업을 IP 기업, 팹리스 기업이라고 합니다. 제조 단계에 특화된 기업은 파운드리 기업입니다. 테스트 및 패키지 단계에 특화된 기업은 OSAT 기업이라고 부릅니다. 유통 및 판매는 설계를 담당했던 팹리스 기업이 합니다. 또, 팹리스 기업과 파운드리 기업 사이에서 중간 역할을 하는 디자인 하우스도 있습니다. 분업 체계를 이해하기 위해서는 IP 기업, 팹리스 기업, 파운드리 기업, 디자인 하우스, OSAT 기업의 개념을 명확히 이해해야 합니다 그럼, 지금부터 분업화 과정을 단계별로 자세히 알아보겠습니다.

	① 설계	② 제조	③ 테스트, 패키지	④ 유통 및 판매
종합 반도체 기업 (IDM)	■	■	■	■
IP 기업 (칩리스 기업)	■			
팹리스 기업	■			■
디자인 하우스	■	■		
파운드리 기업		■	■	
OSAT 기업			■	

| 그림 3-1. 반도체 산업의 분업 체계 |

설계 단계

1. IP 기업

가로 1 cm × 세로 1 cm × 높이 1 cm의 기본 레고 블록을 가지고 중세 시대의 멋진 성을 만들 수 있을까요? 네, 만들 수 있습니다. 하지만 완성하는 데까지 시간이 오래 걸립니다. 성벽, 지붕, 창문, 계단 등의 요소를 직접 디자인해서 기본 레고 블록으로 하나씩 만들어야 하니까요. 그런데 만약 지붕 모양의 레고 블록과 창문 모양의 레고 블록, 계단 모양의 레고 블록이 이미 만들어져 있다면 어떨까요? 기본 레고 블록으로 성벽을 쌓고, 특수 제작된 레고 블록을 끼워 맞추기만 하면 되니 시간이 훨씬 단축될 것입니다. 모양도 훨씬 예쁠 것이고요. 반도체 설계도 이와 비슷합니다. 스마트폰의 두뇌 역할을 하는 AP를 예로 들어보겠습니다. AP 안에는 산술 논리 유닛, 메모리 유닛, 통신 유닛, ISP, DSP 등 여러 유닛들이 들어갑니다. 이 유닛들 역시 하나하나 설계가 필요한 것들이죠. 각각의 유닛들을 다 설계한 후에 AP를 만들려고 하면 시간이 너무 오래 걸립니다.

하지만 다행히 각 유닛별로 최적화된 설계를 해놓고, 설계도를 판매하는 회사들이 있습니다. 이 설계도를 활용하면 AP 제작 기간을 단축할 수 있죠. 이처럼 반도체 유닛 설계에 대한 특허(IP; Intellectual Property)를 제공하고(라이선싱) 그 대가로 로열티(Royalty; 사용료)를 받는 기업을 IP 기업이라고 합니다. IP 기업은 설계에 대한 특허만 제공하기에 자신들의 이름(브랜드)으로 된 완제품이 없습니다. 그래서 IP 기업을 칩리스(Chipless) 기업이라고 부르기도 합니

| 그림 3-2. IP 기업들이 제공하는 다양한 IP를 이용하면 설계 시간을 단축하고
설계 오류를 줄일 수 있다. |

다. IP를 구매한 기업은 최적화된 IP를 활용해 전체 제품을 설계하는 데 걸리는 시간을 단축하고, 검증된 설계를 사용하기 때문에 설계 오류를 줄일 수 있습니다.

그런데 만약 IP 기업이 어떤 제품을 만드는 데 꼭 필요한 IP를 특정 기업에게만 공급하면 어떻게 될까요? 해당 IP를 활용할 수 없는 다른 기업들은 피해를 입을 것입니다. 그래서 특수한 경우가 아니라면, 누구나 대가를 지불하고 사용할 수 있도록 하는 것이 일반적입니다. 특히, 해당 특허가 기술의 표준이 되었을 때에는 프랜드(FRAND; Fair, Reasonable And Non-Discriminatory) 선언에 입각해 '공정하고 합리적이면서 비차별적으로' 라이선싱을 하도록 독려하고 있습니다.

대표적인 IP 기업으로는 ARM, 시놉시스(Synopsys), 케이던스(Cadence)

가 있습니다. ARM은 AP에 활용되는 저전력 산술 논리 유닛인 코어의 설계에 특화된 IP 기업입니다. 40년 가까운 업력을 가진 회사로 애플(Apple), 퀄컴(Qualcomm), 미디어텍(MediaTek) 등 AP를 만드는 대부분의 회사들이 ARM의 IP를 기반으로 AP를 설계하고 있습니다. 시놉시스와 케이던스는 반도체 칩 설계에 사용하는 전자 설계 자동화(Electronic Design Automation) 프로그램인 EDA*를 중심으로, IP 라이선싱 사업도 함께 진행하는 회사입니다.

2. 팹리스(Fabless) 기업

어떤 제품이든, 그 제품을 만든 기획자가 있습니다. '앞으로는 이런 기능을 갖춘 제품이 잘 팔릴 거야!'라고 예측하고, 해당 제품을 만들 생각을 하는 사람이죠. 분업화된 반도체 산업에서의 기획자는 팹리스 기업입니다. 팹리스 기업이 하는 일은 다음과 같습니다. 먼저, 시장의 니즈를 읽고 필요한 반도체를 기획합니다. 그다음 제 기능을 구현할 수 있도록 반도체를 설계합니다. 이 과정에서 IP 기업으로부터 IP를 구매하기도 하고, 자체 제작한 IP를 사용하기도 합니다. 최종 설계 도면이 완성되면 제조를 전문으로 하는 파운드리 기업에 넘깁니다. 이후 파운드리 기업이 설계 도면을 바탕으로 반도체를 생산하면, 해당 반도체에 자사의 브랜드를 붙여 판매합니다. 이처럼 팹리스 기업은 기획(설계)하고, 판매하는(판매 및 유통) 역할만 하고 나머지(제조, 테스트

---

* EDA에 대한 설명은 4장 [반도체, 한 걸음 더!]에 자세히 나와 있습니다.

및 패키지)는 모두 외주로 맡겨서 진행합니다. 반도체를 만들어 판매하지만 제조 시설인 팹(Fab)을 가지고 있지는 않아 팹리스(Fabless)라는 이름이 붙었습니다.

그런데 팹리스 기업들은 왜 직접 제조를 하지 않는 걸까요? 반도체 공장을 짓는 데는 천문학적인 돈이 들어갑니다. 보통 수조 원 정도가 들고 많게는 10조 원이 넘어가기도 하죠. 공장을 짓고 나서도 계속 최신 공정을 개발해야 합니다. 인건비와 공장 운영 비용 또한 무시할 수 없죠. 원재료의 가격 변동도 큰 리스크입니다. 그래서 팹리스 기업들은 반도체를 직접 만들지 않고, 제조 공장에 위탁을 합니다. 대신 모든 역량을 설계에 쏟아붓죠. 설계만 잘하면 큰 투자 비용 없이 파운드리 기업을 통해 반도체를 만들 수 있으니까요. 이런 이유로 팹리스 시장에 뛰어드는 회사들이 점점 늘어나고 있습니다. 대표적인 사례가 애플입니다. 애플은 자사 제품에 사용할 반도체의 설계를 직접 하지만 제작은 파운드리 기업에 맡깁니다. 애플 입장에서는 자사 제품에 사용할 목적 하나만으로 반도체 공장을 직접 운영하는 것이 큰 부담이기 때문입니다. 종종 뉴스에서 테슬라(Tesla), 마이크로소프트(Microsoft), 아마존(Amazon) 등 IT 기업들이 반도체 시장에 진출한다는 소식을 접하곤 합니다. 이는 IT 기업들이 직접 반도체를 제조하거나 제조한 반도체를 타기업에 판매하는 것이 아니라, 자사 제품에 들어갈 시스템 반도체를 설계하는 팹리스 시장에 뛰어들었다는 의미로 이해하면 됩니다.

'팹리스 기업은 IP 기업으로부터 IP를 구매해서 설계 도면을 완성하는데, 설계 능력이 중요할까?' 하는 의문이 드실 수도 있습니다. 결론부터 말씀드리면, 팹리스 기업의 설계 역량은 매우 중요합니다. 단순히 여러 종류의 IP 유닛들을 배치만 해서는 반도체가 제대로 기능하지 않습니다. 이 IP들의 소비 전력, 발열량 등을 고려하여 하나로 동작할 수 있도록 각 유닛들을 배치하고, 전선으로 연결해 최종 설계 도면을 만들어야 합니다. 팹리스 기업의 최종 설계 역량에 따라 반도체의 성능이 결정되는 것입니다.

시스템 반도체의 종류와 쓰임이 다양한 만큼 수많은 팹리스 기업들이 존재합니다. 대표적으로 퀄컴, 미디어텍, 엔비디아, AMD, 애플 등이 있습니다.

3. 디자인 하우스(Design House)

팹리스 기업이 설계 도면을 완성하면, 파운드리 기업이 설계 도면에 맞게 반도체를 제조합니다. 이때 팹리스 기업과 파운드리 기업 사이에서 가교 역할을 하는 곳이 바로 디자인 하우스입니다. 왜 중간에 디자인 하우스가 필요한 것일까요? 팹리스 기업이 완성한 설계 도면은 파운드리 기업의 공정에 최적화되어 있지 않습니다. 팹리스 기업이 파운드리 기업의 세부 공정 사항까지 모두 알기 어렵기 때문에 어찌 보면 당연한 일입니다. 그래서 파운드리 기업의 세부 공정을 잘 알고 있는 디자인 하우스가 팹리스 기업의 설계 도면을 파운드리 기업의 공정에 최적화하는 작업을 수행합니다.[*]

팹리스 기업뿐만 아니라 파운드리 기업 입장에서도 디자인 하우스가 필

---

[*] 디자인 하우스와 파운드리 기업은 기밀 정보(공정 정보, 설계 자료 등)를 서로 공유합니다. 이런 정보가 경쟁사에 노출되지 않도록 보통 디자인 하우스는 하나의 파운드리 기업과만 일을 합니다.

요합니다. 파운드리 기업은 몇 개 되지 않지만, 팹리스 기업은 무수히 많습니다. 제조만 전문적으로 하는 파운드리 기업이 수많은 팹리스 기업의 요구 조건을 파악하고 일일이 대응하는 것은 현실적으로 어렵습니다. 그래서 디자인 하우스가 이 역할을 대신합니다.

디자인 하우스는 대표적인 기업을 거론하기가 어렵습니다. 개별 기업은 파트너십을 맺은 파운드리 기업의 웹페이지에서 확인이 가능합니다.

제조 단계

1. 파운드리(Foundry) 기업

파운드리 기업은 반도체 공장을 가지고 있으면서 고객(팹리스)이 의뢰한 반도체를 제작해 주는 기업을 말합니다. 흔히 위탁 제조라 하면 하청 업체나 주문자 위탁 생산(OEM/ODM) 기업을 떠올립니다. 이런 회사들은 보통 '을'의 위치에 있죠. 하지만 반도체 산업에서 파운드리는 그 위상이 대단합니다. 갑보다 힘이 센 을이라는 의미에서 '슈퍼 을'이라고 불리고 있습니다. 어떻게 이런 일이 가능한 걸까요? 크게 두 가지 이유가 있습니다.

첫 번째는 팹리스 기업 수의 증가입니다. 팹리스 기업은 계속해서 늘어나는 데 반해 반도체를 만들어 줄 파운드리 기업은 손에 꼽을 정도로 적습니다. 파운드리 기업이 반도체를 만들어주지 않으면 팹리스 기업은 원하는 반도체를 제때 출시할 수 없습니다. 파운드리 기업이 주도권을 가질 수밖에 없는 환경인 것입니다.

두 번째는 미세 공정의 중요성입니다. 설계 도면이 우수해도 그 설계대로 만들 수 없으면 아무 소용이 없습니다. 반도체는 얼마나 더 작게 만들 수 있느냐의 싸움입니다. 현재 10 nm 이하의 미세 공정이 가능한 파운드리 기업은 TSMC, 삼성전자 그리고 최근에 파운드리 사업에 뛰어든 인텔밖에 없습니다. 이 세 회사를 통하지 않고서는 최신 공정의 반도체를 만들기가 어렵습니다. 물론 회사마다 공정/선폭의 기준이 다르고, 선폭이 반도체의 성능을 대변하는 유일한 수치는 아닙니다. 하지만 경쟁사는 7나노 이하를 생산하는 파운드리 기업에게 제작을 맡기는 데 혼자만 10나노 공정의 자사 공장에서 제작을 한다면 뒤처질 수밖에 없습니다. 어떤 파운드리 기업과 일하느냐가 곧 경쟁력인 시대가 된 것입니다.

대표적인 파운드리 기업으로는 TSMC, 삼성전자, UMC, 글로벌 파운드리스, SMIC, 인텔 등이 있습니다. TSMC는 반도체 파운드리 사업을 최초로 시작한 기업으로 현재 시장 점유율 53%(2021년 기준)를 차지하는 독보적인 1위 기업입니다. 2017년 시스템 LSI 사업부에서 독립한 삼성전자 파운드리 사업부는 시장 점유율 18%로 2위에 올라 있습니다. TSMC와 삼성전자 이 두 기업이 파운드리 분야에서는 가장 앞서 있습니다.

테스트 및 패키지 단계

1. OSAT(Outsourced Semiconductor Assembly and Test) 기업

파운드리 기업에서 만들어진 반도체는 엄격한 테스트 과정을 거칩니다. 테스트를 통과한 반도체는 패키지 공정에 들어갑니다. 패키지라고 하면 포장이 떠오르실 텐데요, 반도체에서의 패키지는 의미가 조금 다릅니다. 웨이퍼 위에 만들어진 반도체는 외부와 전기 신호를 주고받을 수 없고, 충격에도 취약합니다. 웨이퍼 위의 반도체를 칩 단위로 자르고, 이 칩을 기판에 얹어 전기적으로 연결하고 포장재를 씌워야 비로소 우리가 아는 반도체 완제품의 모습이 됩니다. 이 과정이 바로 패키지 공정입니다.

테스트 및 패키지를 전문적으로 하는 기업을 OSAT 기업(반도체 조립 테스트 외주 업체)이라고 합니다. 경우에 따라 어셈블리 기업, 패키지 기업으로도 불리죠. 언뜻 보면 테스트와 패키지는 굉장히 쉬운 과정처럼 보입니다. 그

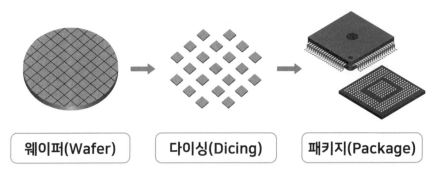

| 웨이퍼(Wafer) | 다이싱(Dicing) | 패키지(Package) |

ㅣ 그림 3-3. 웨이퍼에 만들어진 반도체를 칩으로 자르고,
포장재를 씌워 완제품 반도체 칩으로 만든다. ㅣ

래서 OSAT 기업을 단순 하청기업으로 오해하는 경우가 있습니다. 하지만 이는 반도체 산업을 잘못 이해하고 있는 것입니다. 아무리 성능이 뛰어난 반도체라도 외부 단자와 전기적인 연결이 매끄럽지 않으면 그 성능을 온전히 발휘할 수 없습니다. 또, 어떤 재질의 포장재를 사용하는지에 따라 열 방출 등에서도 차이가 생기죠. 반도체의 최종 성능이 테스트와 패키지 공정으로 결정되는 것입니다. IDM이나 파운드리 기업이 테스트와 패키지 작업까지 하는 경우도 있지만, 이 기업들이 보유한 기술로는 진행이 어려운 고난도 작업들이 있습니다. 이런 작업들은 OSAT 기업에게 외주를 맡깁니다. 대표적인 OSAT 기업으로는 ASE, 앰코 테크놀로지, JCET, SPIL, 파워텍 등이 있습니다.

유통 및 판매 단계

완제품 반도체는 판매사나 유통사를 통해 소비자에게 전달됩니다. 인텔이나 삼성전자, SK하이닉스 같은 IDM 기업들은 유통 및 판매를 직접 합니다. 분업 체계에서는 팹리스 기업들이 파운드리 기업을 통해 제작한 완제품에 자사 브랜드를 붙여 유통 및 판매를 하죠.

IDM, IP 기업, 팹리스 기업, 디자인 하우스, 파운드리 기업, OSAT 기업의 역할이 확실히 이해되셨나요? 이제 반도체 제조의 꽃, 8대 공정을 자세히 알아보도록 하겠습니다.

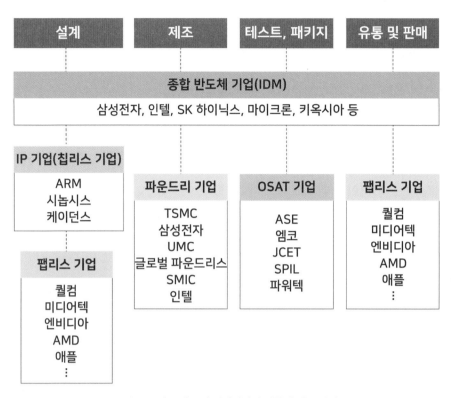

| 그림 3-4. 반도체 분업 체계에서의 역할별 대표 기업 |

반도체, 핵심만 쏙쏙! • • •

1. 반도체 산업의 분업 체계

반도체 산업은 크게 4단계로 나눠볼 수 있습니다. 1단계는 제작할 반도체의 설계 도면을 작성하는 설계입니다. 2단계는 설계 도면에 맞게 웨이퍼에 반도체를 만드는 제조입니다. 3단계는 반도체 제품이 잘 동작하는지 검사하는 테스트와 웨이퍼 위의 반도체를 완제품으로 만드는 패키지입니다. 4단계는 완제품을 유통하고 판매하는 유통 및 판매입니다. 1~4단계의 전 과정을 직접 진행하는 기업을 종합 반도체 기업(Integrated Device Manufacturer), 줄여서 IDM이라 부릅니다.

반도체 산업의 분업 체계에서 설계 단계에 특화된 기업은 IP 기업, 팹리스 기업입니다. IP 기업은 설계에 대한 특허(Intellectual Property)를 제공하고 (라이선싱) 그 대가로 사용료(Royalty)를 받습니다. 자사 브랜드 이름으로 된 완제품이 없어 칩리스(Chipless) 기업이라고 부르기도 합니다. 팹리스 기업은 반도체를 설계하고 만들어진 반도체에 자사의 브랜드 이름을 붙여 판매합니다. 이때, IP 기업으로부터 IP를 구매하거나 자체 제작한 IP를 사용해 반도체 제품을 설계하며 제작은 파운드리 기업에게 맡깁니다. 반도체를 설계하고 판매하지만 제조 시설인 팹(Fab)을 가지고 있지는 않아 팹리스(Fabless)라는 이름이 붙었습니다.

디자인 하우스는 팹리스 기업과 파운드리 기업 사이에서 작업이 원활히 진행 되도록 조율합니다.

제조 단계에 특화된 기업은 파운드리 기업입니다. 소유한 반도체 공장에서 팹리스 기업이 의뢰한 반도체를 제작해 줍니다. 팹리스 기업이 증가하고 미세 공정의 중요성이 커지면서 파운드리 기업의 몸값이 천정부지로 치솟고 있습니다.

테스트와 패키지 단계에 특화된 기업은 OSAT 기업(Outsourced Semiconductor Assembly and Test)입니다. 반도체를 테스트하고 전기적인 연결을 만든 후, 포장재를 씌워(패키지) 우리가 아는 완제품의 형태로 완성합니다. 어떻게 패키지 하느냐에 따라 반도체의 최종 성능이 달라지는 만큼 OSAT 기업의 역할이 점점 중요해지고 있습니다.

마지막으로 이렇게 만들어진 반도체의 유통 및 판매는 팹리스 기업이 담당합니다.

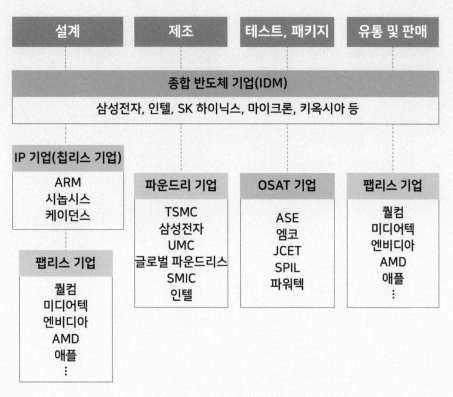

| 그림 3-5. 반도체 분업 체계에서의 역할별 대표 기업 |

반도체, 한 걸음 더! • • •

1. 헷갈리는 반도체 용어 구분하기

반도체 산업에서는 많은 용어들이 혼용되어 사용됩니다.

'반도체', '반도체 소자', '반도체 물질', '집적 회로(IC)', '반도체 칩(Chip)', '집적 회로 칩', 'IC칩'

혼동을 방지하기 위해 이 용어들의 개념을 간단히 정리해 보겠습니다. 반도체의 사전적 의미는 '본래 전자가 이동할 수 없는 물질(부도체의 성질)이지만, 인위적인 조작을 통해 전자가 이동할 수 있도록(도체의 성질) 만들 수 있는 물질'을 의미합니다. 반면 반도체 산업에서의 '반도체'는 '반도체 물질로 만들어진 전자 부품(예: CPU, 메모리 제품 등)'을 의미합니다. 문맥에 따라 반도체 물질을 의미하는지 반도체 물질로 만들어진 전자 부품을 의미하는지 구분할 필요가 있습니다.

CPU, 메모리 등의 반도체는 트랜지스터나 다이오드 같은 기초 구성 요소로 이루어져 있습니다. 문제는 트랜지스터나 다이오드 역시 N형 반도체와 P형 반도체를 접합해 만드는 반도체라는 것이죠. 이 둘의 구분을 위해 반도체 부품을 구성하는 트랜지스터나 다이오드 같은 기초 구성 요소를 '반도체 소자'라고 부릅니다.

그럼 '칩(Chip)'이라는 용어는 무엇일까요? 실리콘 웨이퍼 한 장에 수십~수천 개의 제품이 동시에 만들어집니다. 최종 단계에서 이를 사각형의 조각(Chip)으로 잘라내 하나의 반도체 제품으로 만들죠. 실리콘 웨이퍼를 잘라낸 조각은 '실리콘 칩', 실리콘 칩에 여러 공정을 더해 만든 전자 부품은 '반도체 칩'입니다. 하나의 반도체 칩은 많은 반도체 소자와 이를 연결하는 배선 층이 집적 회로를 구성하고 있습니다. 이런 이유로 반도체 칩을 집적 회로 칩, IC 칩이라고 부르기도 합니다. 즉, 반도체 칩, 집적 회로 칩, IC 칩은 반도체라고 부르는 전자 부품을 지칭하는 동일한 용어입니다.

2. 공정 설계 키트(PDK)

IP 기업은 팹리스 기업에게 IP를 제공하고 로열티를 받습니다. 팹리스 기업은 제공 받은 IP를 그대로 사용할 수도 있고, 자신들의 니즈에 따라 설계를 바꾸기도 합니다. 그리고 설계가 완성되면 파운드리 기업에게 생산을 위탁하기 위해 디자인 하우스에 설계도를 전달합니다.

디자인 하우스는 하나의 파운드리 기업과 파트너십을 맺습니다. 파운드리 기업은 파트너십을 맺은 디자인 하우스에게 생산 가능한 반도체의 대략적인 성능과 회로 설계 방법 등을 담은 공정 설계 키트(PDK; Process Design Kit)를 제공합니다. 이 공정 설계 키트 덕분에 디자인 하우스는 파운드리 기업의 공정 스펙을 세세하게 알 수 있습니다.

팹리스가 제공한 설계도는 디자인 하우스를 거쳐 파운드리 기업의 공정에 맞게 최적화됩니다. 이 최적화된 설계도를 바탕으로 파운드리 기업은 반도체를 제조하고, 이렇게 만들어진 완제품은 다시 디자인 하우스를 거쳐 팹리스에게 전달됩니다. 이러한 과정은 디자인 하우스 없이 진행되기도 합니다. 팹리스 기업이 파운드리 기업에게 직접 반도체 생산을 위탁하는 것이죠. 이 경우 파운드리 기업은 팹리스 기업에 공정 설계 키트를 제공하고, 팹리스 기업

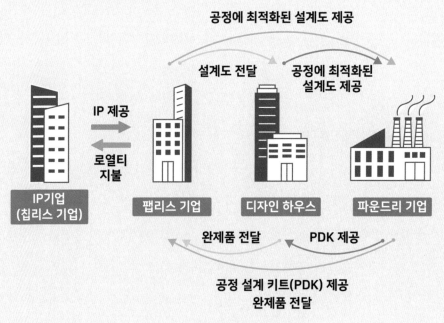

| 그림 3-6. 반도체 산업의 분업 체계 |

은 파운드리 기업의 공정에 최적화된 설계도를 만들어 다시 전달합니다. 이후 반도체 제작은 동일하게 이뤄지고, 완제품은 팹리스 기업으로 전달됩니다.

2

반도체
8대 공정

우리가 주변에서 볼 수 있는 반도체는 어떻게 만들어질까요? 반도체 역시 하나의 제품이기에 공장에서 만들어지지만 물건을 찍어내는 것처럼 뚝딱 만들어지지는 않습니다. 완벽에 가깝게 설계된 수백~수천 가지의 공정을 거치면서 점점 반도체의 형태를 갖춰 나가죠. 수많은 반도체 공정은 크게 8가지로 분류할 수 있습니다. 이를 '반도체 8대 공정'이라고 부릅니다.

건물을 지을 때 땅이 필요하듯이 반도체를 만들 때도 땅 역할을 하는 기판(Substrate), 즉 웨이퍼(Wafer)가 필요합니다. 이 웨이퍼를 만드는 공정이 바로 ①웨이퍼 제조 공정입니다. 이후, 웨이퍼 위에 반도체 소자를 만드는 ②산화 공정, ③포토 공정, ④에칭 공정, ⑤증착 및 이온 주입 공정이 단계별로 진행됩니다. 특히 ③포토 공정, ④에칭 공정, ⑤증착 및 이온 주입 공정은 반도체를 제작하는 단계에서 필요한 만큼 계속 반복됩니다. ②~⑤ 과정은 반도체 제조 공정의 앞부분에 해당된다는 의미로 FEOL(Front End Of Line)이라고 합니다.

웨이퍼에 반도체 소자가 다 만들어지면 이 소자들을 전선으로 연결해 주는 ⑥금속 배선 공정을 진행합니다. 반도체 제조 공정의 뒷부분에 해당하는 금속 배선 공정은 BEOL(Back End Of Line)이라고 합니다. ①부터 ⑥까지는 여러 개의 반도체가 하나의 웨이퍼에 만들어져 있는 상태, 즉 웨이퍼 상태로 공정이 진행됩니다. ①부터 ⑥까지의 공정을 전공정이라고 합니다. 이후 웨이퍼에 만들어진 반도체가 제대로 동작하는지 확인하는 ⑦테스트 공정, 칩을 자

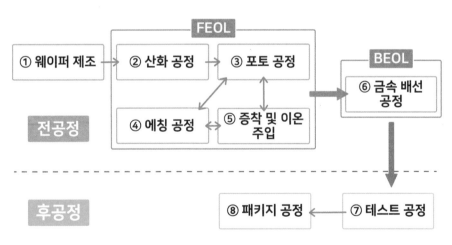

| 그림 3-7. 반도체 공정은 크게 웨이퍼 상태에서 진행하는 전공정과 반도체를 테스트하고 패키지 해 완제품으로 만드는 후공정으로 나눌 수 있다. |

르고 전기적인 연결을 만든 다음, 외장재를 씌워 완제품으로 포장하는 ⑧패키지 공정이 진행되는데 이 두 공정을 후공정이라 합니다. 그럼, 지금부터 8대 공정을 하나씩 살펴보겠습니다.

웨이퍼 제조 공정(Wafering)

반도체 8대 공정 중 가장 첫 번째 공정인 웨이퍼 제조 공정은 IDM이나 파운드리 기업의 반도체 제조 시설에서 이뤄지지 않습니다. 반도체 웨이퍼만을 전문적으로 생산하는 업체들이 따로 있습니다. 이 웨이퍼 전문 회사들이 생산한 웨이퍼를 IDM이나 파운드리 기업이 구입해 사용합니다. 반도체의 기초가 되는 웨이퍼, 어떤 재료로 어떻게 만드는지 그 과정을 따라가 볼까요?

1. 웨이퍼의 재료, 실리콘

반도체를 만드는 과정은 피자를 만드는 과정과 매우 비슷합니다. 피자를 만들 때, 도우(넓은 반죽)를 펼쳐 놓고 시작하는 것처럼 반도체를 만들 때도 웨이퍼가 먼저 준비되어야 합니다. 웨이퍼를 만드는 데 필요한 재료는 반도체 물질인데, 그중에서도 실리콘(Si)을 가장 많이 사용합니다.

실리콘은 지구의 지각을 구성하는 물질 중 27.7%를 차지하는 원소로 값이 싸고 쉽게 구할 수 있습니다. 주변에서 흔히 볼 수 있는 모래에도 실리콘이 포함되어 있죠. 또, 원하는 영역에만 전기가 흐를 수 있도록 조절하기 쉽고, 안정된 구조의 절연 산화막(산화막은 조금 뒤에 살펴보겠습니다)을 형성할 수 있습니다. 녹는점이 높아 고온의 반도체 공정에 사용 가능하다는 것도 큰 장점입니다. 이런 이유로 웨이퍼를 제조할 때 실리콘을 사용하고 있습니다.

2. 실리콘 원자들을 규칙적으로 배열하기

어떻게 흔한 모래가 반도체의 재료인 실리콘으로 변신할 수 있을까요? 먼저 1,800 ℃ 정도의 높은 온도에서 모래로부터 나온 이산화규소(SiO_2)와 탄소(C)를 반응시켜 순도 99%짜리 금속 급 실리콘, MGS(Metallurgical Grade Silicon)를 만듭니다. 99%면 충분하다고 생각할 수 있지만 웨이퍼의 재료로 쓰기에는 아직 불순물이 많습니다. 2차 정제 과정을 거치고 나서야 비로소 순도 99.999999999% 정도되는 전자 소자 급 실리콘, EGS(Electronic Grade Silicon)를 얻을 수 있습니다.

하지만 여기서 끝이 아닙니다. EGS의 실리콘 원자 배열이 고르지 않다는 문제가 있습니다. 그림 3-8에서 볼 수 있듯, 원자가 어떠한 질서도 없이 있는 상태를 비정질(Amorphous), 정해진 규칙대로 고르게 배열하고 있는 상태를 단결정질(Crystalline), 미세한 단결정질 조각들이 서로 다르게 뭉쳐져 있는 상태를 다결정질(Polycrystalline)이라고 합니다. EGS는 다결정질 상태인데 반도

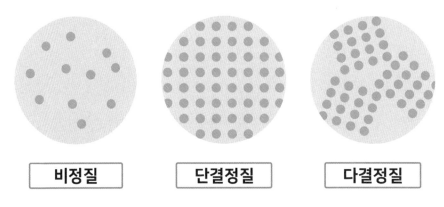

| 그림 3-8. 고체 상태의 재료 내 원자들의 배열 형태에 따라 비정질, 단결정질, 다결정질로 구분할 수 있다. |

체마다 동일한 특성을 갖게 하기 위해서는 단결정질 상태로 만들어야 합니다.

다결정질 실리콘을 단결정질 실리콘으로 만드는 방법으로는 폴란드의 화학자 초크랄스키(J. Czochralski)가 발명한 초크랄스키법(CZ법)이 대표적입니다. 부서진 초콜릿 조각들을 냄비에 모아 녹인 후 다시 굳혀서 하나의 덩어리로 만드는 것과 비슷합니다. 먼저, EGS 덩어리들과 붕소(B), 인(P), 비소(As) 등의 도핑 원소를 함께 넣고 약 1,500 ℃ 이상의 온도로 가열해 액체로 만듭니다. 이후, 실리콘 결정의 씨앗 역할을 하는 시드(Seed)를 줄 끝에 매달아 액체 상태의 실리콘 표면에 콕 찍어 접촉시킵니다. 시드를 회전시키면서 천천히 위로 끌어올리면 액체 실리콘이 시드를 따라 천천히 굳어지며 단결정질 실리콘 덩어리가 길게 만들어집니다. 이 실리콘 덩어리를 잉곳(Ingot)이라고 부릅니다.

실리콘 잉곳을 만드는 과정은 시드를 액체 실리콘 표면에 접촉시키는 찍기(Dipping), 잉곳의 품질을 결정하는 잉곳 목 뽑아내기(Necking), 원하는 직경까지 몸집을 불리는 어깨 만들기(Shouldering), 원하는 직경을 유지하면서 성장시키는 몸통 성장(Body Growth), 성장을 마무리하는 꼬리 만들기(Tailing) 순서로 진행됩니다. 여기서 잉곳의 상품성을 결정하는 단계는 '어깨

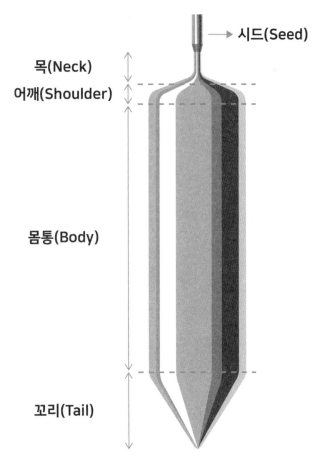

│ 그림 3-9. 큰 원기둥처럼 생긴 단결정 실리콘 잉곳. 형태에 따라 시드, 목, 어깨, 몸통, 꼬리로 구분된다. │

만들기'와 '몸통 성장'입니다. 이 단계에서 잉곳의 직경 즉, 최종 제품인 웨이퍼의 직경이 결정되기 때문입니다.

3. 실리콘 잉곳을 잘라서 실리콘 원판으로 만들기

실리콘 잉곳이 만들어진 후에는 직경이 균일하지 않아 상품성이 없는 목(Neck), 어깨(Shoulder), 꼬리(Tail)를 제거합니다. 이렇게 몸통(Body) 이외의 다른 부분을 제거하는 과정을 트리밍(Trimming)이라고 합니다.

잉곳의 몸통은 커다란 원기둥 형태이지만, 실리콘 웨이퍼는 얇은 원판 형태입니다. 이 원통을 얇게 썰어서 원판의 형태로 만들어야 합니다. 이 공정이

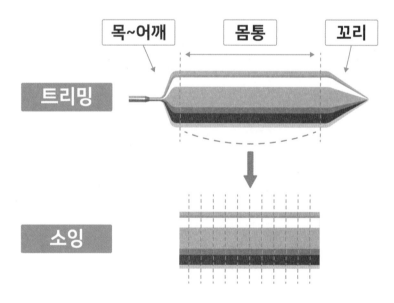

| 그림 3-10. 불필요한 부분을 잘라내는 트리밍 공정과(위 그림)
웨이퍼가 될 원판을 잘라내는 소잉 공정(아래 그림). |

소잉(Sawing)입니다. 이때 다이아몬드 가루가 붙어있는 쇠줄인 와이어(Wire)를 톱으로 사용하는데 와이어가 두꺼울수록 소잉 공정에서 손실되는 실리콘이 많아지므로 최대한 얇은 와이어를 사용하는 것이 관건입니다.

4. 실리콘 원판을 실리콘 웨이퍼로 만들기

톱으로 자른 나무의 단면을 본 적 있나요? 톱날이 지나간 흔적이 그대로 남아 울퉁불퉁하고, 손을 찌를 듯한 뾰족한 나무 결들이 튀어나와 있습니다. 소잉이 끝난 후의 실리콘 원판 표면도 이와 비슷합니다. 물론 나무처럼 뾰족한 가시들이 나와 있지는 않지만, 표면에 와이어의 흔적이 그대로 남아 있습니다. 성장할 땐 결함 없는 단결정이었던 실리콘 잉곳의 몸통은 소잉 공정을 거치면서 실리콘 원판 표면의 결정성이 손상되는 '결정 결함'이 발생하고, 가장자리 부분은 결정 결함이 많은 직각의 모양을 갖게 됩니다. 이 상태에서는 가장자리에 가해지는 작은 충격에도 쉽게 깨질 수 있습니다. 그래서 소잉 공정이 끝난 실리콘 원판 가장자리를 둥글게 만들어주는 엣지 라운딩(Edge Rounding) 공정을 진행해 깨질 확률을 낮춰줍니다.

다음으로는 울퉁불퉁한 표면을 고르게 갈아주는 래핑(Lapping) 공정을 진행합니다. 하지만 표면을 물리적으로 갈아내는 과정에서 결정 결함이 발생하기 때문에 손상된 결정이 여전히 표면에 남아 있습니다. 그래서 표면의 손상된 결정을 화학적 방식으로 녹여서 제거하는 에칭(Etching) 공정을 진행합니다. 에칭 공정이 끝나면 표면의 결정 결함 부위는 거의 다 사라집니다. 하지만 원자 단위로 보면 아직도 표면이 울퉁불퉁합니다. 그래서 원판 표면을 원자 단위에서 평탄하게 만들어주는 폴리싱(Polishing)* 공정을 진행합니다. 래핑은 물리적으로만 표면의 단차(표면에서 가장 높이 튀어나온 부분과 가장 아래로 움푹 들어간 부분 사이의 높이 차이)를 제거하지만, 폴리싱은 화학적 반응과 물리적 제거를 동시에 활용해 결정 결함을 만들지 않으면서 더 정밀하게 표면의 단차를 없앨 수 있습니다. 이렇게 제작된 실리콘 웨이퍼를 연마 웨이퍼(Polished Wafer)라고 합니다. '이 정도까지 평탄화를 해야 하나?'싶겠지만 집을 지을 때 커다란 돌들을 솎아 내고 땅을 평평하게 다지는 것이 중요하듯, 반도체의 땅 역할을 하는 실리콘 웨이퍼 표면을 평평하게 만드는 과정 역시 매우 중요합니다. 반도체의 성능과 정밀도에 지대한 영향을 미치기 때문에 완벽을 기해야 하는 것이죠.

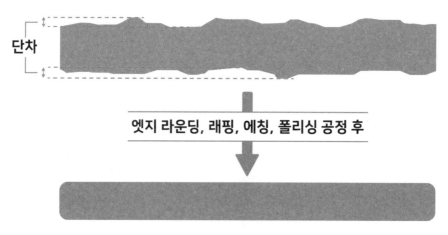

| 그림 3-11. 소잉 공정이 끝난 원판의 표면은 큰 단차를 가져 매우 거칠다.
엣지 라운딩, 래핑, 에칭, 폴리싱 공정을 거치면 측면이 둥글고 표면이 매끈한 원판이 된다. |

---

* 　화학적 기계적 평탄화(CMP; Chemical Mechanical Planarization)라고도 합니다.

| 그림 3-12. 단결정 실리콘 잉곳을 잘라서 만든 실리콘 웨이퍼 |

5. 실리콘 웨이퍼의 발전 방향

실리콘 웨이퍼는 면적을 넓히는 방향으로 발전해 왔습니다. 웨이퍼 면적이 넓을수록 하나의 웨이퍼에서 만들 수 있는 반도체 제품 개수가 늘어나기 때문입니다. 웨이퍼의 직경은 1960년대 20 mm에서 시작하여 1970년대 100 mm, 1980년대 150 mm, 1990년대 200 mm, 2000년대 300 mm로 점차 커졌습니다.

직경이 커졌는데 두께가 그대로라면 얇고 흐느적거리는 느낌이 들겠죠? 그래서 직경이 커질수록 웨이퍼의 두께가 두꺼워집니다. 현재 150 mm 웨이퍼는 625 μm*, 200 mm 웨이퍼는 725 μm, 300 mm 웨이퍼는 775 μm 두께

---

* 1 μm(마이크로미터)는 1 mm의 천분의 일(1/1000) 입니다.

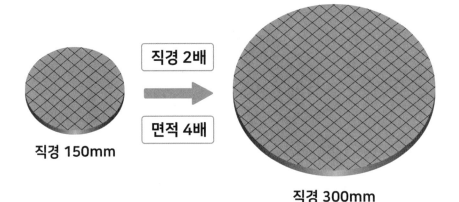

| 그림 3-13. 웨이퍼 직경이 2배 커지면 웨이퍼 한 장에서 만들 수 있는 반도체 제품의 수는 약 4배가 된다. |

로 가공되고 있습니다. 실리콘 웨이퍼의 직경에 따른 두께는 표준화되어 있어 특수한 경우가 아니라면 대부분의 회사에서 동일한 규격으로 생산합니다.

현재 반도체 시장에서는 300 mm 실리콘 웨이퍼가 주축을 이루고 있습니다. 사실 2010년대 초반, 450 mm 직경을 가진 웨이퍼가 개발되어 테스트까지 진행된 바 있습니다. 하지만 2010년대 이후 급격히 진행된 선폭 미세화로 300 mm 웨이퍼 내에서도 충분한 수의 실리콘 칩을 제작할 수 있게 되었고, 반도체 제조 시설 입장에서도 450 mm 웨이퍼 생산을 위해 천문학적인 비용을 투자할 이유가 없기에 현재까지 300 mm 직경 웨이퍼가 계속 쓰이고 있습니다.

반도체 성능이 발전하면서 더 좋은 품질을 가진 실리콘 웨이퍼에 대한 수요가 늘고 있습니다. 이에 발맞춰 고부가가치의 웨이퍼들도 속속 등장하고 있는데요, 대표적으로 에피 웨이퍼(Epitaxial Wafer)가 있습니다. 에피 웨이퍼는 연마 웨이퍼 표면에 실리콘 단결정층(수 μm)을 한 번 더 쌓아서 만든 웨이퍼입니다. 연마 웨이퍼에 비해 결정 결함이 적어 반도체 불량률이 낮고 단결정층 두께를 유연하게 조절하여 다양한 용도에 맞춤 제작이 가능하다는 장점이 있습니다. 일부 특수 분야에서는 SOI 웨이퍼(Silicon-On-Insulator Wafer)가 사용됩니다. SOI 웨이퍼는 두 개의 실리콘 층 사이에 산화막(절연층)이 샌드위치처럼 끼어들어 있는 구조로 반도체 소자의 소비 전력과 발열을 낮출 수 있다는 장점이 있습니다.

산화 공정(Oxidation)

완성된 실리콘 웨이퍼가 반도체 제조 시설에 전달되면, 웨이퍼 위에 반도체 소자를 만드는 공정이 시작됩니다. 만드는 반도체의 종류에 따라 차이가 있지만, 크게 다섯 종류의 공정으로 분류할 수 있습니다. 바로 산화 공정, 포토 공정, 에칭 공정, 증착 및 이온 주입 공정, 금속 배선 공정입니다. 그럼 지금부터 각 공정 단계의 원리와 핵심 내용이 무엇인지 살펴보겠습니다. 먼저 산화 공정부터 알아볼까요?

1. 전기를 차단하는 완벽한 방법, 산화막

산화란 어떠한 물질이 산소와 화학적으로 반응해 산소 화합물을 만드는 현상입니다. 철(Fe)이 산소와 만나 녹이 스는 것이 대표적인 산화 반응이죠. 실리콘이 산소와 만나면 산화 반응에 의해 이산화규소(SiO_2)가 만들어집니다. 이렇게 만들어진 이산화규소는 산화막을 만드는 데 활용됩니다. 그렇다면, 산화막이란 무엇이고, 어떤 역할을 하는 걸까요?

반도체는 전류의 흐름을 통해 0과 1을 오가며 복잡한 연산을 수행합니다. 서로의 영역을 침범해 전기 신호가 잘못 전달되면 큰 오류가 발생할 수 있기 때문에 전류가 흐르는 곳과 흐르지 않는 곳을 확실하게 구분(절연)해줘야 합니다. 그래서 전류가 올바른 회로로만 흐를 수 있도록 반도체 소자 내에서, 또 반도체 소자 간에 차단벽을 세웁니다. 이때 차단벽의 역할을 하는 것이 바로 산화막입니다. 그리고 이산화규소를 활용해 산화막을 만드는 공정을 산화 공정(Oxidation)이라고 합니다.

산화 공정을 위해서는 세 가지 준비물이 필요합니다. 첫 번째는 실리콘 원자입니다. 실리콘 원자는 웨이퍼에서 얻을 수 있습니다. 두 번째는 산소 원자입니다. 산소 원자는 기체 형태로 웨이퍼에 공급해 줍니다. 마지막으로 실

| 그림 3-14. 산화 공정을 통해 웨이퍼 표면에 산화막이 형성되었다. |

리콘 원자와 산소 원자가 반응하도록 충분한 열 에너지가 필요합니다. 이 열 에너지 때문에 산화 공정은 고온의 환경에서 진행됩니다.

2. 다양한 곳에서 쓰이는 이산화규소

이산화규소는 절연층으로써 다양한 곳에 활용됩니다. 몇 가지만 살펴보겠습니다. 하나의 반도체 안에는 수많은 MOSFET 소자가 들어갑니다. MOSFET끼리 전기적으로 서로의 영역을 침범하면 안 되겠죠? 이를 방지하기 위해 MOSFET 소자 간 절연을 위한 이산화규소 절연막이 필요합니다. 이 절연막을 STI(Shallow Trench Isolation)라고 부릅니다.

웨이퍼 표면에는 반도체 소자들이 빼곡하게 채워져 있습니다. 이 표면에 전선을 배치하면, 전기적 연결이 잘못 형성되어 제대로 동작하지 않을 수 있

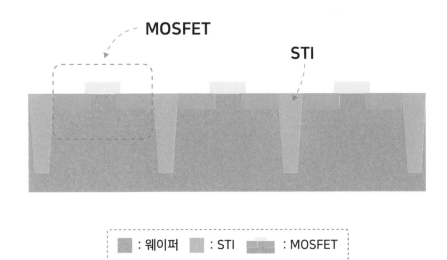

| 그림 3-15. MOSFET 사이의 절연을 위해 이산화규소로 STI를 형성하였다. |

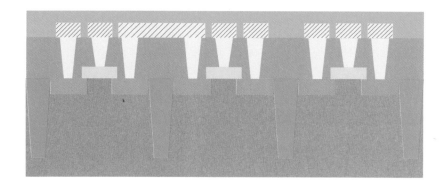

| 그림 3-16. 첫 번째 배선층과 웨이퍼 표면 사이를 절연하기 위해 이산화규소로 ILD를 형성하였다. |

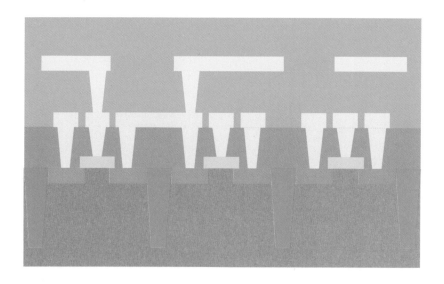

| 그림 3-17. 배선층 사이를 절연하기 위해 이산화규소로 IMD를 형성하였다. |

습니다. 그래서 전선을 새로운 층으로 만들어 반도체 소자 위쪽으로 쌓아야 하는데, 이를 배선층이라고 합니다. 이때, 반도체 소자 위층에 생긴 첫 번째 배선층(그림 3-16의 빨간색 빗금 영역)과 웨이퍼 표면을 절연하기 위한 이산화규소 절연막이 필요하고, 이를 ILD(Inter-Layer Dielectric)라고 합니다. ILD는 층간 절연뿐 아니라 소자의 전극(MOSFET이라면 소스, 드레인, 게이트) 간의 절연 역할도 합니다.

복잡하게 설계된 회로를 한정된 면적 내에 구현하기 위해서는 더 많은 배선층이 있어야 합니다. 즉, 여러 층의 배선층이 필요하다는 이야기죠. 당연히 배선층 사이에도 절연을 해줘야 하는데, 이때 사용하는 이산화규소 절연막을 IMD(Inter-Metal Dielectric)라고 부릅니다.

3. 산화 방식의 종류(건식 산화와 습식 산화)

실리콘 웨이퍼를 산화시킬 때 산소 원자를 공급하는 방식은 두 가지로 나뉩니다. 하나는 산소 기체만을 이용해 산소 원자를 공급하는 건식 산화(Dry Oxidation) 방식, 다른 하나는 산소 기체와 더불어 수증기(H_2O)를 함께 사용하는 습식 산화(Wet Oxidation) 방식입니다. 건식 산화막과 습식 산화막은 모두 이산화규소로 동일한 물질이지만, 그 특성에는 차이가 있습니다.

산화막 성장 속도는 습식 산화막이 건식 산화막 보다 5~10배 더 빠릅니다. 산소 기체와 수증기를 산소 원자 공급원으로 함께 사용하면 실리콘 원자에 더 빠른 속도로 더 많은 양의 산소 원자를 공급할 수 있기 때문입니다. 하지만 습식 산화는 성장 속도가 빠른 만큼 이산화규소가 성기게 형성되어 절연

	건식 산화	습식 산화
산소 원자 공급원	산소(O_2) 기체	산소(O_2) 기체 + 수증기(H_2O)
산화막 성장 속도	느림	빠름
산화막 밀도	높음	낮음
산화막 절연 특성	좋음	상대적으로 나쁨

| 표 3-1. 건식 산화와 습식 산화 비교 |

특성이 떨어집니다. 반면, 건식 산화는 속도가 느린 만큼 이산화규소의 밀도가 높게 형성되어 절연 특성이 뛰어납니다.

이런 차이 때문에 두 방식으로 성장된 산화막은 그 활용도가 다릅니다. 얇은 두께를 유지하면서 좋은 절연 특성을 가지려면 건식 산화막이 적절합니다. 얇은 두께는 절연 특성이 좋은 건식 산화막으로도 충분히 빠르게 형성할 수 있기 때문입니다. 반대로, 두꺼운 두께의 산화막 층은 습식 산화막으로 빠르게 형성해 두께와 절연 특성을 모두 취하는 것이 효과적입니다.

포토 공정(Photolithography)

진짜 하루만에 이해하는 반도체 산업

1. 포토 공정이란 무엇일까?

그림을 그릴 때, 연필로 밑그림을 먼저 그려 두면 이후 작업을 훨씬 수월하게 진행할 수 있습니다. 밑그림을 따라 물감을 칠하면 되니까요. 마찬가지로 웨이퍼 위에 반도체를 만들 때도 밑그림이 필요합니다. 그림 3-18에서 볼 수 있듯, 우리가 웨이퍼 위에 만들 트랜지스터는 3차원의 구조물입니다. 웨이퍼의 깎아낼 부분은 깎아내고, 쌓을 부분은 쌓아서 그림과 같은 3차원의 구조물을 만들어야 합니다. 그것도 수십~수백억 개를 말이죠. 트랜지스터만 만든다고 끝이 아닙니다. 수많은 트랜지스터를 적절하게 금속 선으로 연결해 회로를 구성해야 하나의 반도체가 완성이 됩니다. 이때 어느 부분을 깎아내고 쌓아줄지, 회로 구성을 어떻게 할지 웨이퍼에 밑그림(회로도)을 그리는 작업이 바로 포토 공정(Photolithography)입니다.

앞서 설명했듯 반도체 산업은 트랜지스터가 작아지는 쪽으로 발전하고 있습니다. 트랜지스터를 작게 만들려면 밑그림 역시 작아져야 합니다. 그렇다면 어떻게 밑그림을 작게 그려 넣을 수 있을까요? 힌트는 필름 카메라에 있습니다. 이해를 돕기 위해 잠시 필름 카메라의 원리를 간단하게 살펴보겠습니다.

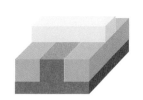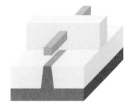

│ 그림 3-18. 포토 공정으로 밑그림을 그리고 이를 토대로 깎아낼 부분은 깎아내고,
쌓을 부분은 쌓아서 3차원의 구조물(트랜지스터)을 만든다. │

필름 카메라에 있는 렌즈는 빛을 모읍니다. 우리가 셔터를 누르는 순간, 렌즈가 모은 빛이 필름에 뿌려지죠. 필름에는 빛에 반응하는 감광제가 발라져 있어 빛을 기록할 수 있습니다. 물론 이렇게 기록된 빛이 우리 눈에 보이지는 않습니다. 필름을 현상 용액에 담가야 비로소 우리가 봤던 그 풍경이 필름에 상으로 맺힙니다. 이 필름을 인화지에 인화하면 우리가 보는 사진이 됩니다. 이처럼 필름 카메라를 이용하면, 눈앞에 있는 큰 풍경을 작은 필름에 그대로 옮길 수 있습니다.

이제 감이 오셨나요? 웨이퍼에 밑그림을 작게 그리는 방법은 필름 카메라로 눈앞의 큰 풍경을 아주 작은 필름에 담았던 것처럼, 카메라의 원리를 이용해 큰 회로도를 작은 사이즈로 웨이퍼에 옮기는 것입니다. 그럼, 지금부터 이 과정을 자세히 설명드리겠습니다.

2. 포토 공정에 필요한 준비물

포토 공정을 위해서는 필름, 감광제, 카메라, 풍경의 역할을 할 네 가지 구성 요소가 필요합니다. 바로 웨이퍼, 감광층, 노광 장비, 포토마스크입니다.

① 웨이퍼와 감광액(PR; Photoresist)

웨이퍼는 필름의 역할을 합니다. 필름에 빛에 반응하는 감광제가 발라져 있듯이 웨이퍼에도 빛에 반응하는 감광층을 만들어줘야 합니다. 감광층은 감광액을 얇게 바른 것인데, 감광액은 빛에 반응하는 감광제(PAG(Photo-Acid Generator), PAC(Photo-Active Compound)), 부착력과 에칭 저항력을 위한 폴리머 수지(Polymer Resin), 첨가제 등의 여러 화학물질들이 섞여 있는 용액입니다. 이 감광액을 웨이퍼에 바르고 추가적인 처리를 하면 웨이퍼는 빛을 기록할 수 있는 상태가 됩니다. 여담으로 2020년 일본의 반도체 수출 규제 품목 중 하나였던 포토레지스트(PR; Photoresist)가 바로 감광액입니다.

② 노광 장비

다음은 카메라의 역할을 하는 노광 장비입니다. 노광 장비는 반도체 공정에서만 활용할 수 있는 아주 정밀한 카메라로 노광 장비 안에는 빛을 모으고 초점을 조절하며, 영역의 크기를 축소하기 위한 렌즈들이 있습니다. 노광 장비는 크기부터 어마어마합니다. 집채만 한 크기에 무게도 100톤이 넘습니다. 더 놀라운 건 가격인데, 한 대에 무려 1,500억 원을 호가합니다. 가격에서 알 수 있는 것처럼, 노광 장비는 포토 공정에서 핵심적인 역할을 합니다. 노광 장비에 들어가는 모든 부품 하나하나가 없어서는 안 되는 중요한 것들이지만,

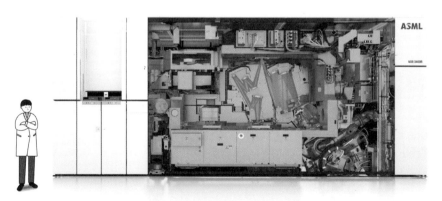

| 그림 3-19. 노광 장비 중 하나인 EUV 장비. 옆에 있는 사람을 보면 그 크기를 짐작할 수 있다.
(©ASML) |

여기서는 가장 핵심적인 두 개의 영역인 광원과 광학계만 살펴보겠습니다.

먼저 광원입니다. 광원은 노광 장비에서 사용하는 빛을 말합니다. 빛의 파장이 짧을수록 더 미세한 회로를 웨이퍼에 전사(Transfer)할 수 있습니다. 이러한 이유로, 포토 공정은 파장이 짧은 광원을 사용하는 방향으로 발전해 왔습니다. 초기의 포토 공정에서는 고압 수은(Hg; Mercury) 아크 램프에서 나오는 빛을 사용했습니다. 고압 수은 아크 램프가 내는 빛의 특정한 파장에서 강한 빛이 나오는데, 그중 반도체 산업에서는 G-line(436 nm), H-line (405 nm), I-line(365 nm)을 차례로 사용해 왔습니다. 이후 더 작은 반도체를 만들기 위해 KrF 엑시머 레이저(248 nm), ArF 엑시머 레이저(193 nm)와 같이 더 짧은 파장을 갖는 심자외선(DUV; Deep Ultra-violet) 대역의 빛을 사용하게 되었죠. ArFi(ArF-immersion)라는 신개념 장비가 도입되면서부터 사용하는 빛의 파장이 같아도 더 작은 회로를 전사할 수 있게 되었습니다.

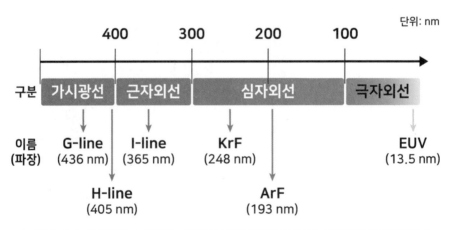

| 그림 3-20. 노광 공정에서 사용하는 광원은 더 짧은 파장을 사용하는 방향으로 발전해 왔다. |

하지만 193 nm의 빛의 파장으로도 산업에서 요구하는 더 작은 반도체를 만들기 어렵게 되었고, 마침내 빛의 파장이 확 줄어든 13.5 nm의 극자외선(EUV; Extreme UV) 광원이 등장하게 됩니다. 지금은 최소 선폭 3 nm가 양산되고 있고 그보다 작은 2 nm 이하 선폭에 대한 기술 개발이 진행되고 있는데, 이는 모두 EUV 광원 덕분에 가능한 것입니다.

두 번째는 광학계(Optical System)입니다. 광학계는 렌즈가 여러 개 모여 있는 시스템을 말합니다. 카메라의 광학계는 빛을 모아 축소시키고, 이 과정에서 발생하는 광학적 오차(수차와 왜곡)를 보완하며, 초점을 조절해 CIS로 빛을 전달해 주는 역할을 합니다. 포토 공정 역시 빛을 다뤄야 하는 공정인 만큼 노광 장비에 들어가는 광학계를 얼마나 잘 설계하고 제작했는지에 따라 공정 결과물이 판이하게 달라집니다.

③ 포토마스크

포토 공정에 필요한 마지막 구성 요소는 바로 포토마스크입니다. 포토마스크에는 회로도가 그려져 있습니다. 필름 카메라로 풍경을 찍어 그 풍경을 필름에 작은 사이즈로 옮긴 것처럼, 포토 공정에서는 노광 장비로 포토마스크에 있는 회로도를 웨이퍼에 작은 사이즈로 전사하게 됩니다.

포토마스크를 만들 때 필요한 재료는 블랭크 마스크와 펠리클입니다. 블랭크 마스크는 포토마스크를 만들기 위한 도화지라고 생각하면 됩니다. 포토마스크의 토대가 되는 기판(보통 쿼츠 글래스)에 빛을 차단하는 차광막이 코팅되어 있습니다. 포토 공정과 비슷한 전자빔(Electron-Beam) 노광 공정을 이용해 블랭크 마스크에 회로 패턴을 새기면 포토마스크가 완성됩니다. 하지만 여기서 끝이 아닙니다. 포토 공정은 매우 미세한 회로를 다룹니다. 먼지 하나만 있어도 빛이 가려져 포토마스크의 패턴이 제대로 전사되지 않습니다. 그래서 차광막에 펠리클(Pellicle)이라 부르는 투명한 오염 방지막을 씌우고 있습니다.

포토마스크는 투과식과 반사식이 있습니다. 그림 3-21에서 볼 수 있듯, ArF 광원까지는 빛이 잘 투과하는 쿼츠 글래스에 빛을 잘 막는 차광막(주로 크로뮴(Cr; Chromium) 합금)으로 회로 패턴을 그려 넣은 투과식 포토마스크를 사용했습니다. 차광막이 있는 부분은 빛이 투과하지 못하고, 차광막이 없어 투명한 부분만 빛이 투과하여 감광층에 도달할 수 있는 것이죠. 하지만, EUV 광원은 빛 에너지가 너무 강해 물질에 쉽게 흡수되기 때문에 기존의 투과식 포토마스크와 다른 방식의 포토마스크가 필요합니다. 그래서 나온 것이 바로 반사식 포토마스크입니다. 반사식 포토마스크는 그림 3-22처럼 쿼츠 글래스 전면에 EUV를 반사시키는 반사막이 코팅되어 있고, 그 위에 흡수체가 위치해

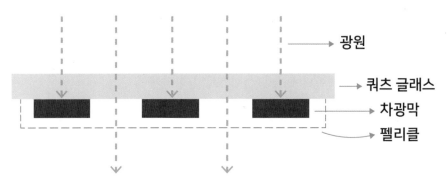

| 그림 3-21. 투과식 포토마스크는 빛이 마스크 뒷면에서 앞면으로 투과하면서 차광막으로 만들어진 패턴 정보를 갖게 된다. |

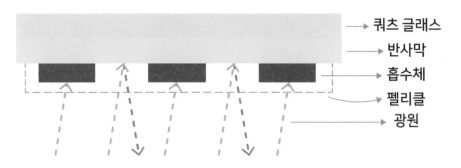

쿼츠 글래스
반사막
흡수체
펠리클
광원

| 그림 3-22. 반사식 포토마스크는 빛이 마스크 앞면으로 들어와 반사되면서 흡수체로 만들어진 패턴 정보를 갖게 된다. |

있습니다. 아래에서 위로 빛을 쏘면 흡수체에 닿은 빛은 그대로 흡수가 되고, 반사막에 닿은 빛은 반사되어 웨이퍼에 전사되는 구조입니다.

3. 포토 공정 진행 과정

포토 공정에는 총 8개의 세부 단계가 있습니다. 웨이퍼 세정 → 표면 준비(HMDS) → 감광층(PR) 코팅 → 소프트 베이크 → 노광 → 포스트 베이크 → 현상 → 하드 베이크입니다. 이 중 감광층 코팅 단계, 노광 단계, 현상 단계를 차례대로 살펴보겠습니다.

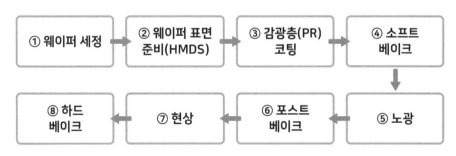

| 그림 3-23. 포토 공정은 8개의 세부 공정으로 구성돼 있다. |

① 감광층 코팅

웨이퍼가 빛을 기록할 수 있도록 감광층을 코팅해 줍니다. 감광층 코팅 전 웨이퍼 표면은 먼지(Particle) 하나 없이 깨끗해야 하며, 스핀 코팅 공정을 통해 감광층이 웨이퍼 전면에 균일한 두께로 코팅됩니다. 감광액은 양성과 음성 두 가지로 나뉘는데, 이 내용은 세 번째 현상 과정에서 자세히 설명드리겠습니다.

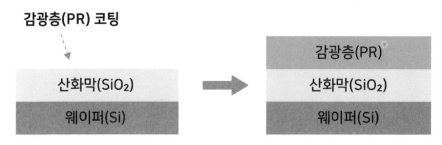

| 그림 3-24. 스핀 코팅 공정을 통해 표면에 일정한 두께의 감광층이 코팅된다. |

② 노광 과정

노광 장비로 포토마스크에 빛을 쏴 줍니다. 그러면 포토마스크에 있는 회로 패턴이 노광 장비의 렌즈를 통과하면서 더 작은 사이즈로 축소되어 감광층이 코팅된 웨이퍼에 전사됩니다. 이 과정을 계속 반복하면 웨이퍼에 미세한 회로 패턴을 원하는 만큼 새길 수 있습니다. 물론 이렇게 새겨진 패턴을 눈으

---

* 감광층은 산화막뿐만 아니라 대부분의 박막 위에 코팅이 가능합니다.

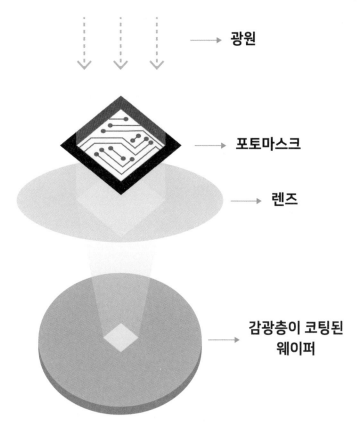

| 그림 3-25. 포토마스크가 가진 패턴 정보는 노광 공정을 통해 감광층(PR)이 코팅된
웨이퍼 표면으로 전사된다. |

로 확인할 수는 없습니다. 뒤에서 다룰 현상 과정을 거쳐야 비로소 감광층에

새겨진 회로를 확인할 수 있습니다.

웨이퍼에 회로 패턴을 전사하는 노광 방법은 광학계와 마스크의 위치 구

성에 따라 접촉 노광법(Contact Exposure), 근접 노광법(Proximity Exposure),

그리고 투사 노광법(Projection Exposure)로 나뉩니다.

그림 3-26에서 볼 수 있듯, 접촉 노광법은 웨이퍼에 포토마스크를 붙여

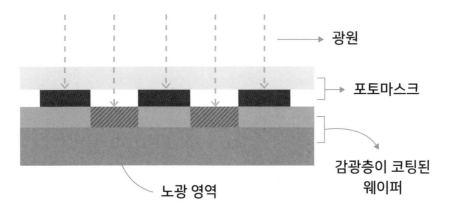

| 그림 3-26. 포토마스크와 감광층이 코팅된 웨이퍼를 물리적으로 접촉해 노광하는 접촉 노광법 |

서 노광하는 방법입니다. 포토마스크와 감광층 사이에 여유 공간이 없기 때문에 빛의 회절이나 간섭과 같은 현상이 최소화됩니다. 작업이 간단하면서도 노광 품질이 좋은 가장 효율적인 방법입니다. 그러나 포토마스크가 웨이퍼의 감광층에 직접 닿아 오염될 수 있다는 단점이 있습니다.

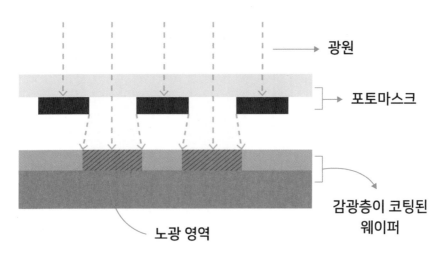

| 그림 3-27. 포토마스크와 감광층이 코팅된 웨이퍼 사이에 약간의 공간을 두고 노광하는 근접 노광법 |

이 단점을 보완하기 위해 그림 3-27과 같은 근접 노광법이 개발되었습니다. 포토마스크와 감광층이 코팅된 웨이퍼 사이 간격을 살짝 띄워 포토마스크의 오염을 줄이는 방식입니다. 하지만 그림에서 볼 수 있듯이 포토마스크와 웨이퍼 사이 공간이 생기면서 빛의 회절이 일어나 차광막을 통과한 빛이 웨이퍼에 그대로 전사되지 않고 조금 더 넓게 전사되는 문제가 있습니다.

이후 광학 기술이 발전하고, 더 작은 크기의 반도체가 요구되면서 그림 3-28과 같은 투사 노광법이 개발되었습니다. 포토마스크와 감광층을 코팅한 웨이퍼 사이 공간에 렌즈를 배치해 가장 높은 해상도로 회로 패턴을 전사하는 방법입니다. 앞의 두 방법과 달리 렌즈를 통해 포토마스크에 그려져 있는 패

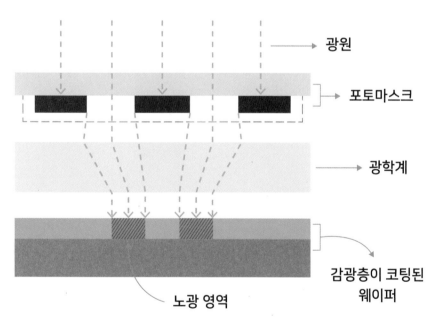

| 그림 3-28. 포토마스크와 감광층이 코팅된 웨이퍼 사이에 빛을 굴절시키는 광학계를 두고 노광하는 투사 노광법 |

턴을 축소해서 웨이퍼로 전사할 수 있습니다. 덕분에 더 작게 회로도를 새겨 넣는 것이 가능합니다.

EUV 포토 공정은 투사 노광법으로 진행됩니다. 오목한 반사경으로 계속 반사시키면서 노광한다는 점에서 KrF, ArF 파장의 빛을 사용하는 기존의 노광 방식과는 차이가 있습니다. 광원으로부터 나온 EUV는 오목한 반사경에서 반사될 때마다 비치는 면적이 점차 축소됩니다. 반사된 EUV가 포토마스크에 입사되면 포토마스크에 새겨진 패턴 정보를 갖게 되고, 이 패턴 정보가 웨이퍼 위의 감광층으로 전사되면서 노광이 이루어집니다.

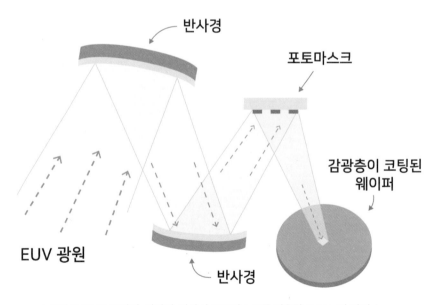

| 그림 3-29. EUV 광원, 반사경, 반사식 포토마스크를 이용한 EUV 노광 과정 |

③ 현상 과정

필름에 기록된 빛은 현상 용액에 담그는 현상 과정을 거쳐야 비로소 그 모습이 나타납니다. 감광층이 코팅된 웨이퍼도 마찬가지입니다. 그림 3-30의 오른쪽에서 볼 수 있듯이 노광 후 현상 과정까지 거치고 나면 포토마스크에 그려진 큰 회로 패턴이 웨이퍼 위에 작은 크기로 나타납니다.

현상할 때 감광층이 남는 모습은 감광액의 종류에 따라 두 가지로 나뉩니다. ①노광 부위의 감광층이 현상 용액에 씻겨 나가고 노광되지 않은 부분의 감광층만 남는 경우와 ②노광되지 않은 부위의 감광층이 현상 용액에 씻겨 나

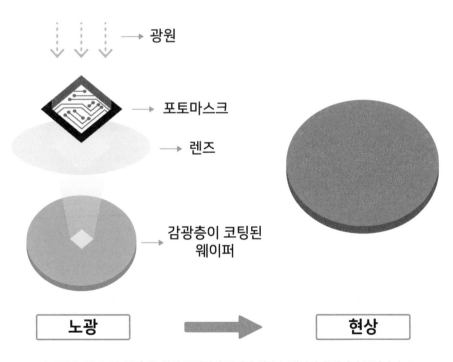

| 그림 3-30. 노광 공정 후, 현상 공정까지 거쳐야 비로소 웨이퍼에 패턴이 드러난다. |

가고, 노광 부위의 감광층만 남는 경우입니다. ①의 특성을 갖는 감광층을 양성 감광층(Positive PR), ②의 특성을 갖는 감광층을 음성 감광층(Negative PR)이라고 합니다. 그림 3-31을 같이 볼까요?

왼쪽은 웨이퍼에 양성 감광층을 코팅한 후 포토 공정을 진행한 경우입니

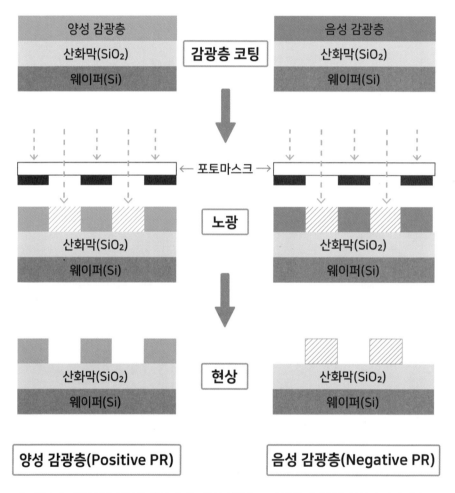

| 그림 3-31. 빛을 맞은 부분이 씻겨 나가는 양성 감광층(좌)과 빛을 맞지 않은 부분이 씻겨 나가는 음성 감광층(우) |

다. 현상 용액에 담그면, 빛을 맞은 부분의 감광층이 씻겨 나가고, 맞지 않은 부분의 감광층이 남아 있는 것을 확인할 수 있습니다. 오른쪽은 음성 감광층을 코팅하여 포토 공정을 진행한 경우입니다. 포토 공정을 진행한 후 현상 용액에 담그면, 빛을 맞은 감광층은 남고 빛을 맞지 않은 감광층이 씻겨 나가는 걸 볼 수 있습니다. 이처럼 양성 감광층과 음성 감광층은 서로 반대의 특징을 갖고 있는데, 현장에서는 주로 양성 감광층을 사용합니다.

에칭 공정(Etching)

1. 필요 없는 부분을 제거하는 에칭(식각) 공정

포토 공정을 통해 밑그림을 그렸으면, 이제 밑그림을 바탕으로 깎아낼 부분은 깎아내고, 쌓아줄 부분은 쌓아서 3차원의 구조물과 회로 구성을 만들어야 합니다. 반도체를 만드는 과정은 이렇게 밑그림을 그리고, 깎아내고, 쌓아주는 과정의 연속입니다. 여기서 필요 없는 부분을 깎아내는 공정을 에칭 공정(Eching), 다른 말로 식각 공정이라고 합니다.

깎아낼 부분과 깎아내지 않을 부분은 감광층을 통해 쉽게 구분할 수 있습

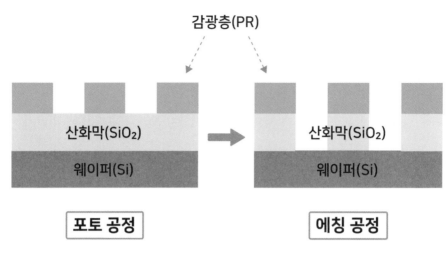

감광층(PR)

산화막(SiO₂)

웨이퍼(Si)

→

산화막(SiO₂)

웨이퍼(Si)

포토 공정

에칭 공정

| 그림 3-32. 포토 공정으로 밑그림을 그리고, 에칭 공정으로 필요 없는 부분을 깎아낸다. |

니다. 그림 3-32의 왼쪽은 감광층을 코팅한 후 포토 공정을 진행한 모습입니다. 필요한 부분에만 감광층이 남아 있고, 필요 없는 부분에는 감광층이 씻겨져 나간 것을 볼 수 있습니다. 감광층을 통해 필요 없는 부분의 위치를 확인했으면, 오른쪽 그림처럼 해당 부분을 제거합니다.

그렇다면, 어떻게 원하는 물질을 정확하게 깎아낼 수 있을까요? 제거할 물질과 화학 반응을 일으키는 물질인 에천트(Etchant)를 활용해 에칭 공정을 진행하면 됩니다. 이때, 에천트로 어떤 물질을 쓰느냐에 따라 크게 습식 에칭(Wet Etching)과 건식 에칭(Dry Etching)으로 나눌 수 있습니다. 습식 에칭부터 살펴볼까요?

2. 습식 에칭

습식 에칭은 제거하고자 하는 물질과 화학적 반응을 일으키는 용액 또는 용액의 증기를 에천트로 활용합니다. 제거할 부분과 용액을 맞닿게 해 화학적으로 제거하는 방법이죠. 액체 형태의 에천트 용액이 담겨 있는 배스(Bath)에 웨이퍼를 집어넣었다가 정해진 시간이 지난 후 꺼내서 표면에 남아 있는 에천트를 씻어내거나, 기체 형태의 에천트 증기가 주입된 챔버(Chamber)에 웨이퍼를 넣어 에칭 공정을 진행한 후 꺼내서 클리닝하면 되는 비교적 간단한 공정입니다. 습식 에칭은 비용 대비 에칭 속도가 빠르고, 선택비가 높다는 장점이 있습니다. 선택비란, 원하는 물질만 선택적으로 제거할 수 있는 정도를 말하는데, 습식 에칭의 경우 애초에 제거하지 않을 영역은 에천트와 반응하지 않고, 제거할 영역만 에천트와 반응하기 때문에 선택비가 높습니다.

하지만 단점도 있습니다. 첫째, 에칭 공정의 정확도가 낮은 편입니다. 에천트가 반응하는 시간에 따라 제거되는 물질의 양 차이가 발생하여 하나의 웨이퍼 내에서 또는 여러 웨이퍼 간에 에칭되는 양이 달라질 수 있습니다. 어디는 많이, 어디는 적게 에칭된다는 것은 균일도가 중요한 반도체 제조 공정에서 아주 중대한 문제를 일으킬 수 있습니다. 둘째, 웨이퍼 오염 문제에 취약합니다. 에천트로 사용되는 화학 물질로 인해 웨이퍼가 오염될 가능성이 높고, 이런 오염은 반도체 불량률을 높이게 됩니다. 셋째, 모든 방향에 대해 동일한 속도로 에칭되는 등방성(Isotropic)을 갖기에 원하는 부분만 정확하게 에칭하기가 어렵습니다. 그림 3-33에서 볼 수 있는 것처럼, 공정 중에 제거하면 안 되는 감광층의 아랫부분(산화막) 일부까지 제거가 되면서 패턴 정확도가 낮아지거나 감광층 패턴이 무너지는 현상이 발생할 수 있습니다. 이는 반도체의 특성이 바뀔 수 있을 정도로 중대한 문제입니다. 습식 에칭의 이런 문제들로

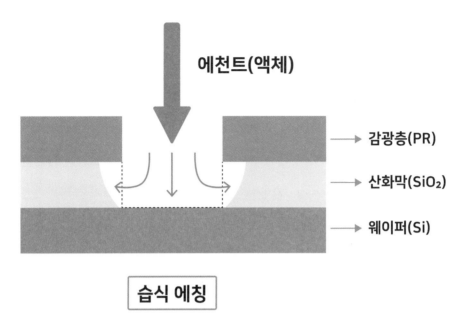

에천트(액체)

→ 감광층(PR)

→ 산화막(SiO_2)

→ 웨이퍼(Si)

습식 에칭

| 그림 3-33. 감광층 아래로 스며든 에천트에 의해 의도한 영역보다 넓게 에칭이 되었다. |

인해 3차원 구조를 만드는 미세 공정에서는 습식 에칭을 잘 사용하지 않고, 특정 막 전체를 제거할 때에 주로 사용하고 있습니다.

3. 건식 에칭

건식 에칭은 에칭하고자 하는 물질과 화학적 반응을 일으키는 가스, 에너지가 큰 이온, 플라즈마 등을 에천트로 이용합니다. 건식 에칭은 습식 에칭보다 조금 더 복잡한 원리로 진행됩니다. 화학적 반응만으로 진행되기보다는, 물리적 반응 혹은 물리 화학적 반응이 주로 활용됩니다. 물리적 반응은 운동 에너지, 열 에너지, 전기 에너지 등과 같은 물리적인 힘으로 물질을 뜯어내는 것입니다. 물리 화학적 반응은 물리적으로 뜯어내는 방법과 화학적 반응을 함께 사용하는 것입니다.

　습식 에칭과 달리 건식 에칭은 비등방성(Anisotropic) 에칭 특징을 갖습니다. 비등방성 에칭이란 방향에 따라 에칭 속도가 다르다는 의미입니다. 어떤 방향은 적게, 어떤 방향은 많이 에칭되도록 설계할 수 있다는 것이죠. 우리가 에칭하고자 하는 영역은 감광층이 없는 부분입니다. 습식 에칭의 경우 등방성 특징으로 인해 감광층이 덮고 있는 영역의 아랫부분 일부가 에칭되는 경우가 많지만, 건식 에칭은 그런 경우가 드뭅니다. 이러한 비등방성 특징은 미세한 회로를 새기는 데 적합합니다. 그래서 최근에는 건식 에칭을 더 많이 사용합니다.

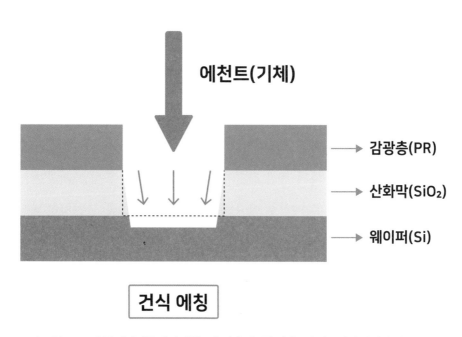

┃ 그림 3-34. 운동 에너지를 가진 에천트에 의해 의도한 영역보다 작고 깊게 에칭이 되었다. ┃

건식 에칭의 단점은 습식 에칭에 비해 한 번에 많은 양을 처리하기 어렵고, 단위 시간 당 처리량(Throughput)이 작다는 것입니다. 또, 화학적 에칭과 달리 에칭할 부분을 물리적으로 뜯어내는 방식이라서 원하는 물질만 선택적으로 제거하기가 쉽지 않습니다. 즉, 선택비가 낮습니다.

건식 에칭은 사용하는 에천트 가스에 따라 화학적 건식 에칭, 물리적 건식 에칭, 물리 화학적 건식 에칭으로 나눌 수 있습니다.

화학적 건식 에칭은 제거하고자 하는 물질과 화학적으로 반응하는 기체로 플라즈마*를 형성해 에칭하는 방법입니다. 일반적으로 반응성이 좋은 할로겐 원소를 가진 에천트 가스를 넣어줍니다. 화학적 건식 에칭은 습식 에칭처럼 화학적인 반응에 기초하기 때문에 등방성 에칭의 특성을 따르며, 선택비가 높습니다.

물리적 건식 에칭은 플라즈마의 양이온이 물질 표면에 물리적으로 충돌하면서 제거하고자 하는 물질의 결합을 강제로 끊고, 파편으로 뜯어내는 방법입니다. 물리적인 에너지가 강하게 가해지면 물질 제거에는 탁월하겠지만, 제거되는 표면 아래에 위치한 물질까지 결합이 손상될 수 있습니다. 결국 이 부분에 제작될 반도체 소자의 특성에도 영향을 미치게 되죠. 또한 제거하지 않으려는 물질까지 같이 뜯어질 수 있어 에칭 선택비가 낮습니다. 하지만 비등방성 특징 덕분에 원하는 모양대로 에칭하는 데는 적합합니다.

---

* 고체, 액체, 기체에 이은 제4의 물질 상태. 기체가 높은 에너지를 받으면서 기체의 원자핵이 양이온과 전자로 분리된(이온화된) 매우 불안정한 상태이다.

	습식 에칭	건식 에칭
에칭 방법	화학적 반응	물리적 반응, 화학적 반응
에천트(사용 물질)	액체 상태	기체 상태
에칭 선택비	높음	낮음
단위 시간 당 처리량	큼	작음
속도	빠름	느림
에칭 방향	등방성	비등방성

| 표 3-2. 습식 에칭과 건식 에칭 비교 |

물리 화학적 건식 에칭은 물리적 방식과 화학적 방식을 함께 사용하는 에칭으로 원하는 곳을 정확하게 제거할 수 있는 물리적 에칭의 장점과 높은 선택비 그리고 제거할 부분의 손상이 비교적 적다는 화학적 에칭의 장점을 모두 갖춘 방법입니다. 지금까지 개발된 건식 에칭 기법들 중에 제일 완벽에 가까운 방식으로 현재 가장 많이 사용되고 있습니다.

4. 에칭 공정의 발전 방향

제거할 물질을 원하는 모양으로 정확하고 균일하게 깎아내야 반도체 소자로써 동작할 수 있는데, 소자들이 점점 작아지고 있어 에칭 난이도가 계속 올라가고 있습니다. 특히 3D 적층형 반도체의 경우 상부층과 하부층 사이에 전기가 통하도록 수직으로 매우 가늘고 깊은 구멍을 뚫어야 하는데, 기술적인 난이도가 매우 높습니다. 정밀함도 중요하지만, 대량 생산을 위해서는 속도 역시 빨라야 합니다. 정리하면, 높은 선택비로 원하는 물질만을 빠르게 제거하되 남아있는 물질 표면에 물리적인 손상을 최소화해야 하는 것입니다. 이를 위해서는 최적의 물리 화학적 건식 에칭용 에천트 가스와 이 가스를 효과적으로 활용할 수 있는 에칭 장비가 개발되어야 합니다. 최근에는 두께를 조절한다는 개념을 넘어 하나의 원자 층을 한 꺼풀씩 벗겨내듯 에칭하는 원자 층 에칭(ALE; Atomic Layer Etching) 공정이 연구 중에 있습니다. 어느 정도의 정확도로 얼마나 빠르게 에칭할 수 있느냐에 따라 실제 공정에 적용할 수 있을지 여부가 결정될 것입니다.

증착 공정(Deposition) 및
이온 주입 공정(Ion Implantation)

1. 증착 공정

① 증착 공정이란?

밑그림을 그리는 과정이 포토 공정, 깎는 과정이 에칭 공정이라면, 쌓는 과정은 증착 공정에 해당합니다. 증착이라는 단어는 좀 생소하시죠? 증착 공정은 물질을 얇은 필름(Film)의 형태로 만들어 원하는 위치에 씌우는 것을 말합니다. 또 다른 말로는 박막(Thin Film) 공정이라고도 합니다. 증착 공정은 어디에 쓰이고 왜 필요한 걸까요?

공정이 진행될수록 절연막이 계속 필요합니다. 그런데 앞에서 배운 산화 공정으로는 원하는 모든 곳에 절연막을 형성할 수가 없습니다. 이산화규소 절연막을 만들기 위해서는 웨이퍼에서 실리콘 원자를 공급받아야 하는데, 공정을 진행하다 보면 실리콘 원자를 공급받기 어려운 위치가 생깁니다. 또, 반도체 소자가 만들어진 후 산화 공정을 진행하면, 높은 온도와 산화 반응으로 인해 반도체 소자와 금속 배선들의 특성이 열화되는 문제도 있죠. 이러한 이유로 공정이 진행되는 과정에서 산화 공정으로 계속 절연막을 만들기는 어렵습니다. 그래서 산화 공정으로 형성하는 이산화규소 절연막 대신 증착 공정을 활용해 절연막을 만듭니다. 증착 공정은 증착하려는 물질의 재료를 모두 기체나 순수한 고체 상태로 공급하기 때문에 표면의 상태와 무관하게 원하는 필름을 형성할 수 있습니다. 또, 산화 공정에 비해서 공정 온도가 낮아 더 많은 상황에 활용할 수 있죠.

증착 공정을 통해 형성되는 박막은 용도에 따라 두께가 조금씩 달라지는데 보통 1 µm 미만입니다. 박막으로 사용하는 증착 물질의 종류도 사용 목적

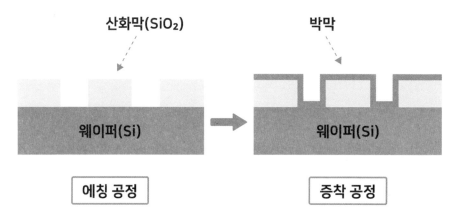

산화막(SiO₂) 박막

웨이퍼(Si) 웨이퍼(Si)

에칭 공정 증착 공정

| 그림 3-35. 에칭 공정으로 만든 패턴 위에 증착 공정으로 박막을 코팅한 모습 |

과 역할에 따라 수없이 많이 존재합니다. 예를 들어, 반도체 소자와 소자를 연결하기 위한 금속 도선을 형성할 때에는 금속 박막을, 도선과 도선 그리고 소자와 소자 사이의 절연이 필요할 때에는 절연막을 증착하는 방식입니다. 반도체를 작게 만든다는 것은 가로 세로 방향 즉, 면적만 작은 것이 아니라 높이 방향인 두께도 얇아지는 것을 의미합니다. 결국 증착 공정에서는 박막을 얇게 형성하는 것과 이 박막을 웨이퍼 전체 면적에 최대한 균일하게 입히는 것이 중요합니다. 박막을 형성하는 방법은 크게 물리적 증착(PVD; Physical Vapor Deposition)과 화학적 증착(CVD; Chemical Vapor Deposition)으로 나누어집니다.

② 물리적 증착(PVD; Physical Vapor Deposition)

PVD는 물리적인 에너지를 이용해 박막을 형성하는 방법으로 화학적 반응 없이 진행되는 증착 공정입니다. 물리적인 에너지인 운동 에너지, 열 에너지, 전기 에너지 등을 활용해 재료 물질을 웨이퍼 위로 이동시켜 얇게 씌운 것으로 이해하면 됩니다. 대표적인 PVD 방법으로는 스퍼터링(Sputtering) 공정, 열 증발(Thermal Evaporation) 공정, 전자빔 증발(E-Beam Evaporation) 공정 등이 있습니다. 이 공정들은 박막에 이물질이 들어가는 것을 방지하기 위해 모두 진공 상태에서 진행이 됩니다.

스퍼터링 공정은 플라즈마 에너지를 이용해 박막 재료를 잘게 쪼갠 후, 이 파편들을 웨이퍼 표면으로 떨어뜨려 박막을 형성하는 방식입니다. 증발 공정은 박막 재료에 열 에너지를 가해 증기 상태로 만들어 코팅하는 방법입니다. 히팅 코일이나 발열체로 열을 가할 경우 열 증발 공정, 전자빔과 같이 큰

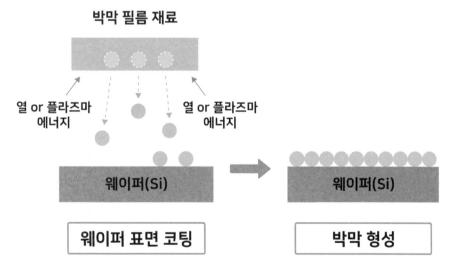

| 그림 3-36. 열이나 플라즈마 에너지에 의해 파편화된 박막 재료로 웨이퍼 표면을 코팅하는 PVD 방식 |

전기 에너지를 이용해 가열할 경우 전자빔 증발 공정이라 부릅니다.

　PVD 공정에서 사용하는 기체 상태의 파편이나 증기는 운동 에너지를 가져 직진하려는 성질을 띱니다. 과거에는 웨이퍼 표면이 평평해서 박막의 두께를 균일하게 하는데 이러한 직진성이 큰 문제가 되지 않았습니다. 하지만 최근 들어 평평하지 않고 높이 차이가 있는, 즉 단차가 있는 3D 구조가 등장하면서 PVD 공정을 통해 물질을 표면에 균일하게 코팅하는 데 어려움을 겪고 있습니다. 단차로 생긴 벽면과 바닥면에 얼마나 균일한 두께로 박막을 형성하느냐와 관련된 특성이 바로 '단차 피복성(Step Coverage)'입니다. PVD는 단차 피복성이 매우 좋지 않아 최신 반도체 공정에서는 금속 재료 증착 외에는 거의 활용하지 않습니다. 또한 단위 시간당 처리량이 작아 그 활용도가 더 낮아지고 있습니다.

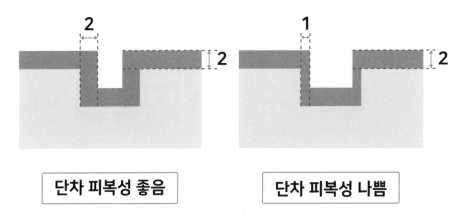

| 그림 3-37. 단차의 윗부분과 측면의 박막 두께가 동일한 경우(좌)와 그렇지 못한 경우(우) |

③ 화학적 증착(CVD; Chemical Vapor Deposition)

CVD는 재료들을 가스 상태로 진공 챔버에 주입하고 열이나 플라즈마 에너지를 가하여 웨이퍼 표면에 박막을 증착하는 방법입니다. 화학적 반응을 활용하는 CVD는 원재료 물질과 웨이퍼에 형성되는 최종 박막 물질이 서로 다릅니다. 재료가 되는 가스들 사이의 화학적 반응과 이 가스들이 웨이퍼에 닿으면서 생기는 화학적 반응으로 인해 새로운 물질이 박막 형태로 웨이퍼 표면에 성장되기 때문입니다. 그래서 CVD에서 사용하는 재료를 '목표 물질이 되기 전 상태의 화학 물질'이라는 의미를 가진 전구체(Precursor)라고 부릅니다. 전구체 가스가 도달할 수 있는 곳이라면 어디든지 필름을 씌울 수 있고, 단차 피복성도 PVD 대비 매우 우수합니다.

CVD는 현재 반도체 제작에 주로 사용되는 증착 공정이며, 더 복잡한 구조에 더 균일한 두께의 박막을 더 빠른 시간에 형성하는 방향으로 기술 발전이 이루어지고 있습니다. 기술 발전에 영향을 미치는 요소로는 원재료 물질의 종류, 에너지를 가하는 방법, 압력을 조절하는 방법 등이 있으며 요소에 따라 다양한 CVD 방식이 개발되었습니다.

모든 CVD의 기본 원리는 다섯 단계로 나타낼 수 있습니다. ①화학 반응에 활용되는 전구체 가스가 진공 챔버로 확산되고, ②확산된 전구체는 웨이퍼 표면에 흡착됩니다. ③표면에 흡착된 전구체가 화학 반응을 일으키며 웨이퍼 전체에 필름을 형성합니다. 이후 ④반응하고 남은 부산물들이 표면으로부터 떨어져 나오면서 ⑤진공 챔버 바깥으로 확산되며 완전히 제거됩니다. 우리가 관심 있게 살펴볼 부분은 전구체가 화학 반응을 통해 웨이퍼 표면에 박막을 형성하며 확산되는 ③번 과정입니다.

③번 과정에서 화학 반응을 일으키기 위한 에너지를 어떻게 공급할 것인지, 공정이 진행되는 환경의 압력은 얼마인지, 증착되는 박막의 형태가 어떤지에 따라 다양한 기술로 구분됩니다. 화학 반응에 필요한 에너지를 열로 공급하면 열 CVD(Thermal CVD), 플라즈마로 공급하면 플라즈마 CVD(Plasma CVD) 입니다. 열 CVD는 다시 대기압 수준에서 진행되는 APCVD(Atmospheric Pressure CVD)와 이보다 낮은 압력에서 진행되는 LPCVD(Low Pressure CVD)로 나뉩니다. 고품질의 필름을 형성하기 위해서는 최대한 압력을 낮추는 것이 좋지만, 압력이 낮아질수록 공정 온도가 높아지는 것을 고려해야 합니다. 공정 온도가 한계치 이상으로 높아지면 반도체 소자의 동작 특성이 달라지거나 금속 도선이 녹는 등의 문제가 생길 수 있기 때문입니다.

플라즈마 CVD는 플라즈마를 이용해 온도를 크게 높이지 않으면서도 큰 에너지를 가할 수 있어 저온에서도 고품질의 박막을 빠르게 증착할 수 있습니다. 대신 플라즈마 생성을 위해서는 낮은 압력의 환경이 필요합니다. 플라즈마 CVD는 LPCVD보다 저압에서 진행하는 저밀도 플라즈마 CVD(PECVD; Plasma Enhanced CVD)와 그보다 더 저압의 환경에서 진행하는 고밀도 플라즈마 CVD(HDPCVD; High Density Plasma CVD)로 분류됩니다. 현재는 고밀도의 플라즈마를 활용한 HDPCVD가 주로 사용되고 있습니다.

이렇게 CVD는 낮은 압력과 낮은 온도를 갖춘 환경을 조성해 고품질의 박막을 더 빠르게 형성하는 방향으로 발전해 왔습니다. 하지만 반도체 구조

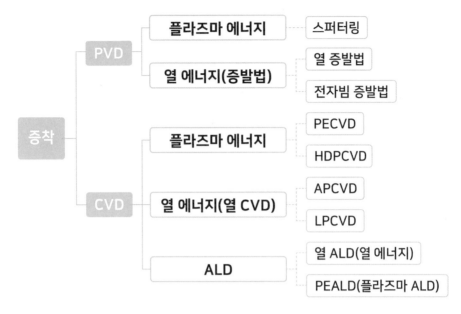

| 그림 3-38. 증착 공정의 분류 |

가 점점 더 복잡해지면서 CVD 공정 역시 단차 피복성 측면에서 한계를 맞이했습니다. 이 한계를 극복하고자, 공정의 기본 원리는 비슷하지만 원자 층을 하나씩 켜켜이 쌓는 방식인 원자층 CVD(ALCVD; Atomic Layer CVD), 또는 ALD(Atomic Layer Deposition)라는 공정이 개발되었습니다.

④ 원자 단위 필름을 증착한다 - ALD의 등장

ALD 역시 화학적 반응을 활용한다는 점에서 기본적으로는 CVD와 결을 같이 하지만, 전구체를 공급하는 방식에 큰 차이가 있습니다. CVD가 박막 증착에 쓰이는 모든 전구체를 동시에 공급하는 반면, ALD는 전구체를 하나씩 차례로 공급하여 박막 물질이 한 회(사이클)에 한 층씩 쌓이도록 진행합니다.

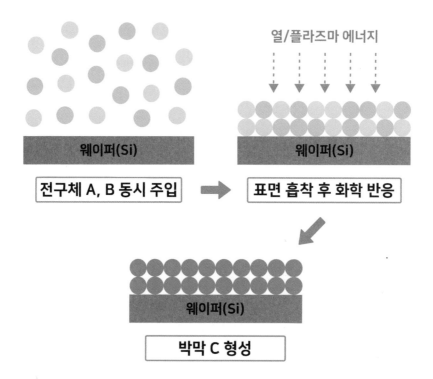

열/플라즈마 에너지

웨이퍼(Si)

웨이퍼(Si)

전구체 A, B 동시 주입 ➡️ 표면 흡착 후 화학 반응

웨이퍼(Si)

박막 C 형성

| 그림 3-39. 동시에 주입된 전구체 가스가 웨이퍼 표면에 흡착된 후, 열이나 플라즈마 에너지에 의해 화학 반응이 일어나 박막이 형성되는 CVD 방식 |

전구체 A와 B를 화학적으로 반응시켜 C라는 물질의 박막을 증착한다고 가정해 보겠습니다. 그림 3-39에서 볼 수 있듯, CVD에서는 A와 B를 특정한 비율로 동시에 공급합니다. 이후 A와 B가 화학적으로 반응해 웨이퍼 표면에 새로운 물질인 C가 증착이 되죠. 반면, 그림 3-40처럼 ALD에서는 먼저 A만 주입해 웨이퍼 표면에 한 층을 코팅합니다. 그 위에 B를 공급해 또 한 층을 형성하죠. 그러면, A와 B가 서로 반응을 일으켜 C가 증착이 됩니다. 이 과정이 ALD 증착의 한 사이클입니다.

한 층이 얇게 형성된 후에는 표면에 더 이상 전구체가 흡착되지 않도록 제어가 가능해 원자 혹은 분자 단위의 층을 하나씩 형성할 수 있습니다. 덕분에 박막의 두께를 정밀하게 조절할 수 있죠. 즉, ALD를 활용하면 고품질의 박막을 매우 얇은 두께로 형성할 수 있습니다. 다만, 전구체를 동시에 공급하는 CVD에 비해 증착 속도가 느려 두꺼운 박막을 증착하는 데 한계가 있습니다.

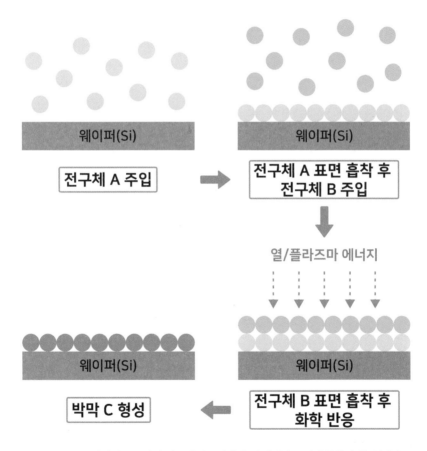

| 그림 3-40. 차례대로 주입된 전구체 가스가 층층이 웨이퍼 표면에 흡착된 후, 열이나 플라즈마 에너지에 의해 화학 반응이 일어나 박막이 형성되는 ALD 방식 |

2. 증착 공정의 발전 방향

박막의 두께는 더 얇아져야 하고, 복잡한 3D 구조에서도 균일한 두께를 유지해야 하며, 다른 소자가 열화 되지 않도록 저온에서 공정이 진행돼야 합니다.

현재 단차 피복성이 가장 뛰어난 공정은 ALD입니다. 그다음이 CVD이고요. 다만, 화학 반응을 기반으로 하는 ALD와 CVD는 물리적인 방법을 이용하는 PVD에 비해 파티클(Particle) 결함이나 오염에 취약합니다. 공정 온도는 화학 반응을 이용하는 CVD와 ALD가 높은 편인데, ALD가 CVD보다는 공정온도가 낮습니다. PVD 증발 공정 역시 열을 이용하긴 하지만, 웨이퍼로 전달되는 열은 극히 일부이기 때문에 공정 온도는 낮은 편입니다. 마지막으로 공정 속도는 PVD와 CVD가 ALD에 비해 월등하게 빠릅니다.

현재 가장 각광받고 있는 ALD 공정을 고도화하기 위해서는 저온 공정이 가능한 다양한 물질(배선용 금속 재료, 절연 재료 등)에 대한 전구체가 개발되어

	PVD	CVD	ALD
단차 피복성	낮음	높음	높음
박막 두께 조절 정밀성	낮음	낮음	높음
오염 가능성	낮음	높음	보통
공정 온도	낮음	높음	보통
증착 속도	빠름	빠름	느림
연구 방향	단차 피복성 향상	저온 공정 전구체 개발	전구체 개발 공정 시간 단축

| 표 3-3. 증착 공정 방법(PVC, CVD, ALD)의 특징 비교 |

야 합니다. 또, 한 사이클에 소요되는 시간을 단축시킬 수 있는 장비와 공정의 개발 역시 필요하죠. 궁극적으로 증착 공정은 기존 재료의 한계를 뛰어넘기 위해 새로운 재료를 개발하는 방향으로 끊임없이 발전해 나갈 것입니다.

3. 이온 주입 공정(Ion Implantation)

① 이온 주입 공정이란?

이온 주입 공정은 말 그대로 웨이퍼에 이온을 주입하는 공정입니다. 앞에서 우리는 실리콘에 전기 전도성을 부여하기 위해 실리콘보다 최외각전자가 1개 더 적은 붕소 혹은 최외각전자가 1개 더 많은 인이나 비소 도펀트를 넣어 도핑한다고 배웠습니다. 이온 주입 공정에서 뜻하는 이온이 바로 도펀트 원소의 이온입니다. 붕소, 인, 비소 등의 도펀트 이온을 실리콘 웨이퍼에 주입해 전기가 통하는 P형 혹은 N형 반도체로 만드는 공정이 바로 이온 주입 공정입니다.

이온을 어떻게 넣는지가 궁금하실 겁니다. 다트(Dart) 해보신 적 있으시죠? 오리지널 다트는 코르크로 만들어진 원형의 점수판에 날개 달린 바늘을 던져서 꽂는 형태로 진행합니다. 다트 게임을 물리학적인 관점에서 본다면 사람은 날개 달린 바늘을 잡아 운동 에너지를 가해 던지는 것이고, 운동 에너지를 가지고 날아가던 바늘은 코르크 점수판을 뚫고 들어가면서 에너지를 잃어 꽂힌 상태로 유지되는 것이라고 볼 수 있습니다. 이온 주입 공정 역시 다트와 원리가 같습니다. 도펀트 가스에 전기 에너지를 가해 주입할 이온을 만들고, 이 이온을 다시 전기 에너지로 가속시켜 실리콘 웨이퍼 표면 안쪽으로 들어가

도록 하는 원리입니다. 실리콘 웨이퍼가 코르크 점수판이고, 주입하려는 이온이 다트 바늘인 셈이죠.

이온 주입 공정에서 중요한 것은 원하는 양의 도펀트 이온을 필요한 영역에만 정확히 주입하는 것입니다. 이를 위해 이온을 가속하는 데 사용하는 전압과 이온 빔 전류를 조절하고, 표면의 산화막을 이용해 이온이 들어가지 말아야 할 영역을 구분해 줍니다. 그림 3-41에서 볼 수 있듯, 가속된 이온들은 실리콘 원자 사이의 결합을 끊거나 격자 사이의 틈을 비집고 들어가 웨이퍼 표면 내부에 안착합니다. 이때, 주입된 원자들이 웨이퍼 내에서 실리

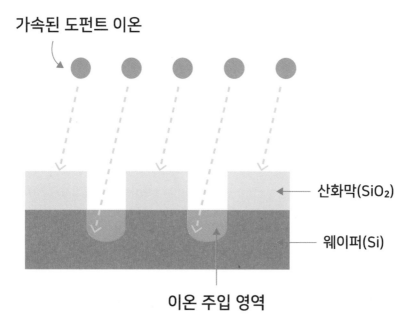

| 그림 3-41. 가속된 도펀트 이온은 산화막으로 덮이지 않은 웨이퍼 표면 안쪽으로 주입되어 이온 주입 영역을 형성한다. |

콘 원자들과 공유 결합을 잘 형성할 수 있도록 이온 주입된 실리콘 웨이퍼를 400~1,000℃ 온도에 노출시킵니다. 이렇게 열처리(Thermal Annealing) 또는 급속 열처리(RTA; Rapid Thermal Annealing) 과정까지 거치고 나면 비로소 실리콘 웨이퍼의 도핑이 완료됩니다.

② 이온 주입 공정의 발전 방향

반도체 소자의 크기가 점점 작아지고 있습니다. 이는 곧 이온 주입 과정에서 발생하는 물리적인 결정의 손상이 반도체 소자에 더 큰 영향을 미친다는 것을 의미합니다. 소자가 작아져 공정 온도에 민감한 만큼 열처리 과정에서도 문제가 생길 수 있고요. 결국 이온 주입 공정에서 피할 수 없는 물리적인 손상을 최소화할 수 있는 공정을 설계하거나 이를 대체할 수 있는 공정의 개발이 필요합니다.

금속 배선 공정(Metalization)

1. 금속 배선 공정이란?

산화 공정, 포토 공정, 에칭 공정, 증착 및 이온 주입 공정을 통해 실리콘 웨이퍼 위에 반도체 소자들을 만들었습니다. 이제 이 소자들이 제대로 동작할 수 있도록 전선으로 연결해 주는 과정이 필요합니다. 이 공정이 바로 금속 배선 공정입니다.

배선이라고 하면 일반 전선을 생각하기 쉬운데, 이 전선으로 nm 단위의 작은 반도체들을 연결하는 것은 불가능합니다. 그래서 일반 전선 대신 금속으로 된 회로선을 깔아 소자와 소자 사이, 소자와 외부 사이를 전기적으로 연결

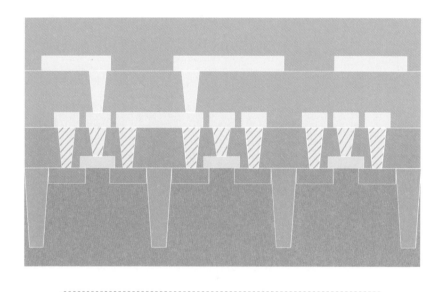

: 인터커넥션 　　 : 콘택트 　　 : ILD 　　 : IMD

| 그림 3-42. 소자들과 처음 만나는 금속 부분이 콘택트이고, 그 이후에 형성되는 금속 부분이 인터커넥션이다. |

하고 있습니다. 금속 배선에는 전기 단자와의 연결을 위한 콘택트(Contact)와 반도체 소자 사이를 연결하는 인터커넥션(Interconnection)이 있습니다. 그림 3-42에서 볼 수 있는 것처럼, 실리콘 표면과 맞닿는 ILD 내에 위치한 첫 번째 금속(빨간색 빗금) 부분이 콘택트입니다. 그 외 IMD에 위치해 있는 금속 영역은 모두 인터커넥션입니다. 이 두 가지가 모두 갖춰져 있어야 반도체 회로 구성이 가능합니다.

2. 어떤 금속이 적합할까?

금속 배선 공정은 어떤 금속을 도선으로 사용하느냐에 따라 세부 공정이 달라집니다. 활용할 금속은 크게 다섯 가지를 기준으로 평가합니다.

첫 번째, 전기 저항이 작아 전류 손실이 적어야 합니다. 전기 저항이 크면 소비 전력이 커질 뿐만 아니라, 전류의 손실만큼 열이 발생해 동작 오류가 생길 수 있습니다. 전기 저항이 작은 금속으로는 금, 알루미늄, 구리가 있습니다.

두 번째, 실리콘 웨이퍼 및 이산화규소 산화막과의 부착성이 좋아야 합니다. 부착성이 나빠 금속 필름이 쉽게 벗겨지면 원하는 모양대로 도선을 형성하기가 어렵고, 이후 진행되는 다른 공정에도 문제가 생깁니다.

세 번째, 열적, 화학적 안정성이 높아야 합니다. 안정성이 낮으면 고온 공정 또는 다른 공정 중에 도선들이 물리적(녹아서 끊어지는 경우), 화학적(다른 물질과 반응해 변성되는 경우)으로 손상될 수 있습니다.

네 번째, 배선 패턴을 쉽게 만들 수 있어야 합니다. 금속 재료의 에칭이 어렵거나 내구성이 약해 공정 중 쉽게 끊어진다면 배선 재료로 적합하지 않습니다.

마지막으로, 가격이 낮아야 합니다. 금속 재료의 가격이 비싸 공정 비용이 높아진다면 사용하기가 어렵습니다. 일례로, 금의 경우 다른 특성이 우수하지만 가격이 비싸서 현장에서는 알루미늄과 구리를 주로 사용합니다.

3. 알루미늄 VS. 구리

금속 배선 공정에 처음으로 사용된 금속 재료는 알루미늄(Al)입니다. 알루미늄은 한때 공정 측면에서나 가격 면에서나 흠잡을 곳 없는 배선 재료였습니다. 하지만, 반도체 공정이 미세화되고 고도화되면서 점차 한계가 드러납니다. 알루미늄이 맞닿은 실리콘 층을 뚫고 들어가는 스파이킹(Spiking)으로 인해 애써 만들어 놓았던 PN 접합이 끊어지고, 전류의 흐름에 의해 알루미늄 원자가 제자리를 이탈하는 일렉트로마이그레이션(Electromigration)이 자주 발생했습니다.

이러한 문제를 해결하기 위해 등장한 것이 구리(Cu) 배선입니다. 구리는 은 다음으로 전기가 잘 통하는 금속입니다. 알루미늄보다 30% 정도 낮은 저항을 가지고 있으며, 녹는점도 1,085℃로 높아 고온 공정에 대한 부담이 덜하죠. 또, 일렉트로마이그레이션도 덜 발생합니다.

하지만 구리 배선에도 몇 가지 단점이 있습니다. 먼저, 알루미늄보다 스파이킹 현상이 더 심하게 발생합니다. 이를 막기 위해서는 전도성이 있는 확산 방지막을 코팅해야 하는데, 공정 과정이 추가되면 그만큼 시간과 비용이 증가합니다. 또, 건식 에칭으로 쉽게 원하는 영역을 제거할 수 있는 알루미늄과 달리 구리는 에칭이 어렵다는 문제가 있습니다. 이러한 단점을 극복하기 위해 구리 배선은 그림 3-43과 같은 방식으로 형성합니다. 먼저, 전기가 통하면서 동시에 구리의 스파이킹을 막을 수 있는 확산 방지막(Barrier Metal) 층을 코팅합니다. 여기에 구리를 전기 도금 법으로 채워 넣은 후, 평탄화(CMP) 공정을 통해 필요 없는 구리를 갈아냅니다. 이러한 배선 방식을 상감 기법(Damascene)이라고 하는데, 국사 책에서 본 적 있는 고려 상감청자를 만드는 것과 같은 방식입니다.

현재 알루미늄과 구리 외에도, 코발트(Co), 텅스텐(W) 등 다양한 금속이 활용되고 있으며, 반도체 공정의 미세화로 인해 기존의 한계를 극복할 새로운 금속 소재가 연구 중에 있습니다.

| 그림 3-43. 확산 방지막 코팅, 구리 전기 도금, CMP 공정으로 구리 배선을 형성하는 과정 |

4. 금속 배선 공정의 발전 방향

반도체 소자가 작아지면, 금속 도선 역시 가늘어져야 합니다. 문제는 소자가 작아지는 것 이상으로 금속 도선이 급격하게 가늘어진다는 것입니다. 20 nm의 폭을 가진 구리 도선을 제작한다고 가정해 보겠습니다.

먼저, 산화막에 구리가 스며드는 것을 막기 위해 확산 방지막을 코팅합니다. 이때 부착성을 높이기 위해 라이너(Liner) 필름도 함께 코팅이 됩니다. 일반적으로 각 필름은 최소 1.5 nm의 두께를 가지므로 6 nm는 확산 방지막과 라이너 필름을 코팅하는 데 할애가 됩니다. 남은 14 nm만이 구리로 채워지죠. 10 nm의 폭을 가진 구리 도선은 어떨까요? 6 nm가 확산 방지막과 라이너 필름에 할애되고, 4 nm 만이 구리로 채워집니다. 배선 폭은 2배 줄었는데, 실제 금속 배선은 3배 이상 가늘어진 것입니다. 이렇게 되면, 불량이 발생할 확률이 높아집니다.

이를 해결할 수 있는 방법은 배선 소재를 바꾸는 것입니다. 산화막과 실리콘 웨이퍼 표면에 스며들지 않으면서 부착성도 좋은 배선 소재를 활용하면, 확산 방지막이나 라이너 필름을 사용하지 않고도 배선이 가능합니다. 건식 에칭이 용이한 물질이면 더욱 좋습니다. 새로운 배선 소재의 개발은 다른 공정에도 영향을 미칠 수 있습니다. 따라서 증착 전구체와 그와 관련된 공정 또는 재료에 최적화된 패터닝 공정의 개발 역시 함께 진행되어야 합니다.

테스트 공정(Test)

① 웨이퍼 제조	② 산화	③ 포토	④ 에칭(식각)
⑤ 증착 및 이온 주입	⑥ 금속 배선	**⑦ 테스트**	⑧ 패키지

드디어 웨이퍼에 반도체를 만드는 전공정이 모두 완료되었습니다. 아직까지는 우리가 알고 있는 반도체의 모양과는 많이 다르죠. 이제부터 웨이퍼를 반도체 완제품으로 만드는 과정인 후공정을 진행할 차례입니다. 전공정에서는 웨이퍼 단위로 공정을 진행했다면, 후공정에서는 개별 실리콘 칩 단위로 공정을 진행합니다.

후공정 파트는 만들어진 반도체가 정상적으로 작동하는지 검사하는 테스트 공정과 실리콘 칩을 완제품으로 만드는 패키지 공정으로 구분됩니다. 이 두 공정은 IDM 혹은 파운드리 기업에서 직접 진행하기도 하지만, 테스트와 패키지를 전문적으로 하는 OSAT 기업이 주로 맡아서 하고 있습니다.

1. 테스트 공정이란?

후공정에서 제일 먼저 진행되는 공정이 테스트 공정입니다. 공정이 완료된 웨이퍼 상태에서 첫 테스트를 진행하고, 패키지가 끝난 완제품 반도체 칩 상태에서 한 번 더 테스트를 진행합니다.

테스트 공정을 잘 하면 비용을 절감할 수 있습니다. 불량칩이 테스트 공정에서 걸러지지 않고, 패키지 공정으로 넘어가면 불량칩을 패키지 하는 데 불필요한 비용이 들어갑니다. 테스트 단계에서 불량칩을 잘 선별하면 이런 비용 지출을 막을 수 있습니다. 또, 테스트 공정은 불량률 자체도 줄여줍니다. 불량칩이 발생했을 때, 어디서 문제가 발생했는지, 왜 발생했는지를 점검하고 가능한 경우 수리까지 진행할 수 있습니다. 이처럼 테스트 공정을 잘하면 여러 가지 이점이 있습니다. 그럼, 지금부터 테스트 공정의 진행 과정을 자세히 알아보겠습니다.

2. 전공정 후 테스트

웨이퍼 상태에서 진행하는 테스트는 크게 네 단계로 이뤄집니다.

첫 번째 단계는 전기적 특성 및 웨이퍼 번인(Burn-In) 테스트입니다. 전기적 특성 테스트에서는 웨이퍼에 만들어진 회로 또는 테스트용 소자(저항, 커패시터, 트랜지스터 등)에 전기 신호를 입력해 그 특성을 확인합니다. 번인 테스트에서는 반도체 소자가 제작된 웨이퍼를 높은 온도에 노출시키고 높은 전압을 인가하여 실제 사용하면서 발생할 수 있는 불량을 미리 찾아냅니다. 이 과정에서 정상적으로 동작하는 양품과 비정상적으로 동작하는 불량품을 일차적으로 선별합니다.

두 번째 단계는 고온/저온 테스트로, 한계 온도에서 정상적으로 동작하는지를 검사합니다. 이 과정에서 앞서 선별된 불량품들 중 수리를 통해 양품이 될 수 있는 것들을 다시 선별합니다.

세 번째 단계는 수선 및 최종 테스트로, 수선 가능한 불량품을 레이저나

| ① 전기적 특성 및 번인 테스트 | → | ② 고온/저온 테스트 | → | ③ 수선 및 최종 테스트 | → | ④ 잉킹 |

| 그림 3-44. 웨이퍼 상태에서 다양한 테스트를 진행하여 양품을 선별한다. |

전기 신호를 이용해 수리합니다. 그리고 이렇게 다시 한번 기회를 얻은 실리콘 칩의 불량 여부를 최종 테스트합니다.

　마지막 단계는 잉킹(Inking) 입니다. 최종 테스트를 통과하지 못한 불량품을 확인할 수 있도록 잉크를 찍어 표시하던 과정에서 붙은 이름이죠. 물론, 지금은 실제 잉크를 찍지는 않고 불량 실리콘 칩의 위치를 데이터로 기록해 저장합니다. 그리고 최종 불량으로 판정된 실리콘 칩들이 패키지 공정으로 넘어가지 않도록 조치합니다.

3. 패키지 후 테스트

　패키지 공정은 웨이퍼 위에 만들어진 반도체들을 실리콘 칩 단위로 쪼개서 완제품 형태로 가공하는 공정입니다. (자세한 내용은 패키지 공정 파트에서 다루도록 하겠습니다.) 패키지 공정까지 마친 반도체 완제품은 소비자에게 판매가 됩니다. 패키지 공정이 사실상 마지막 단계인 셈입니다. 웨이퍼 단계에서 테스트를 통과했다 하더라도, 패키지 과정에서 불량이 발생할 수 있기 때문에 제품 출하 전 다시 한번 테스트를 진행합니다. 패키지 후 진행되는 테스트는 크게 세 단계로 이뤄집니다.

　첫 번째 테스트는 전기적 특성 및 번인 테스트로, 웨이퍼 상태로 진행하

| 그림 3-45. 패키지 후 다양한 테스트를 거쳐 최종 양품을 선별한다. |

던 테스트와 크게 다르지 않습니다. 이 테스트를 통과한 양품만으로 두 번째 테스트인 메인 테스트(Main Test)를 진행합니다. 메인 테스트는 일반적인 환경(상온), 저온의 환경, 사용자가 요구한 환경 조건에서 각각 전기적 특성을 검사합니다. 특히, 이 과정에서는 제작한 반도체 칩이 JEDEC의 국제 반도체 표준을 만족하는지 엄격하게 검사합니다. 마지막은 최종 테스트로 고온의 환경에 노출시킨 상태에서 반도체 칩의 전기적 특성과 기능을 검사합니다. 그리고 테스트를 통과한 양품 표면에 반도체의 생산 정보를 담은 일련의 코드를 레이저로 인쇄합니다. 재미있는 건, 매번 같은 공정으로 만들더라도 사소한 환경 변수로 인해 반도체 칩의 성능이 조금씩 달라진다는 것입니다. 그래서 반도체 칩들을 성능에 따라 한 번 더 분류해 관리합니다.

4. 자동 테스트 장비(ATE: Automatic Test Equipment)

이미 눈에 보이지도 않을 정도로 작아진 반도체, 그리고 그 반도체에 연결된 더 작은 전극들을 사람 손으로 한 땀 한 땀 검사하려면 웨이퍼 한 장에 수개월은 족히 걸릴 겁니다. 빠르게 검사를 진행하기 위해서는 테스트 과정을 자동화된 장비로 진행해야 합니다. 이 장비를 자동 테스트 장비(ATE;

Automatic Test Equipment)라고 부릅니다. ATE는 반도체 웨이퍼 혹은 반도체 칩의 전기적 특성을 측정하고 분석하는 장비입니다. ATE가 분석하고자 하는 시료의 종류(웨이퍼, 반도체 칩), 소자의 종류(메모리, CIS 등)에 따라 ATE 장치와 검사를 위한 전기적 신호의 종류 등이 달라집니다. 여러 분석 데이터를 동시다발적으로 처리하는 고기능의 멀티미터(Multi-Meter)인 셈입니다.

테스트 공정이 웨이퍼 단계와 반도체 칩 단계로 나뉘어 진행되듯이 ATE 역시 웨이퍼용 ATE와 반도체 칩용 ATE로 나뉩니다. 웨이퍼용 ATE에는 웨이퍼 프로브 장비(Wafer Prober)와 프로브 카드(Probe Card)가 필요합니다. 프로브 카드는 웨이퍼에 만들어진 전기적 접점 패턴에 맞춰 수많은 바늘이 달려 있는 인쇄회로기판(PCB; Printed Circuit Board)*입니다. ATE는 프로브 카드의 바늘을 통해 웨이퍼의 접점과 전기 신호를 주고받으며 검사를 진행합니다. 검사를 통해 웨이퍼 내에 만들어진 반도체 칩의 불량 지도를 그리고 수선 가능 여부를 판별합니다.

반도체 칩용 ATE에는 패키지가 끝난 칩들을 분류하는 '핸들러(Handler)'라는 장비가 필요합니다. 반도체 완제품에는 다리, 금속 구슬, 접촉 패드 형태의 전기적 접점이 있습니다. 이 접점들과 전기적 접촉을 통해 반도체 칩의 성능을 평가한 후, 핸들러로 성능에 따라 분류를 합니다.

---

* 도선을 새겨 놓은 판으로, 표면에 노출된 접촉 단자에 전자 부품을 납땜하여 회로를 구성할 수 있습니다.

5. 테스트 공정의 발전 방향

테스트 공정은 빠른 속도가 관건입니다. 테스트 속도를 높이는 방법은 크게 두 가지가 있습니다. 첫 번째는 ATE의 동작 속도와 동시 처리 가능한 능력(파라; Parallelism)을 높이는 방법입니다. 쉽게 말해, 측정 속도를 높이는 것이죠. 두 번째는 테스트 공정을 효율적으로 설계하는 것입니다. 예를 들어 번인 테스트는 여러 온도 범위에서 진행을 합니다. 이 과정을 더 효율적으로 설계한다면 시간을 단축할 수 있습니다. 측정과 번인을 한 번에 할 수 있는 TDBI(Test During Burn-In)와 같은 복합적인 장비가 좋은 예입니다. 향후 테스트 공정은 전기적 특성을 효율적으로 평가할 수 있는 장비나 알고리즘을 개발하는 방향으로 발전할 것으로 예상됩니다.

패키지 공정(Package)

① 웨이퍼 제조	② 산화	③ 포토	④ 에칭(식각)
⑤ 증착 및 이온 주입	⑥ 금속 배선	⑦ 테스트	**⑧ 패키지**

1. 패키지 공정이란?

이제 8대 공정의 마지막, 패키지 공정입니다. 패키지 공정을 단순 포장 과정으로 오해하는 경우가 많습니다. 그러나 패키지 공정은 반도체 성능을 결정하는데 굉장히 중요한 역할을 합니다.

패키지의 역할은 크게 세 가지입니다. 첫 번째는 전기적인 통로 연결입니다. 실리콘 칩은 그 자체로는 어떤 기능도 할 수 없습니다. 메인보드라고 부르는 초록색 판에 실리콘 칩과 여러 전기 소자들이 함께 연결될 때 비로소 제 기능을 할 수 있죠. 그래서 실리콘 칩에는 외부와의 연결을 위한 단자들이 있습니다. 문제는 실리콘 칩에 있는 외부 단자는 눈에 보이지 않을 정도로 작은 마이크로미터(μm) 크기인데 반해, 메인보드의 연결 단자는 눈에 보일 정도로 큰 밀리미터(mm) 크기라는 것입니다(1 밀리미터는 1,000 마이크로미터입니다). 이런 크기 차이로 인해 실리콘 칩을 메인보드에 바로 연결할 수가 없습니다. 실리콘 칩과 메인보드 사이를 연결해 줄 매개체가 필요합니다. 이것이 바로 패키지 기판*입니다. 패키지 기판으로는 리드 프레임(Lead Frame)** 또는 인쇄 회로 기판(PCB)을 사용합니다.

그림 3-46을 통해 실리콘 칩을 메인보드로 연결하는 과정을 살펴보겠습니다. 왼쪽은 웨이퍼에서 막 절단한 실리콘 칩입니다. 이 칩을 패키지 기판 위로 올립니다. 그다음 실리콘 칩과 패키지 기판의 전기적인 연결 통로를 만듭니다. 가운데 그림에서 볼 수 있는 금선(Gold Wire)이 바로 실리콘 칩과 패키

---

* 엄밀한 의미에서 웨이퍼도 기판(Substrate)이고, 메인보드도 일종의 기판입니다. 혼동을 방지하기 위해 이 책에서는 기판을 실리콘 칩과 메인보드를 연결하는 패키지 기판의 의미로 사용하였습니다.

** 리드 프레임(Lead Frame): 금속으로 된 기판으로 실리콘 칩을 외부 회로와 연결하는 전선인 리드(Lead)와 반도체를 고정시키는 뼈대(Frame)로 이루어져 있습니다.

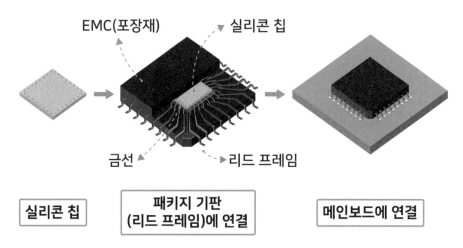

EMC(포장재) 실리콘 칩

금선 리드 프레임

실리콘 칩

패키지 기판
(리드 프레임)에 연결

메인보드에 연결

| 그림 3-46. 실리콘 칩을 패키지 기판(리드 프레임)에 금선으로 연결하고 메인보드에 납땜하여
전기적인 통로를 만든다. |

지 기판의 전기적인 연결 통로입니다. 이제 패키지 기판과 메인보드 사이의
전기적인 연결 통로가 있어야 하겠죠? 금선과 연결되어 있는 패키지 기판의
단자(리드 프레임에 있는 수많은 다리)들이 그 역할을 합니다. 이 단자들을 메인
보드에 납땜하면, 실리콘 칩 ↔ 패키지 기판 ↔ 메인보드 사이에 전기적인 통
로가 연결됩니다. 예시에서는 전기적 연결 통로로써 금선과 리드 프레임을 이
용했지만, 전기적인 연결 통로를 만드는 방식은 더 다양합니다.

실리콘 칩의 성능이 아무리 좋아도 전기적인 통로가 효율적이지 않아 전
기 신호가 늦게 전달된다면, 그 성능을 온전히 발휘할 수가 없습니다. 반면, 칩
의 성능 개선이 없어도 전기적인 통로를 더 효율적으로 만들면, 반도체 성능
이 향상되는 것과 같은 효과가 있죠. 어떻게 패키지를 하느냐에 따라 반도체
제품의 최종 성능이 결정되는 것입니다. 실리콘 칩 자체의 성능 개선이 한계

치에 다다른 상황에서 패키지 공정의 중요성이 커지고 있는 이유가 바로 여기에 있습니다.

패키지 공정의 두 번째 역할은 실리콘 칩의 보호입니다. 얇고 작은 실리콘 칩은 외부 충격에 쉽게 파손될 우려가 있습니다. 또, 장기간 습기에 노출될 경우 화학적 변형이 발생해 반도체 특성이 달라질 수 있죠. 그래서 실리콘 칩에 뚜껑을 덮어 외부 충격과 온도나 습도와 같은 외부 환경으로부터 칩을 보호하고 있습니다.

세 번째는 효과적인 열 방출입니다. 실리콘 칩 안에는 매우 미세한 전기적인 연결 통로들이 빼곡하게 채워져 있습니다. 실리콘 칩에 전력을 공급하면 전기 신호가 오고 가면서 어마어마한 열이 발생됩니다. 이 열을 제대로 방출하지 못하면, 기능에 문제가 생깁니다. 그래서 패키지 공정을 통해 효과적으로 열이 방출되게끔 완제품의 형태를 설계하고 있습니다.

패키지 공정의 중요성을 이해하셨나요? 이제 패키지 공정이 어떻게 진행되는지 그 과정을 하나하나 따라가 보겠습니다.

2. 패키지 세부 공정

패키지 공정은 ① 웨이퍼의 두께를 얇게 만드는 백그라인딩(Back Grinding) 공정, ② 웨이퍼를 낱개의 실리콘 칩으로 자르는 다이싱(Dicing) 공정, ③ 실리콘 칩을 패키지 기판에 얹고 전기적으로 연결하는 본딩(Bonding) 공정, ④ 실리콘 칩과 전기적인 연결부를 보호하기 위해 포장재를 감싸는 봉지(Encapsulation) 공정, 이렇게 네 단계로 나눌 수있습니다. 추가로 패키지가 모두 끝나면 반도체

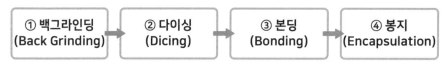

| ① 백그라인딩 (Back Grinding) | ② 다이싱 (Dicing) | ③ 본딩 (Bonding) | ④ 봉지 (Encapsulation) |

| 그림 3-47. 패키지 세부 공정 순서 |

완제품을 메인보드에 연결하는 실장 기술(Mount Technology)이 필요합니다. 순서대로 하나씩 살펴보겠습니다.

① 백그라인딩(Back Grinding) 공정

반도체 공정을 진행하면서 생길 수 있는 파손을 막기 위해 웨이퍼는 필요한 것보다 더 두껍게 제작을 합니다. 하지만 스마트폰처럼 작은 공간에 들어가려면 반도체가 얇아야 합니다. 또 얇을수록 열 방출도 쉽죠. 그래서 웨이퍼 표면에 반도체가 완성되면 필요 없는 뒷부분을 제거해 줍니다. 이 공정이 바로 백그라인딩 공정입니다.

백그라인딩 공정은 다음과 같이 진행됩니다. 먼저, 파편에 의한 오염을 막고 웨이퍼가 깨지거나 뒤틀리는 것을 방지하기 위해 앞면에 접착제를 이용해 테이프를 부착합니다(경우에 따라 유리판을 쓰기도 합니다). 1차 그라인딩을 진행한 후 테이프를 떼어내면, 웨이퍼가 1/10 수준으로 얇아집니다. 단, 1차 그라인딩을 마친 웨이퍼의 뒷면은 표면이 매우 울퉁불퉁합니다. 그래서 2차 그라인딩을 통해 울퉁불퉁한 정도를 최대한 줄여주고, CMP 공정으로 표면을 매끈하게 다듬어 줍니다.

② 다이싱(Dicing) 공정

두 번째는 웨이퍼에 만들어진 개별 반도체를 칩 단위로 잘라내는 다이싱 공정입니다. 웨이퍼에 만들어진 각각의 실리콘 칩을 다이라고 부르고, 다이와 다이 사이의 간격을 스크라이브 라인이라고 합니다. 다이싱은 물리적으로 얇은 웨이퍼를 자르는 공정이기 때문에 칩이 깨지거나 실리콘 파편이 튀어 다른 칩을 오염시키기 쉽습니다. 그래서 다이싱 공정은 이런 문제들을 보완하는 방향으로 발전해 왔습니다.

초기에는 웨이퍼에 흠집을 내거나 스크라이브 라인을 따라 절취선을 새긴 후 힘을 가해 깨트리는 브레이크 다이싱(Break Dicing)과 스크라이브 다이싱(Scribe Dicing) 방법이 사용되었습니다. 이후 스크라이브 다이싱은 칼로 얇은 종이를 잘라내듯 다이아몬드 블레이드로 스크라이브 라인을 따라 실리콘 칩을 잘라내는 블레이드 다이싱(Blade Dicing) 방식으로 발전했죠.

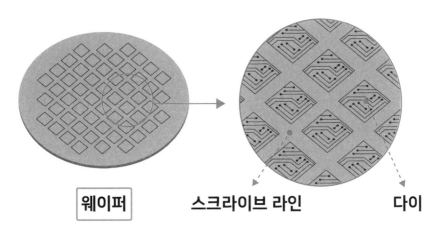

웨이퍼　　**스크라이브 라인**　　**다이**

| 그림 3-48. 공정이 완료된 웨이퍼는 반도체 소자가 형성된 '다이' 영역과 소자가 형성되지 않은 '스크라이브 라인'으로 구분된다. |

하지만 백그라인딩 공정을 거치면서 웨이퍼가 얇아진 탓에 블레이드가 지나간 자리의 실리콘 칩들이 쉽게 손상되는 문제가 발생했습니다. 이 문제를 해결하기 위해 백그라인딩과 다이싱의 순서를 바꾸어 진행하는 DBG(Dicing Before Grinding) 공정이 개발되었습니다. 반도체가 만들어진 두꺼운 웨이퍼의 앞면에 스크라이브 라인을 새기고, 뒷면을 갈아내면서 다이싱 하는 방법이었습니다.

이로써 칩의 손상은 줄었지만, 한 가지 문제가 있었습니다. 바로 커프 손실(Kerf Loss)입니다. 블레이드가 두꺼울수록, 블레이드가 지나가는 스크라이브 라인 역시 두꺼워야 합니다. 문제는 스크라이브 라인이 두꺼워지면 웨이퍼 위에 실리콘 칩을 만들 면적이 줄어든다는 것입니다. 이렇게 줄어드는 면적을 커프 손실이라 하는데, 블레이드를 사용하는 다이싱 방법은 필연적으로 커프 손실을 야기했습니다. 그래서 블레이드 대신 레이저 광선을 사용하는 레이저 다이싱(Laser Dicing) 기술이 개발됩니다. 특히 레이저로 웨이퍼 내부에 에너지를 가해 절단하는 스텔스 다이싱(Stealth Dicing) 기술로 실리콘 파편을 크게 줄이고, 커프 손실도 최소화할 수 있게 되었죠.

최근에는 커프 손실을 더욱 극단적으로 줄이기 위해 건식 플라즈마 에칭 공정을 활용하는 플라즈마 다이싱(Plasma Dicing) 공정이 등장했습니다. 웨이퍼 위에 절단 선을 따라 에칭 마스크를 형성한 다음 진공 챔버에서 플라즈마를 활용해 에칭 작업을 진행하는 방식이죠. 에칭 속도는 느리더라도 웨이퍼 위의 모든 칩을 한 번에 절단할 수 있기 때문에 레이저 다이싱보다 전체 공정 시간은 빠른 편입니다. 블레이드 다이싱, 레이저 다이싱과는 달리 오염과 같은 외부 요인에 의한 불량 발생이 현저히 줄어들어 수율이 높다는 장점도 있습니다.

③ 본딩(Bonding) 공정

이제 다이싱된 실리콘 칩을 패키지 기판에 부착하고, 실리콘 칩과 패키지 기판 사이에 전기적연 연결 통로를 만들어 줄 차례입니다. 이 과정이 바로 본딩 공정입니다. 전통적인 본딩 방식은 실리콘 칩을 패키지 기판에 접착제로 부착하는 다이 부착(Die Attach) 공정과 실리콘 칩의 단자와 패키지 기판의 단자를 얇은 전선으로 연결하는 와이어 본딩(Wire Bonding) 공정을 결합한 방식입니다.

그림 3-49의 왼쪽 그림이 다이 부착 과정 후의 모습입니다. 다이 부착 시 열기 방출을 위해 금속 성분이 포함된 접착제를 주로 사용하는데, 최근에는 금속 성분 접착제 대신 공정 단계를 대폭 간소화할 수 있는 다이 접착 필름(Die Attach Film) 사용이 증가하고 있습니다. 다만, 다이 접착 필름은 부착 과정에서 필름 손상 위험이 있고 필름의 단가가 높다는 단점이 있습니다.

다이 부착이 완료되면, 실리콘 칩에 형성된 작은 연결 단자와 패키지 기판에 있는 리드를 서로 연결하는 와이어 본딩 공정이 진행됩니다. 와이어의 소재로는 금, 알루미늄, 구리 등이 있는데 패키지 공정에서는 전기가 잘 통하고 녹이 슬지 않으며 적당히 단단하면서도 잘 늘어나는 소재인 금을 주로 사용하고 있습니다. 알루미늄은 초기에 많이 사용되었지만, 두께가 두껍고 잘 끊어지는 단점이 있습니다. 구리는 금에 비해 저렴하지만 너무 단단해서 와이어 본딩

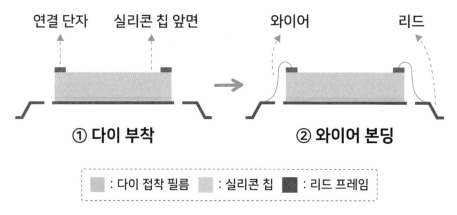

연결 단자　　실리콘 칩 앞면　　　　와이어　　　　　리드

① 다이 부착　　　　　　② 와이어 본딩

┃ 그림 3-49. 리드 프레임에 다이를 부착한 후 와이어 본딩을 통해 실리콘 칩과 리드 사이에 전기적인 연결을 만든다. ┃

이 어렵다는 문제가 있죠. 그러나 금속 배선 재료로 구리가 많이 사용되는 만큼 와이어 본딩에도 구리를 사용하기 위한 연구 개발이 진행되고 있습니다.

전기적인 연결 통로를 효율적으로 구축하기 위해 최근에는 전통적인 본딩(다이 부착 + 와이어 본딩) 대신 다양한 방법이 사용되고 있습니다. 범핑(Bumping) 공정과 플립칩 본딩(Flip-chip Bonding)을 결합한 새로운 본딩 방법이 대표적입니다. 범핑 공정은 실리콘 칩의 단자에 납이나 금을 이용해 범프(Bump)를 형성하는 공정이며, 플립칩 본딩은 실리콘 칩을 뒤집어 패키지 기판에 부착하는 공정입니다. 전기적 연결 통로로 와이어 대신 범프를, 패키지 기판으로 리드 프레임 대신 PCB를 사용한다는 점에서 전통적인 본딩 방법과 차이가 있습니다. 그림 3-50을 함께 볼까요?

먼저, 실리콘 칩 앞면에 있는 단자에 와이어를 연결하는 대신, 돌기처럼 볼록 튀어나온 범프를 형성하는 범핑 공정을 진행합니다. 그다음 실리콘 칩을 뒤집어 범프가 패키지 기판의 단자와 맞닿게 하고 열을 가하면서 부착합니다. 이 과정이 바로 플립칩 본딩입니다.

범핑과 플립칩 본딩을 결합한 새로운 본딩 방법으로 전기적인 연결 통로를 만들면 어떤 점이 좋을까요? 우선, 속도가 빠릅니다. 속도는 전기 신호의 이동 경로가 짧을수록, 연결되는 단자가 많을수록 더 빨라집니다. 범핑 공정과 플립칩 본딩은 범프가 패키지 기판에 바로 닿아 있어 와이어 선으로 연결하는 것보다 이동 경로가 짧고, PCB를 패키지 기판으로 사용해 리드 프레임을 쓸 때보다 연결 단자 수가 더 많습니다. 전통적인 방식으로 연결할 때보다 더 빠른 속도로 동작이 가능한 것입니다. 또한 범프가 패키지 기판과 실리콘 칩을 붙이는 접착제의 역할까지 수행하므로 별도의 접착제가 필요하지 않다

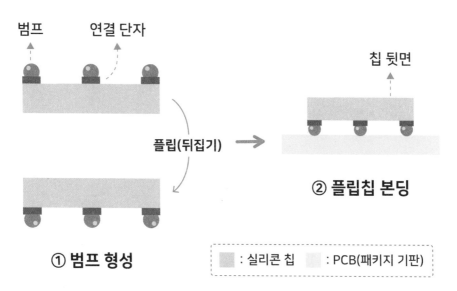

| 그림 3-50. 범핑 공정으로 범프를 형성한 후, 실리콘 칩을 PCB에 뒤집어 붙이는 플립칩 본딩을 통해 실리콘 칩과 PCB 사이에 전기적인 연결을 만든다. |

는 장점도 있습니다.

　한정된 공간에 더 많은 반도체 소자를 집적하기 위한 방법으로 트랜지스터 층을 층층이 쌓는 3D 반도체 제품들이 제작되고 있습니다. 초창기에는 그림 3-51의 왼쪽처럼 전통적인 본딩 방식을 활용하여 각 층마다 전기적인 연결을 만들어줬기 때문에 패키지 기판의 크기가 불필요하게 컸습니다. 이후 보다 효율적인 연결을 위해 플립칩 본딩 방식과 잘 맞는 실리콘 관통 전극(TSV; Through Silicon Via) 공정이 개발되었습니다. TSV는 건식 에칭 공정을 활용해 실리콘 칩들을 수직 관통하는 구멍을 뚫고, 그 안을 금속으로 채워 넣는 공정입니다. 이 금속이 와이어의 역할을 대신합니다. 그림 3-51의 오른쪽에서 볼 수 있듯이, 트랜지스터 층에 단자가 형성되고, 이 단자들이 새로운 본딩(범

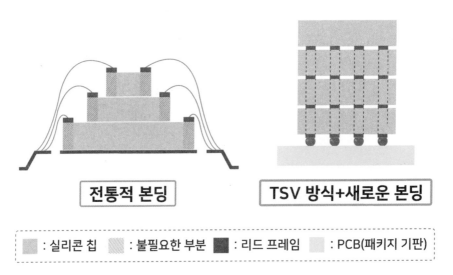

| 그림 3-51. 전통적인 본딩(다이 부착 + 와이어 본딩)과 새로운 본딩(TSV + 범핑 + 플립칩 본딩) 방식으로 제작된 3D 반도체 패키지 구조 비교 |

핑+플립칩 본딩)을 통해 패기지 기판의 금속 단자들과 바로 맞닿아 있어 전기 신호가 이동하는 경로가 짧아 동작 속도가 매우 빠릅니다. 또한, 전통적인 본 딩 방식으로 제작한 3D 반도체 대비 패키지 기판의 크기를 줄일 수 있다는 장점이 있습니다. 최근 트렌드인 3D 반도체 소자를 본딩 하는데 가장 부합하 는 방식으로 TSV와 결합된 새로운 본딩 공정에 대해 많은 연구가 진행되고 있습니다.

④ 봉지(Encapsulation) 공정

실리콘 칩과 패키지 기판 사이에 전기적인 연결통로가 만들어지면, 이제 포장재를 씌워야 합니다. 이 과정이 바로 봉지 공정입니다. 봉지 공정의 목적 은 실리콘 칩을 외부 환경으로부터 보호하고, 열을 효율적으로 방출하는 것입 니다.

초기에는 세라믹이나 금속으로 뚜껑을 만들어 실리콘 칩이 부착된 패키 지 기판 위에 씌우는 밀봉 방식을 사용했습니다. 이 방식은 열 방출이 뛰어나 고 내구성이 좋다는 장점이 있지만, 세라믹이나 금속 뚜껑을 가공하고 이를 밀봉하는 공정이 추가되어 비용이 비싸 현재는 거의 사용하고 있지 않습니다. 열이 많이 발생하는 CPU 정도에서만 그 모습을 찾아볼 수 있죠.

최근에는 몰딩 방식을 주로 활용합니다. 몰딩 방식은 액화시킨 EMC(Epoxy Molding Compound)로 실리콘 칩을 둘러싸서 굳히는 방식입니다. EMC는 에 폭시 레진이 주요한 구성 물질이며, 여기에는 경화제, 실리카, 카본 블랙, 난연 제 등이 섞여 있습니다. 모두 반도체를 보호하고 열을 잘 방출함과 동시에 효

| 그림 3-52. 밀봉 방식(좌)과 몰딩 방식(우)의 비교 |

율적인 공정을 위한 재료들입니다. 이 방식은 밀봉 방식보다 가격이 저렴하고 패키지와 포장재가 원래부터 한 덩어리였던 것 같은 일체감이 있습니다.

더운 여름이 되면 철길의 레일이 열을 받아 늘어나는 것처럼, 모든 물질은 주변의 온도에 따라 물리적인 크기가 변화합니다. 반도체도 마찬가지입니다. 열이 발생하면 주 재료인 실리콘 칩의 크기가 변합니다. 이에 EMC의 열팽창 계수*가 실리콘과 동일하도록 설계하여 실리콘과 EMC가 동일하게 팽창하도록 만들고 있습니다.

몰딩 방식은 몰딩 불량을 줄이고, EMC 사용량을 절감할 수 있는 방향으로 발전하고 있습니다. 또, 봉지 공정의 소재가 EMC로 정착된 이후에는 EMC

---

* 온도에 따라 크기가 변하는 정도를 수치화한 상수입니다.

의 성능 개선을 위한 연구가 꾸준히 진행되고 있습니다.

⑤ 실장 기술(Mount Technology)

이제 완성된 반도체 칩을 메인보드에 연결하는 일만 남았습니다. 개념 정리를 위해 앞에서 배운 본딩 공정과 몰딩 공정을 가볍게 복습해 보겠습니다. 그림 3-53을 함께 봐주세요.

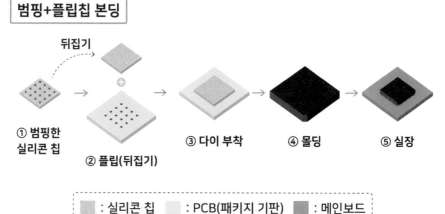

다이 부착+와이어 본딩

① 실리콘 칩 → ② 다이 부착 → ③ 와이어 본딩 → ④ 몰딩 → ⑤ 실장

범핑+플립칩 본딩

뒤집기

① 범핑한 실리콘 칩 → ② 플립(뒤집기) ⊕ → ③ 다이 부착 → ④ 몰딩 → ⑤ 실장

■ : 실리콘 칩   ■ : PCB(패키지 기판)   ■ : 메인보드

| 그림 3-53. 다이부착+와이어 본딩 방식과 범핑+플립칩 본딩 방식의 비교 |

먼저, 다이 부착+와이어 본딩 방식입니다. ① 다이싱이 끝난 실리콘 칩을 ② 패키지 기판에 부착합니다. ③ 실리콘 칩의 연결 단자와 패키지 기판의 연결 단자를 와이어로 연결합니다. 이후 ④ EMC 몰딩을 통해 실리콘 칩과 와이어 연결부를 보호해 줍니다.

다음은 범핑+플립칩 본딩 방식입니다. ① 다이싱이 끝난 실리콘 칩에 범프를 형성하고 ② 범핑된 칩은 뒤집습니다. ③ 뒤집힌 실리콘 칩을 패키지 기판 위에 올려 부착합니다. 추가 본딩 과정 없이 ④ EMC 몰딩을 진행합니다.

① 번부터 ④ 까지 과정을 거쳐 반도체 칩이 모두 완성되었습니다. 마지막으로 완성된 반도체 칩을 메인보드에 연결해야 합니다. 이렇게 반도체 칩을 메인보드에 연결하는 기술을 ⑤ 실장 기술(Mount Technology)이라고 합니다. 실장 기술은 크게 삽입 실장(Through Hole Mount)과 표면 실장(Surface Mount)으로 나눌 수 있습니다. 그림 3-54와 3-55를 함께 봐주세요.

삽입 실장은 반도체 칩의 다리를 메인보드에 뚫린 구멍에 통과시킨 후 납땜하는 방법입니다. 이 방식은 연결에 많은 공간이 필요하고 사용할 수 있는 입출력 단자의 수가 적어 현재는 실험용이나 간단한 테스트 회로를 구성하는 용도로만 사용되고 있습니다.

표면 실장은 메인보드에 구멍을 뚫지 않고 메인보드에 있는 접촉 단자(패드)에 반도체 칩의 다리나 접촉 패드를 맞닿게 하여 납땜하는 방법입니다. 이 방식은 실장에 사용되는 공간이 적고 입출력 단자 수를 극대화할 수 있는 장점이 있습니다. 최근 제작되는 대부분의 반도체는 표면 실장 방식으로 만들어집니다.

삽입 실장

■ : 몰딩 후 실리콘 칩   ■ : 메인보드   ■ : 리드 프레임   ■ : 땜납

| 그림 3-54. 메인보드에 만들어진 구멍에 반도체 칩의 다리를 꽂은 후 납땜하는 삽입 실장 |

표면 실장

■ : 몰딩 후 실리콘 칩   ■ : 메인보드   ■ : 리드 프레임   ■ : 땜납

| 그림 3-55. 메인보드에 만들어진 단자 위에 반도체 칩의 다리를 맞춰 올려놓고 납땜하는 표면 실장 |

실장 기술은 입출력 단자 수를 늘리는 방향으로 발전해 왔습니다. 패키지 기판과 메인보드를 연결하는 단자가 많을수록 한 번에 많은 양의 전기 신호를 주고받아 더 빠르게 동작하고 다양한 기능을 수행할 수 있기 때문입니다. 그림 3-56을 함께 봐주세요. 초기에 사용된 패키지 기판 형태는 DIP(Dual Inline Package)입니다. 길쭉한 두 변을 따라 측면에 다리(단자)가 배치되어 있는데, 삽입 실장 방식이라 다리가 긴 것이 특징입니다. DIP는 다리 간격이 넓어 패

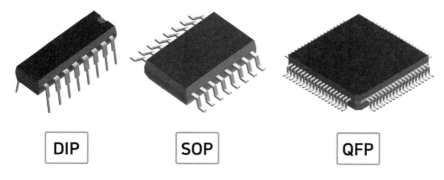

| 그림 3-56. 다양한 형태의 패키지 기판. 다리 개수가 많아질수록 더 빠르게 동작하고 다양한 기능을 수행할 수 있다. |

키지를 할 때 면적 손실이 크게 발생합니다. 그림 가운데에 있는 SOP(Small Outline Package)는 표면 실장 방식이라 다리 길이가 짧습니다. DIP와 동일하게 두 변의 측면에 다리가 배치되어 있지만, 다리 간격이 절반으로 줄어 같은 면적에 더 많은 다리를 배치할 수 있습니다.

그림 오른쪽의 QFP(Quad Flat Package) 역시 표면 실장 방식이라 다리 길이가 짧습니다. 네 변에 다리를 배치하는데다 간격까지 좁아 같은 면적에 훨씬 많은 다리를 배치할 수 있습니다.

더 많은 입출력 단자를 만들기 위해 패키지 기판 아랫면에 단자를 배치하는 방식도 있습니다. 그림 3-57을 함께 봐주세요. 왼쪽의 PGA(Pin Grid Array)는 삽입 실장을 통해 칩 아래쪽 면에 다리(핀)를 격자 형태로 배치한 패키지 기판입니다. 마치 바둑판의 선 교차점마다 다리가 있는 것 같습니다. 단위 면적당 가장 많은 핀을 연결할 수 있어 많은 입출력 단자를 필요로 하는 CPU에 주로 사용됩니다. 다만, 핀이 쉽게 휘어지는 단점이 있습니다. 가운

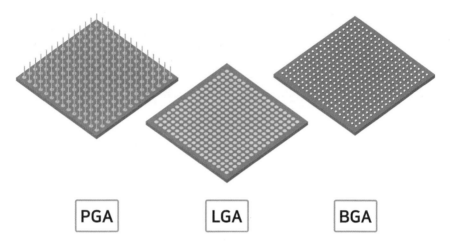

| 그림 3-57. 더 많은 입출력 단자를 만들기 위해 패키지 기판 아랫면에 단자를 배치했다. |

데 LGA(Land Grid Array)는 PGA와 동일하게 칩 아래쪽 면에 입출력 단자가 배치되어 있지만, 표면 실장으로 핀 대신 금속 면인 랜드(Land)를 배치한다는 점에서 차이가 있습니다. LGA 역시 CPU에서 주로 사용됩니다. 마지막으로 BGA(Ball Grid Array)는 표면 실장을 통해 칩 아래면에 솔더볼(Solder Ball)을 배치한 패키지 기판입니다. 볼 높이가 낮고, PGA, LGA와 달리 소켓이 필요하지 않아 소형화에 적합합니다. 공간(부피) 제약이 큰 노트북, 스마트폰, 태블릿과 같은 모바일 기기용 반도체 제품에 주로 사용됩니다. 현재 만들어지는 DRAM과 NAND 플래시 메모리도 BGA 방식으로 제작해 표면 실장하고 있습니다.

3. 공정 규모에 따른 구분

지금까지 웨이퍼에 만들어진 각각의 실리콘 칩을 패키지 해 완제품으

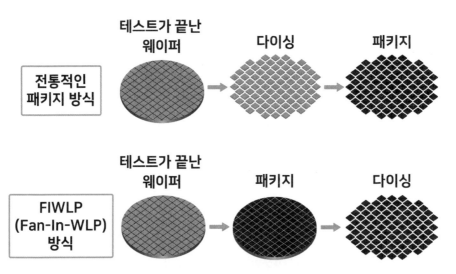

| 그림 3-58. 전통적인 패키지 방식과 FIWLP 방식 비교 |

로 만드는 과정을 순서대로 살펴봤습니다. 그런데 다이싱 후 패키지 하는 전통적인 공정은 개별 다이를 하나씩 핸들링 해야 하고, 한 번에 패키지 가능한 칩의 수도 적어 생산성이 크게 떨어집니다. 이런 한계를 극복하기 위해 그림 3-58처럼 웨이퍼 상태에서 먼저 패키지를 한 후, 그다음 다이싱하는 팬인 웨이퍼 규모 패키지, FIWLP(Fan-In Wafer-Level-Packaging) 기법이 개발되었습니다.

FIWLP는 모든 공정이 처음부터 끝까지 한 덩어리의 웨이퍼 상태로 진행되기 때문에 공정의 연결성이 좋습니다. 또, 새로운 장비를 도입하지 않고 웨이퍼를 다루는 기존의 공정 장비들을 그대로 활용할 수 있다는 장점이 있죠. 하지만 불량인 칩들도 같이 패키지 되므로 공정에서 비용 손실이 발생하며, 입출력 단자 수를 늘리는 데에 한계가 있습니다.

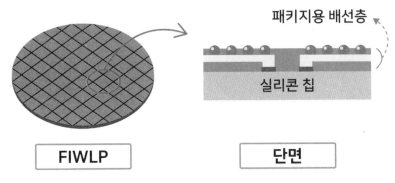

| 그림 3-59. FIWLP 방식으로 패키지 된 반도체 제품 단면 |

왜 입출력 단자를 늘리는데 제약이 있을까요? FIWLP 방식은 미리 입출력 단자를 만들어 놓고, 그다음 다이싱을 진행합니다. 그렇기 때문에 실리콘 칩의 면적 안에서만 입출력 단자를 형성하는 것이 가능합니다. 그림 3-59 오른쪽 그림이 이를 잘 보여줍니다. 패키지용 배선층 위에 입출력 단자인 솔더볼이 총 8개가 형성되어 있습니다. 회색으로 표현된 실리콘 칩의 범위 안에서만 솔더볼을 형성할 수 있기 때문에 8개 이상은 만들 수가 없습니다. 만약 8개 이상의 솔더볼을 만들려면 어떻게 해야 할까요? 실리콘 칩의 크기를 키워야 합니다. 하지만 이는 칩 크기를 줄여 한 장의 웨이퍼에서 더 많은 칩을 만들어야 하는 반도체 산업의 특성과 맞지 않습니다. 그래서 칩의 면적보다 더 큰 면적으로 연결 단자를 형성할 수 있는 팬아웃 웨이퍼 규모 패키지, FOWLP(Fan-Out WLP) 기법이 개발됩니다.

FOWLP는 다음과 같이 진행됩니다. 먼저, 웨이퍼 다이싱을 끝낸 뒤 양품인 실리콘 칩만을 별도로 선별합니다. 선별된 칩들을 접착테이프가 부착된 캐리어 기판(또 다른 실리콘 웨이퍼)에 일정 간격을 두고 재배치합니다. 이 상태로

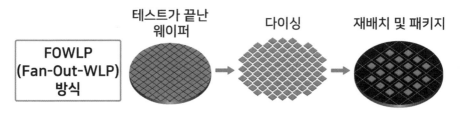

│ 그림 3-60. FOWLP 방식의 패키지 공정 순서 │

몰딩을 진행한 후, 접착테이프와 캐리어 기판을 제거합니다. 마지막으로 실리콘 칩의 면적보다 더 넓은 면적에 입출력 단자를 형성할 수 있도록 재분배층(RDL; Re-Distribution Layer)을 만들어 줍니다.

　FOWLP는 FIWLP와 달리 양품만을 선별하기 때문에 비용 손실을 줄일 수 있고, 그림 3-61 오른쪽 그림에서 볼 수 있듯, 실리콘 칩보다 더 큰 면적에 솔더볼을 형성할 수 있어 입출력 단자 수를 원하는 만큼 늘릴 수 있다는 장점을 가집니다. 물론 단점도 있습니다. 칩 모양은 사각형인데 칩을 재배치하는 캐리어 기판으로 사용된 웨이퍼는 원형입니다. 모양이 서로 다르기 때문

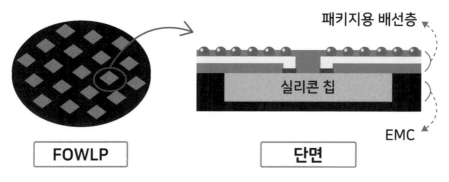

│ 그림 3-61. FOWLP 방식으로 패키지 된 반도체 제품 단면 │

에 기판의 가장자리에는 칩을 놓을 수가 없습니다. 한 번에 패키지 할 수 있는 칩의 수가 적어지는 만큼 패키지 효율이 떨어집니다.

이런 문제를 해결하기 위해 사각형 모양의 캐리어 기판을 이용해 칩을 패키지 하는 팬아웃 패널 규모 패키지, FOPLP(Fan-Out Panel Level Package) 기법이 개발됩니다. 기존 300 mm 실리콘 웨이퍼보다 더 큰 300×300 mm²,

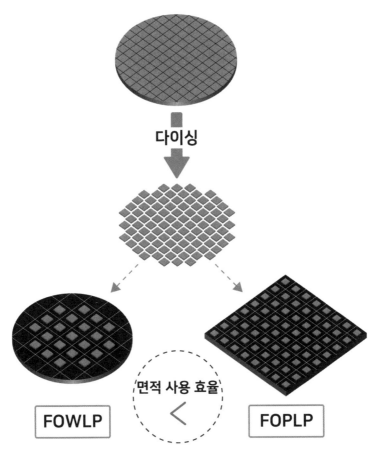

| 그림 3-62. 사각형의 캐리어 기판을 사용하는 FOPLP 방식이 원형의 캐리어 기판을 사용하는 FOWLP 방식보다 캐리어 기판의 면적 사용 효율이 더 높다. |

$500 \times 500 \ \text{mm}^2$, $600 \times 600 \ \text{mm}^2$의 사각형 패널을 캐리어 기판으로 사용해 더 많은 수의 칩을 한 번에 패키지 할 수 있습니다. 하지만 사각형 패널용 공정 장비들을 따로 구비해야 하고, 사각형 모서리 쪽 공정 균일도가 떨어져 FOWLP 대비 패키지 수율이 낮다는 단점이 있습니다.

4. 패키지 공정의 발전 방향

IT 기기의 크기는 계속 작아지는데, 요구되는 성능은 상향되고 있습니다. 이를 구현하기 위해 새로운 패키지 기술이 등장했습니다. 바로 개별 실리콘 칩을 쌓아 올린 후 하나의 패키지로 만드는 MCP(Multi-Chip Package) 기술과 칩 단위로 만든 여러 개의 패키지를 쌓아 올리는 PoP(Package-on-Package) 기술입니다.

언뜻 비슷해 보이는 두 기술은 패키지가 어느 시점에서 이루어지는지에 따라 구분됩니다. MCP는 개별 칩들을 쌓아 하나의 패키지로 만듭니다. 그림 3-63에서 볼 수 있는 것처럼, 칩 1과 칩 2를 쌓아 올린 후 와이어 본딩, TSV 등으로 패키지 기판과 전기적인 연결을 만들어 하나의 패키지로 완성하는 방식입니다. 두 칩이 한 덩어리로 연결되어 있어 차지하는 공간을 줄일 수 있습니다. 최근 삼성전자에서 발표한 DRAM과 NAND 플래시 메모리의 통합 메모리 칩이 MCP 기술이 활용된 대표적인 예입니다.

반면, PoP는 패키지한 개별 칩들을 묶어 다시 하나로 패키지하는 방식입니다. 그림 3-64에서 볼 수 있는 것처럼, 칩 1과 칩 2를 각각 패키지한 다음, 이 둘을 적층하여 다시 하나의 패키지로 만듭니다. 패키지 된 칩을 메인보

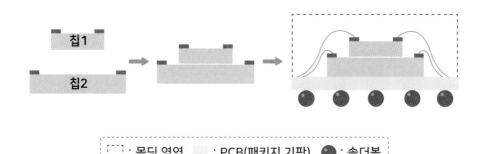

│ : 몰딩 영역   : PCB(패키지 기판) ● : 솔더볼

| 그림 3-63. 여러 개의 실리콘 칩을 적층하여 하나의 제품으로 만드는 MCP 패키지 방식 |

드에 따로따로 연결할 때보다 차지하는 공간을 줄일 수 있으며, 둘 사이를 오가는 전선 길이가 짧아져 속도가 빨라지는 장점이 있습니다. TSMC가 생산을 맡은 로직(Logic; AP) 위에 DRAM이 적층되어 있는 구조의 애플 A 시리즈 칩이 PoP 기술로 생산된 대표적인 제품입니다. MCP와 PoP 모두 면적을 아끼는 게 핵심이며 공간이 작은 스마트폰에 주로 활용됩니다.

반도체 공정 기술이 물리적인 한계에 다다르면서 실리콘 칩의 성능이 패

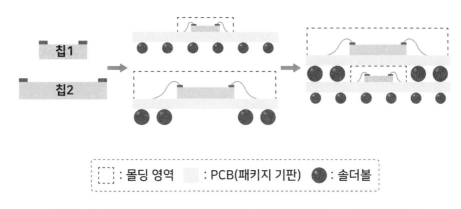

│ : 몰딩 영역   : PCB(패키지 기판) ● : 솔더볼

| 그림 3-64. 여러 개의 패키지를 적층하여 하나의 제품으로 만드는 PoP 패키지 방식 |

키지 공정에서 결정되고 있습니다. 패키지 공정의 중요성이 더욱 커질 미래에는 어떤 방식으로 칩들이 합쳐지고, 한 번에 얼마나 많은 칩들을 패키지 할 수 있을지 기대가 됩니다.

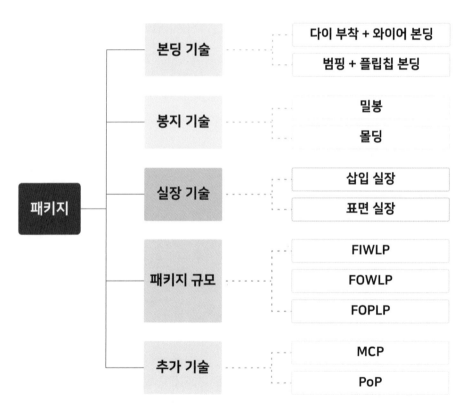

| 그림 3-65. 패키지 공정의 기술 분류 |

공정 중요도의 변화

지금까지 각 공정의 원리, 역할, 중요성에 대해 알아보았습니다. 각 공정의 중요도는 반도체 기술의 발전 방향에 따라 계속 변화합니다. 최근 반도체 기술의 발전 방향은 작은 선폭, 3D 적층, 고속 동작으로 요약할 수 있습니다. 이 조건에 따라 중요해지는 공정들을 차례로 알아보겠습니다.

가장 먼저 작은 선폭, 즉 작은 반도체 소자를 만들기 위한 핵심 공정은 포토 공정입니다. 회로 밑그림을 작게 그리지 못한다면, 다른 공정들이 아무리 발전해도 반도체 소자를 작게 만들 수 없습니다. 포토 공정의 핵심이 되는 노광 장비와 관련 부품, 소재에 대해 끊임없이 연구가 진행되는 이유입니다.

두 번째, 3D 적층의 핵심인 TSV 공정을 잘 구현하기 위해서는 건식 에칭 공정과 증착 공정이 중요합니다. TSV 공정은 종횡비*가 큰 구멍을 뚫는 것에서부터 시작합니다. 이렇게 뚫은 구멍을 전도성이 있는 금속으로 빈틈없이 채워야 하죠. 점점 더 높은 적층이 이루어지면서 공정의 난이도가 계속 올라가고 있습니다.

세 번째, 고속 동작을 가능하게 하기 위해서는 패키지 공정이 중요합니다. 실리콘 칩 자체의 동작 속도를 높이는 것은 한계에 도달했습니다. 패키지

---

* 종횡비란 폭(가로 길이) 대비 높이(세로 길이)의 비율을 의미합니다. 롯데 월드 타워의 경우 폭이 약 90 m이고, 높이가 약 556 m이므로 6.2의 종횡비를 갖는다고 볼 수 있습니다. 종횡비가 높을수록 만드는 난이도가 더 높다고 이해하면 됩니다.

공정을 통해 외부와의 연결에서 발생하는 지연 시간을 줄여 동작 속도를 높이는 방법이 현재로서는 가장 현실적입니다. 최근 들어 동작 속도뿐 아니라, 패키지 공정의 처리량 개선을 위한 연구가 진행되고 있는 만큼 패키지 공정의 중요도는 앞으로 더욱 커질 것으로 예상됩니다.

반면, 중요도가 낮아지고 있는 공정도 있습니다. 대표적인 게 산화 공정입니다. 실리콘 웨이퍼의 표면 상태(실리콘이 표면에 드러나 있는지)에 따라 산화 공정으로 이산화규소층을 성장시킬 수 없는 곳들이 있습니다. 이런 곳들을 증착 공정으로 대체하면서 중요도가 점점 낮아지고 있습니다.

앞에서 배운 반도체 소자, MOSFET을 기억하시나요? 웨이퍼에 N형 MOSFET을 만드는 전공정과 이렇게 만들어진 실리콘 칩을 다시 완제품으로 만드는 후공정을 통해 8대 공정을 다시 한번 복습해 보겠습니다. 물론 실제 반도체 제작 공정은 이보다 훨씬 복잡하지만 이해를 돕기 위해 최대한 단순화 해 설명했습니다.

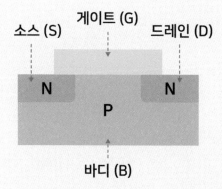

1. 웨이퍼 제조

P형으로 도핑된 실리콘 웨이퍼를 준비합니다.

: 웨이퍼

2. 산화 공정

산화 공정을 진행해 산화막(SiO_2)을 성장합니다. 산화막은 반도체 소자 내에서 또 소자 간에 전류가 올바른 회로로만 흐를 수 있도록 서로의 영역을 차단하는 역할을 합니다. 또 이후 진행되는 이온 주입 공정에서 필요 없는 영역에 이온이 주입되는 것을 막습니다.

: 웨이퍼 : 산화막

3. 포토 공정

포토 공정을 통해 어디를 깎아내고, 어디에 물질을 쌓을지 구분하기 위한 밑그림을 그려줍니다.

4. 에칭 공정

건식 에칭 공정을 진행해 반도체 소자가 만들어질 영역의 웨이퍼 표면이 드러나도록 합니다.

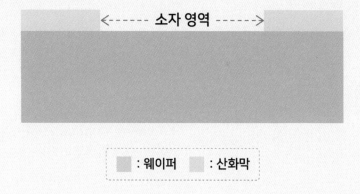

━━━━━━━━━━ 소자 영역 ━━━━━━━━━━>

■ : 웨이퍼　　■ : 산화막

이제부터는 N-MOSFET 소자의 필수 요소들을 제작하는 공정이 시작됩니다. 먼저, 게이트입니다. 게이트는 채널이 형성되는 웨이퍼와 절연되어야 하며, 게이트와 채널 사이에 누설 전류(Leakage Current)가 흐르지 않아야 합니다. 따라서, 다음 그림처럼 게이트가 만들어질 영역에 산화 공정을 진행해 절연 특성이 매우 좋은 산화막(SiO_2)을 형성해 줍니다.

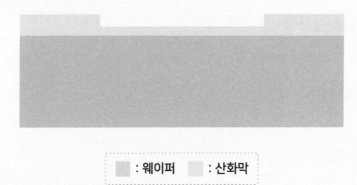

▨ : 웨이퍼   ▨ : 산화막

5-1. 증착 공정

게이트 산화막 위에 게이트 역할을 해줄 물질(다결정질 실리콘)을 증착합니다.

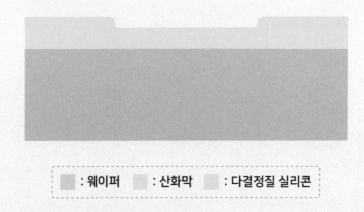

▨ : 웨이퍼   ▨ : 산화막   ▨ : 다결정질 실리콘

현 상태에서는 게이트 영역이 어디인지 구분하기가 어렵습니다. 포토 공정으로 다시 한번 게이트 영역을 정의해 주고, 건식 에칭 공정으로 게이트 이외의 영역을 제거합니다. 자연스럽게 게이트 양옆에 소스와 드레인으로 활용될 영역이 만들어졌습니다.

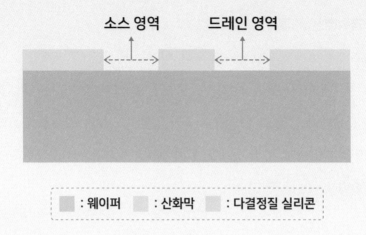

소스 영역   드레인 영역

■ : 웨이퍼   ■ : 산화막   ■ : 다결정질 실리콘

5-2. 이온 주입 공정

N-MOSFET을 만들어야 하므로, 소스와 드레인은 N형으로 도핑되어야 합니다. 또한, 게이트로 활용될 다결정질 실리콘은 전기 전도성을 가져야합니다. 그래서 한 번의 N형 이온 주입 공정을 통해 N형의 소스와 드레인, 그리고 전기 전도성을 가진 게이트를 동시에 형성합니다.

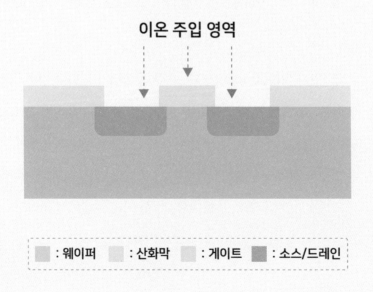

이온 주입 영역

■ : 웨이퍼   ■ : 산화막   ■ : 게이트   ■ : 소스/드레인

6. 금속배선 공정

MOSFET 소자가 다 만들어졌으니, 이제는 배선을 할 차례입니다. 배선용 금속 재료에 따라서 확산 방지막을 증착할 필요가 있지만, 이해를 돕기 위해 확산도 일어나지 않고 실리콘(Si) 층과 접합성도 좋은 금속을 활용한다고 가정하겠습니다. 먼저, 증착 공정을 통해 ILD로 활용될 이산화규소(SiO_2) 층을 형성합니다.

```
██ : 웨이퍼    ██ : 산화막    ██ : 게이트    ██ : 소스/드레인    ██ : ILD
```

소스, 드레인, 게이트가 ILD 아래에 파묻힌 형태가 되었습니다. 전기적인 연결을 위해서는 콘택트 형성이 필요합니다. 포토 공정을 이용해 콘택트가 형성될 영역을 표시하고, 건식 에칭 공정을 통해 소스, 드레인, 게이트에 콘택트가 닿을 수 있도록 산화막을 제거합니다.

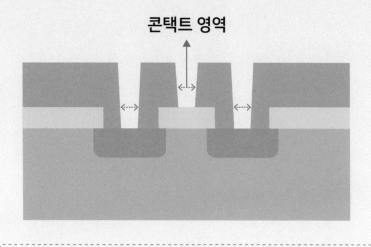

콘택트 영역

: 웨이퍼　　: 산화막　　: 게이트　　: 소스/드레인　　: ILD

이후, 증착 공정으로 금속 필름을 증착하면 콘택트 구멍 안에 금속이 채워지고 ILD 위에도 금속 필름이 형성됩니다.

: 웨이퍼　　: 산화막　　: 게이트

: 소스/드레인　　: ILD　　: 금속

CMP 공정으로 필요 없는 금속 필름을 제거해 콘택트를 형성합니다. 드디어 전공정이 완료되어 반도체 소자가 웨이퍼에 완성되었습니다.

: 웨이퍼   : 산화막   : 게이트
: 소스/드레인   : ILD   : 금속

7. 테스트 공정

이제 후공정을 통해 완제품으로 만드는 과정을 살펴보겠습니다. 먼저, 테스트 공정을 진행해 만들어진 반도체 칩이 정상인지, 얼마나 잘 동작하는지 성능을 확인합니다.

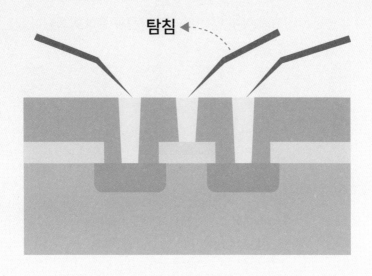

탐침

: 웨이퍼	: 산화막	: 게이트
: 소스/드레인	: ILD	: 금속

8. 패키지 공정

양품인 칩의 위치를 알아낸 상태에서 백그라인딩 공정을 진행해 웨이퍼의 두께를 얇게 만듭니다.

: 웨이퍼	: 산화막	: 게이트
: 소스/드레인	: ILD	: 금속

다이싱 공정을 진행해 옆에 있는 실리콘 칩들과 분리를 합니다.

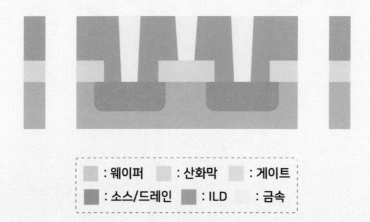

: 웨이퍼　　: 산화막　　: 게이트

: 소스/드레인　　: ILD　　: 금속

　　이제 외부와 전기적인 연결을 위한 통로를 만들어줘야 합니다. 전통적인 본딩 방식인 다이 부착 + 와이어 본딩을 활용해 보겠습니다. 다이싱된 실리콘 칩(다이)을 떼어 내 패키지 기판인 리드 프레임에 부착합니다. 이때 다이 접착 필름을 사용합니다. 그다음 와이어 본딩을 진행해 리드 프레임의 다리와 실리콘 칩의 연결 단자를 서로 연결해 줍니다. 실리콘 칩과 패키지 기판의 전기적인 연결이 완성되었습니다.

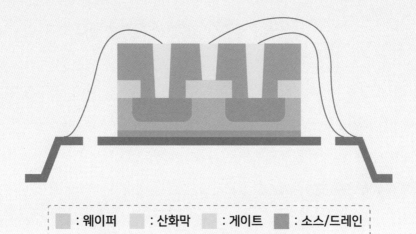

```
: 웨이퍼     : 산화막     : 게이트     : 소스/드레인
: ILD      : 금속      : 다이 접착 필름
```

이제 실리콘 칩을 외부 환경으로부터 보호하고, 열을 효율적으로 방출하기 위해 포장재를 씌우는 봉지 공정을 진행합니다. 이때 포장재로는 액화시킨 EMC를 사용합니다.

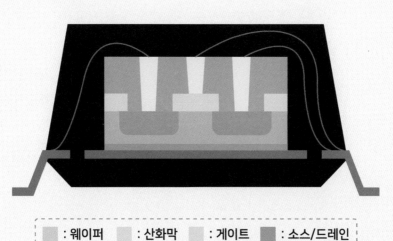

```
: 웨이퍼     : 산화막     : 게이트     : 소스/드레인
: ILD      : 금속      : 다이 접착 필름    : EMC
```

완제품은 마지막 테스트 공정을 거친 후, 출하됩니다.

위와 같은 N-MOSFET 단일 소자 하나를 제작하기 위해 두 번의 산화 공정, 세 번의 포토 공정, 세 번의 에칭 공정, 세 번의 증착 공정(배선용 금속 필름 포함)과 한 번의 이온 주입 공정, 그리고 한 번의 금속배선 공정(CMP 공정)을 진행했습니다. 또, 완제품을 만드는 과정에서 웨이퍼 상태와 칩 상태에서의 테스트 공정, 패키지 공정까지 추가가 되었죠. 실제 반도체에는 수백억 개의 소자가 집적되어 있으니, 공정의 복잡성과 난이도가 어느 정도 일지 짐작이 가시죠?

하지만, 공정이 아무리 어려워도 그 기본은 여기에서 다룬 8대 공정의 개념으로 모두 이해가 가능합니다. 새로운 개념의 공정이 등장하더라도 알고 있는 개념들로 쉽게 상상해 볼 수 있죠. 공정에 대한 이해도가 올라간 만큼 앞으로도 지속적으로 반도체 공정에 관심을 가져 주시면 좋겠습니다.

1. 평탄화는 왜 중요할까?

CMP 공정은 화학적, 물리적으로 웨이퍼 혹은 박막의 표면을 갈아내 평탄화하는 공정입니다. 구리 배선 공정에서도 중요하지만, 포토 공정 – 에칭 공정 – 증착 공정 과정 중에 수없이 많은 CMP 공정을 함께 진행합니다. 그만큼 평탄화가 중요하기 때문입니다.

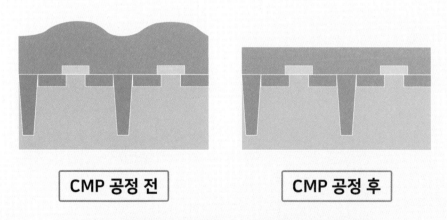

| 그림 3-83. CMP 공정으로 울퉁불퉁해진 박막 표면을 평평하게 만들었다. |

반도체 공정에서 평탄화는 왜 중요할까요? 표면이 울퉁불퉁하면 포토 공정을 할 때 웨이퍼 표면에 균일하게 초점이 맞지 않아 원하는 회로 패턴이 선명하게 노광 되지 않을 수 있습니다. 아래 그림에서 볼 수 있듯, A 만큼의 폭을 가진 콘택트를 만들고자 했으나, B 만큼 넓은 폭을 가진 콘택트가 만들어지는 문제가 발생합니다. 에칭을 할 때는 제거하는 박막의 두께가 위치에 따라 제각기 달라 에칭이 균일하게 안 될 수 있습니다. 그림 속 C처럼 콘택트가 웨이퍼 표면에 고르게 닿아야 하는데, D처럼 웨이퍼 표면을 뚫고 들어갈 수 있습니다. 만약 박막이 D보다 더 깊게 들어가면 반도체가 작동하지 않을 수도 있습니다. 이렇듯 웨이퍼나 박막 표면을 평탄하게 만드는 CMP 공정은 소자의 특성과 이후 이뤄지는 공정의 완성도를 결정짓는 매우 중요한 공정입니다.

CMP 장비는 크게 테이블(Table), 헤드(Head), 컨디셔너(Conditioner)로 구성돼 있습니다. 오른쪽 그림을 함께 볼까요? 테이블은 평평하고 동그란 금속판인데, 이 판에는 소모성 부품인 말랑말랑한 재질의 패드(Pad)가 붙어 있

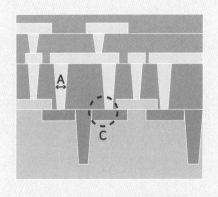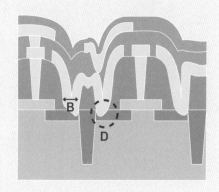

| 그림 3-84. CMP 공정을 사용했을 때(왼쪽)와 CMP 공정을 사용하지 않았을 때(오른쪽) |

습니다. 연마하고자 하는 웨이퍼는 헤드 아래에 부착되어 패드와 맞닿게 됩니다. 이때 헤드가 누르는 힘에 의해 패드의 구조가 미세하게 변형되는데, 컨디셔너가 이를 되돌려 놓는 역할을 합니다. 슬러리는 용매와 연마제(Abrasive), 그리고 부수적인 화학 물질이 섞여 있는 용액으로 CMP 공정의 필수 재료입니다.

그럼 CMP 공정 과정을 간단하게 살펴보겠습니다. ① 제거하려는 물질을 화학적으로 반응시켜 쉽게 제거할 수 있는 상태로 만들어 줍니다. 화학 반응을 일으키는 물질들은 슬러리 안에 들어 있습니다. ② 연마를 진행합니다. 물리적인 연마는 슬러리 내의 연마제, 회전하는 패드 그리고 회전하는 웨이퍼 표면의 제거되는 물질 사이의 상호 작용으로 이뤄집니다. ③ 연마가 끝난 웨이퍼 표면에는 여러 찌꺼기들이 달라붙어 있습니다. 이를 제거하지 않으면 이

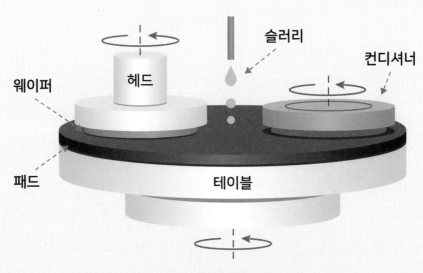

| 그림 3-85. CMP 공정 장비의 구성도 |

후 공정에서 결함이 발생하기 때문에 CMP 후 세정(Cleaning) 과정을 통해 표면을 깨끗하게 씻어냅니다. ④ 물기를 털어내고 말려서 다음 공정이 진행될 수 있도록 준비하면 CMP 공정이 끝이 납니다.

2. 반도체도 세정(Cleaning)이 필요하다고?

웨이퍼 표면에 아주 작은 오염 물질 하나만 있어도 반도체의 특성이 크게 변할 수 있습니다. 이러한 오염 물질을 제거하는 공정이 바로 세정(Cleaning) 공정입니다. 세정 공정은 제거해야 하는 물질을 단계별로 제거하기 때문에 한 번으로 끝나지 않고 여러 단계를 거칩니다.

세정 공정을 진행할 때는 제거해야 하는 물질만 제거하고, 나머지 영역에는 영향이 없도록 해야 합니다. 그래서 이를 만족하는 용액이나 가스 등을 활용해 세정을 진행하는데, 용액을 사용하면 습식 세정, 가스를 사용하면 건식 세정이 됩니다.

처음에는 일괄식 습식 세정(Batch Wet Cleaning)을 주로 이용했습니다. 배스(Bath)에 세정 용액을 채워 넣고 웨이퍼 여러 장을 동시에 넣었다 뺐다 하는 방식입니다. 한 번에 많은 웨이퍼를 처리할 수 있는 장점이 있지만, 공정이 점차 미세화되면서 곧 한계에 부딪힙니다. 오밀조밀한 패턴 사이에 낀 아주 미세한 입자가 제대로 제거되지 않거나 깊은 패턴 내부까지 세정 용액이 침투되지 않는 문제가 발생한 것이죠. 이런 문제들로 인해 현재는 자외선, 플라즈마 등을 활용해 금속 오염이나 감광액 같은 유기 물질을 제거하는 건식 세정(Dry Cleaning)을 주로 사용하고 있습니다. 하지만 세정의 마지막 단계에서는 여전히 습식 세정이 필요합니다. 세정 후 남은 찌꺼기들은 습식 세정으로 제거해야 하기 때문이죠. 이때 진행되는 습식 세정 역시 발전을 거듭해 웨이퍼를 한 장씩 꼼꼼하게 세정하는 매엽식 세정(Single Wafer Cleaning) 방식으로 진화했습니다.

3. 반도체는 어디에서 만들어질까?

작은 것을 표현할 때 우리는 미세하다고 말합니다. 대표적으로 미세 먼지가 있죠. 하지만 그 작다는 미세 먼지조차도 반도체 소자에 비하면 아주 큰 물질입니다. 만약 반도체 공정 중 미세 먼지 하나가 웨이퍼에 내려앉으면 어떻게 될까요? 포토 공정, 증착 공정 등 여러 공정에 큰 차질이 발생합니다. 따라서 반도체가 만들어지는 제조 공장은 상상 이상의 청결함을 유지해야 합니다. 반도체 제조 공장을 청정실 또는 클린 룸(Clean Room)이라고 부르는 이유가 바로 여기에 있습니다.

그렇다면 클린 룸은 얼마나 깨끗할까요? 공간의 청정도는 1 세제곱 피트 (ft³, 약 28.3 L) 부피의 공기에 존재하는 지름 0.5 μm 이상의 입자의 개수로 나타냅니다. 만약 1 세제곱 피트 내에 지름 0.5 μm 이상의 입자가 10개라면 클래스(Class) 10, 100개라면 클래스 100이라고 표현합니다. 반도체 공장 내부 공간의 청정도는 클래스 1~100 사이에서 유지되며, 일부 중요한 장비의 내부는 클래스 1 이하로 관리되고 있습니다. 이 정도로 먼지 없는 환경을 구축하기 위해서는 고성능 공기 필터가 필요합니다. 공기 필터를 통해 깨끗이 걸러진 공기는 천장에서 공급되어 구멍 뚫린 바닥(Grating) 아래로 들어가는데, 이

때 떠다니던 먼지도 모두 바닥 아래로 빨려 들어가 처리가 됩니다.

클린 룸 내부로 먼지를 유입시키는 가장 큰 변수는 사람입니다. 아무리 자동화된 공장이라 하더라도, 사람의 손길이 필요한 부분이 있습니다. 그래서 클린룸 안에 사람이 들어갈 때에는 먼지를 발생시키지 않는 특수한 옷인 방진복을 입습니다. 여기에 마스크, 장갑, 정전기를 바닥으로 배출하는 신발까지 착용해야 하죠. 이렇게 완전무장을 해야 클린 룸 안에 들어갈 수 있습니다.

4. 반도체 공정에서 사용하는 탈이온수

반도체 공정을 진행하기 위해서는 물이 꼭 필요합니다. 그런데 일반 수돗물이나 생수는 사용할 수가 없습니다. 물은 이온이 쉽게 녹아들 수 있는 용매인데, 이온이 녹아 있는 물이 반도체 표면에 닿으면 전기적 특성을 불안정하게 만들기 때문입니다. 그래서 반도체 공정에서는 이온 교환 수지(Ion Exchange Resin)를 통해 이온을 제거한 물만 사용합니다. 이 물을 탈이온수(DIW; De-Ionized Water)라고 부릅니다.

반도체 기업들과
글로벌 주도권 전쟁

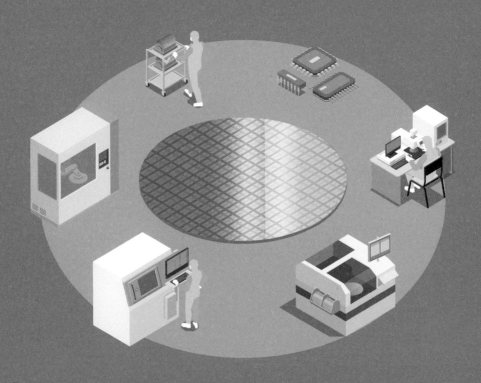

각 분야별 대표 기업들을 하나씩 살펴보고, 이를 토대로 반도체를 둘러싼

국가별 역학 관계와 주도권 전쟁을 조망해 보겠습니다.

반도체,
누가 잘 만들까?

인텔, 삼성전자, ARM, TSMC, 엔비디아, AMD… 반도체를 직접 설계하고, 제조하고, 판매하는 대표적인 회사들입니다. 하지만 반도체 생태계에는 제조 과정에 필요한 장비를 만드는 기업부터 장비에 들어가는 부품을 만드는 기업, 다양한 소재를 만드는 기업까지 분야별로 수많은 기업이 존재합니다. 그럼, 지금부터 분야별 대표 기업들을 알아보겠습니다.

종합 반도체 기업(IDM)과 분업 체계 기업들

1. 종합 반도체 기업(IDM)

IDM 기업들은 대부분 역사가 긴 편입니다. 또한, 반도체 제작의 전 과정을 직접 진행하므로 기업의 규모도 큽니다. 기업 규모가 곧 경쟁력이 될 수 있는 메모리 반도체 업체들이 IDM 형태를 고수하는 것도 이런 이유 때문입니다. 그럼 지금부터 상위 IDM 기업들에 대해 알아보도록 하겠습니다.

① 삼성전자 🇰🇷

메모리 반도체 시장의 절대 강자입니다. 2021년 4분기 기준 DRAM 점유율 42.3%(1위), NAND 플래시 메모리 점유율 33.1%(1위)를 차지하고 있습니다. 2021년 매출액 기준 전 세계 IDM 1위에 올라 있습니다.

순위	기업명	국적	주요 제품	매출액 Total	시장 점유율
1	삼성전자	한국	메모리(DRAM, NAND), AP, CIS 등	84.2조 원	12.3%
2	인텔(Intel)	미국	CPU, GPU	83.4조 원	12.2%
3	SK하이닉스	한국	메모리(DRAM, NAND), CIS 등	41.8조 원	6.1%
4	마이크론(Micron)	미국	메모리(DRAM, NAND) 반도체	32.9조 원	4.8%
5	TI(Texas Instruments)	미국	아날로그, 임베디드 반도체 등	19.9조 원	2.9%

| 표 4-1. 전 세계 IDM 기업 순위(2021년) |

② 인텔(Intel) 🇺🇸

CPU 시장의 절대 강자입니다. 2021년 물량 기준 PC용 CPU 점유율 54.3%, 랩탑용 CPU 점유율 75.6%, 서버용 CPU 점유율 94.1%로 전체 CPU 시장의 63%를 차지하고 있습니다. 2021년 매출액 기준 전 세계 IDM 2위에 랭크되어 있습니다.

③ SK하이닉스 🇰🇷

삼성전자와 함께 메모리 반도체 시장에서 양강 구도를 이루고 있습니다. 2021년 4분기 기준 DRAM 점유율 29.7%(2위), NAND 플래시 메모리 점유율 19.5%(2위; 인텔의 NAND 플래시 메모리 부문 인수 효과 포함)를 차지하고 있습니다. 2021년 매출액 기준 전 세계 IDM 3위에 랭크되어 있습니다.

④ 마이크론(Micron) 🇺🇸

메모리 반도체 제조를 전문으로 하는 IDM으로 삼성전자, SK하이닉스와 함께 빅3 체제를 갖춘 기업입니다. 2021년 4분기 기준 DRAM 점유율 22.3%(3위), NAND 플래시 메모리 점유율 10.2%(5위)를 차지하고 있습니다. 2021년 매출액 기준 전 세계 IDM 4위에 올라 있습니다.

⑤ 텍사스 인스트루먼트(TI) 🇺🇸

시스템 반도체의 설계와 제조에 특화된 IDM으로 수천 종의 반도체 제품을 생산하고 있습니다. 그중에서도 작은 컴퓨터 역할을 하는 MCU(Micro

Controller Unit), 전력 관리 반도체(PMIC), 아날로그 혹은 디지털 신호 처리 반도체에 특화되어 있습니다. 참고로 공학용 계산기 중에서 프리미엄 급에 속하는 제품들은 거의 대부분 텍사스 인스트루먼트가 만들었다고 생각하면 됩니다. 2021년 매출액 기준 전 세계 IDM 5위에 랭크되었습니다.

⑥ 키옥시아(Kioxia) 🔘

키옥시아는 일본의 메모리 반도체 IDM으로 도시바(Toshiba)의 NAND 플래시 메모리 사업부가 분사되어 설립된 기업입니다. 그래서 NAND 플래시 메모리 및 이를 응용한 SSD와 같은 제품들이 전부입니다. 2021년 4분기 기준 NAND 플래시 메모리 시장에서 19.2%(3위)의 점유율을 차지하고 있습니다.

⑦ 기타 - 차량용 반도체 🔲 🇺🇸 🔘

차량용 반도체 기업 빅7으로 불리는 인피니언(Infineon), NXP, 르네사스, ST마이크로일렉트로닉스(STmicroelectronics), 텍사스 인스트루먼트(TI), 보쉬(Bosch), 온세미컨덕터(On Semiconductor)도 함께 알아 두면 좋습니다. 차량용 반도체의 종류로는 두뇌 역할을 하는 ECU(Electronic Control Unit)나 MCU, 다양한 센서(초음파, 거리, 레이더(RADAR), 라이다(LiDAR)), 통신용 반도체 칩 등이 있습니다. 2020년 기준 전 세계 차량용 반도체 시장 점유율은 인피니언 14.1%, NXP 11.2%, 르네사스 9.3%, STM 7.8%, TI 7.2%, 보쉬 5.9%, 온세미컨덕터 5%입니다.

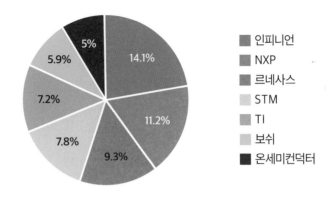

| 그림 4-1. 전 세계 차량용 반도체 시장 점유율(2020년) |

2. IP 기업

IP 기업에는 반도체 설계 라이선스(IP)를 제공하는 기업뿐 아니라 전자 설계 자동화(EDA) 프로그램을 제공하는 기업들도 포함됩니다. 전 세계 IP 기업 순위를 살펴보면 1위부터 10위까지 대부분 미국과 영국 기업인데, 특히 1위 기업인 영국의 ARM이 40%가 넘는 점유율을 차지하고 있습니다. 표 4-2에서 볼 수 있듯, 1위와 2위, 2위와 3위의 시장 점유율 간극이 굉장히 큽니다. 대표적인 IP 기업인 ARM, 시놉시스(Synopsys), 케이던스(Cadence), 그리고 램버스(Rambus)에 대해 알아보겠습니다.

① ARM 🏴

ARM은 AP에 활용되는 저전력 산술 논리 유닛인 코어 설계에 특화된 대표적인 IP 기업입니다. 40년 가까운 업력을 가졌으며 애플, 퀄컴, 미디어텍 등 AP를 만드는 대부분의 기업들이 ARM의 IP를 기반으로 AP를 설계하고 있습

순위	기업명	국적	주요 제품	매출액	시장 점유율
1	ARM	영국	AP 및 MCU Core IP	2.53조 원	40.4%
2	시놉시스(Synopsys)	미국	EDA 및 반도체 IP	1.24조 원	19.7%
3	케이던스(Cadence)	미국	EDA 및 반도체 IP	0.36조 원	5.8%
4	Imagination Technologies	영국	GPU IP	0.21조 원	3.3%
5	SST	미국	임베디드 메모리 IP	0.16조 원	2.5%
6	Ceva	미국	DSP IP	0.14조 원	2.3%
7	Verisilicon	중국	DSP, 통신, NPU 등의 IP	0.11조 원	1.8%
8	Alphawave	영국	AI, 통신 등의 IP	0.1조 원	1.6%
9	eMemory Technology	대만	임베디드 메모리 IP	0.097조 원	1.6%
10	램버스(Rambus)	미국	메모리 컨트롤러 IP	0.055조 원	0.9%

| 표 4-2. 전 세계 IP 기업 순위(2021년) |

니다. 스마트폰이나 태블릿 PC, 심지어는 일부 랩탑에 활용되는 AP나 CPU에도 ARM에서 설계한 코어가 탑재돼 있죠. 2021년 기준 2조 5천억 원의 매출액을 기록하며 전 세계 반도체 IP 기업 1위에 랭크되었습니다. 모바일 AP의 IP 시장만 놓고 봤을 때는 점유율이 90%에 달합니다. 2016년 일본의 투자 업체인 소프트뱅크가 36조 원에 인수한 뒤, 2020년 9월 엔비디아에 매각할 예정이었으나 반도체 주요국들의 반대로 무산되었습니다. 대다수의 반도체 기업들이 ARM의 IP를 활용하고 있는 상황에서 엔비디아가 ARM을 인수하게 된다면 불공정 경쟁의 우려가 있기 때문입니다. IP 기업이 반도체 생태계에서 그만큼 중요한 역할을 하고 있는 것을 알 수 있는 대목이죠. ARM의 추후 행방에 모든 반도체 기업과 관련 국가들의 관심이 쏠리고 있습니다.

② 시놉시스(Synopsys) 🇺🇸

시놉시스는 전자 설계 자동화(EDA; Electronic Design Automation) 프로그램과 반도체 설계 IP 라이선싱을 제공하는 IP 기업입니다. 2021년 기준 1조 2,400억 원의 매출액을 기록하며 전 세계 반도체 IP 기업 2위에 랭크가 되었습니다.

③ 케이던스(Cadence) 🇺🇸

케이던스 역시 시놉시스와 마찬가지로 EDA 프로그램과 반도체 설계 IP 라이선싱을 함께 제공하는 IP 기업입니다. 2021년 기준 3,600억 원의 매출액을 기록하며 전 세계 반도체 IP 기업 3위에 랭크가 되었습니다.

④ 기타 기업

교훈을 줄만 한 업체로 선정한 10위의 램버스는 매우 빠른 동작 속도를 갖는 RDRAM(Rambus DRAM)의 IP와 현재 DRAM 시장의 주류인 DDR(Dual Data Rate) DRAM의 컨트롤러에 대한 IP 일부를 가지고 있는 기업입니다. 보유하고 있는 RDRAM 특허로 DRAM 기업들을 상대로 무자비한 소송을 걸어 '특허 괴물(Patent Troll)'이란 별명이 붙었죠. 하지만 이로 인해 반도체 기업들의 미움을 사 RDRAM 대신 DDR DRAM이 현재 시장의 주류로 떠오르게 되었습니다. IP 기업이 아무리 좋은 IP를 확보했다 하더라도, 팹리스 기업과 IDM의 선택을 받지 못하면 살아남기 어렵다는 것을 잘 보여주는 사례입니다.

3. 팹리스 기업

설계와 판매만을 담당하는 팹리스 기업은 제조 공장이 필요 없어 상대적으로 운영비가 덜 들어갑니다. 핵심 역량인 설계 능력은 뛰어난 인재가 있으면 해결되죠. 즉, 팹리스는 거대 자본이 필요한 IDM이나 파운드리에 비해 상대적으로 진입장벽이 낮습니다. 이런 이유로 많은 기업들이 팹리스에 뛰어들고 있습니다. 2021년 팹리스 기업 순위 1위인 퀄컴부터 5위인 AMD까지 살펴보고, 추가로 8위와 9위를 차지한 리얼텍과 자일링스에 대해서도 알아보도록 하겠습니다.

순위	기업명	국적	주요 제품	매출액	시장 점유율*
1	퀄컴(Qualcomm)	미국	AP, 통신 반도체 등	33.7조 원	23%
2	엔비디아(NVIDIA)	미국	GPU 등	28.6조 원	19.5%
3	브로드컴(Broadcom)	미국	DSP, 통신(블루투스, WiFi) 반도체 등	24.2조 원	16.5%
4	미디어텍(MediaTek)	대만	AP, DSP, 통신 반도체 등	20.3조 원	13.8%
5	AMD	미국	CPU, GPU 등	18.9조 원	12.9%
6	노바텍(Novatek)	대만	DDI 등	5.6조 원	3.8%
7	마벨(Marvell)	미국	메모리 컨트롤러, 통신 반도체 등	4.9조 원	3.4%
8	리얼텍(Realtek)	대만	사운드, 네트워크 반도체 등	4.3조 원	3%
9	자일링스(Xilinx)	미국	FPGA	4.2조 원	2.9%
10	하이맥스(Himax)	대만	디스플레이 및 ISP 제품 등	1.8조 원	1.2%

| 표 4-3. **전 세계 팹리스 기업 순위(2021년)** |

* 전체 팹리스 시장 점유율이 아닌 10대 기업 내 점유율입니다. (10대 기업 점유율 =100%)

① 퀄컴(Qualcomm) 🇺🇸

통신용 반도체 분야의 전통적인 강자로 무선 통신 기술 라이선스 사업과 스마트폰이나 태블릿에 들어가는 AP 설계를 주력으로 하고 있습니다. AP의 경우 자체 브랜드인 스냅 드래곤(Snapdragon) 시리즈로 잘 알려져 있으며, 보급형부터 고성능까지 다양한 AP 설계가 가능합니다. 2021년 기준 매출액 33조 7천억 원으로 팹리스 기업 순위 1위에 올랐습니다.

② 엔비디아(NVIDIA) 🇺🇸

GPU를 전문으로 설계하는 팹리스 기업으로, GPU 시장에서 압도적인 경쟁력을 갖추고 있습니다. GPU가 다양한 영역에서 활용되면서 NPU(2세대 AI 반도체), 자율 주행 자동차, 메타버스까지 사업 부문을 점차 확장하고 있습니다. 현재는 게이밍 시장(GPU) 매출이 전체 매출의 절반을 차지할 정도로 크지만, 향후 AI 반도체와 자율 주행 분야의 매출이 더욱 늘어날 것으로 기대됩니다. 2021년 기준 28조 6천억 원의 매출액을 기록해 팹리스 기업 순위 2위에 올랐습니다.

③ 브로드컴(Broadcom) 🇺🇸

브로드컴은 통신용 칩을 전문으로 설계하는 팹리스 기업입니다. 통신용 칩 중에서도 PC에 사용되는 이더넷(Ethernet), 와이파이(Wi-Fi), 블루투스(Bluetooth)에 특화되어 있습니다. 최근 스마트 홈(Smart Home) 시장이 커지면서 통신용 칩 수요가 늘어났고, 덕분에 브로드컴의 매출이 크게 증가했습니다. 2021년 기준 매출액 24조 2천억 원으로 팹리스 기업 순위 3위에 올랐습니다.

④ 미디어텍(MediaTek) 🇹🇼

대만의 대표적인 팹리스 기업으로 스마트폰 AP를 만들고 있습니다. 주요 제품으로는 헬리오스(Helios) 시리즈가 있으며, 2022년 1분기 물량 기준 AP 시장 점유율 38%로 1위를 차지하고 있습니다. 다만, 이익률이 낮은 보급형 AP 시장에서 활동하고 있어 AP 시장 2위인 퀄컴보다 매출액이 적습니다. 2021년 기준 20조 3,000억 원의 매출액을 기록해 팹리스 기업 순위 4위에 올랐습니다.

⑤ AMD 🇺🇸

AMD는 인텔이 주도하고 있는 CPU 시장에서 유일하게 경쟁사라 불릴 정도의 기술력과 규모를 가진 CPU, GPU 전문 기업입니다. 본래 IDM이었지만, 제조 부문을 파운드리 기업인 글로벌 파운드리스(Global Foundries)로 분리 매각하면서 팹리스 기업이 되었습니다. 2021년 4분기 기준 PC용 CPU 시장 45.7%, 랩탑용 CPU 시장 24.3%, 서버용 CPU 시장 5.9%를 차지하고 있습니다. 또한, 2021년 기준 전체 GPU 시장 점유율 26%로 엔비디아에 이은 2위입니다. 2021년 기준 18조 9천억 원의 매출액을 기록해 팹리스 기업 순위 5위에 올랐습니다.

⑥ 리얼텍(Realtek) 🇹🇼

인터넷 기기에 들어가는 통신, 오디오 칩의 제조사로 컴퓨터 포맷 후에 설치하는 드라이버 중에 하나 이상이 리얼텍 제품일 정도로 시장에서 큰 경쟁력을 가지고 있습니다. 통신, 오디오 칩 외에도 IPTV용 SoC, SSD 컨트롤러, 위성 항법 장치 중 하나인 글로나스(GloNaSS)의 수신 칩을 제작하고 있습니다. 2021년 기준 4조 3천억 원의 매출액을 기록해 팹리스 기업 순위 8위에 올랐습니다.

⑦ 자일링스(Xilinx) 🇺🇸

자일링스는 2세대 AI 반도체인 FPGA 분야에서 절대적인 경쟁력을 보유한 팹리스 기업입니다. 2020년 AMD에 인수되었으며, 8조 원 규모의 FPGA 시장에서 50% 이상의 점유율을 차지하고 있습니다. 2021년 기준 4조 2천억 원의 매출액을 기록해 팹리스 기업 순위 9위에 올랐습니다.

⑧ 기타

순위에는 없지만, 알아 두면 좋은 기업으로 애플이 있습니다. 애플은 자사 스마트폰이나 태블릿에 탑재되는 A 시리즈 AP, 고성능 태블릿 기종과 PC에 탑재되는 M 시리즈 CPU, 웨어러블(Wearable)에 탑재되는 S시리즈와 W시리즈 등 다양한 라인업의 제품을 직접 설계합니다. 일부 시장 조사 전문 업체에서는 애플의 반도체 사업 매출액을 11조 5천억 원 규모로 집계하고 있으나 어디까지나 추정치이며 자사 제품만을 설계하므로 팹리스 기업 순위에는 포함되지 않고 있습니다.

4. 디자인 하우스

디자인 하우스의 매출액 정보는 확인이 어렵습니다. 또, 기업마다 담당하는 분야와 업무 범위가 상이하기 때문에 상호 비교가 불가합니다. 이런 이유로 디자인 하우스 순위는 따로 집계하지 않았습니다. 디자인 하우스의 정보는 파트너십을 맺고 있는 파운드리 기업의 홈페이지에서 확인 가능합니다.

5. 파운드리 기업

반도체의 품종이 다양화됨에 따라 수많은 팹리스 기업이 등장했고, 이는 파운드리 기업에 대한 수요와 관심으로 이어지고 있습니다. 지금부터 주요 파운드리 기업 5개와 국내 기업 1곳에 대해서 알아보도록 하겠습니다.

순위	기업명	국적	주요 고객사 또는 주요 제품	매출액	시장 점유율
1	TSMC	대만	애플, 미디어텍, AMD, 퀄컴, 엔비디아 등	65.5조 원	53%
2	삼성전자	한국	구글, 퀄컴, IBM, 엔비디아, 테슬라 등	22.3조 원	18%
3	UMC	대만	AMD, 퀄컴, 엔비디아, 인피니언, ST 등	8.7조 원	7%
4	글로벌 파운드리스 (GlobalFoundries)	미국	AMD, 삼성전자, 미디어텍, NXP 등	7.4조 원	6%
5	SMIC	중국	화웨이, 퀄컴, 브로드컴 등	6.2조 원	5%

| 표 4-4. 전 세계 파운드리 기업 순위(2021년) |

① TSMC 🇹🇼

세계 최초로 파운드리 산업을 탄생시킨 TSMC는 2021년 기준 전 세계 파운드리 시장의 53%(65조 5천억 원)를 점유한 독보적인 1위 기업입니다. 애플, 퀄컴, 엔비디아 등 유수의 팹리스 기업들이 TSMC의 고객사이며 최첨단 CPU, AP, GPU를 비롯하여 차량용 반도체에 이르기까지 폭넓은 제품군을 생산하고 있습니다.

② 삼성전자 🇰🇷

2021년 기준 세계 1위 IDM이자, 메모리 반도체 1위인 삼성전자는 파운드리 시장에서도 두각을 드러내고 있습니다. 현재 10 nm 미만의 미세 공정이 가능한 파운드리 기업은 TSMC와 삼성전자 그리고 인텔 뿐입니다. 2021년 기준 22.3조 원의 매출액으로 전 세계 파운드리 시장의 18%를 차지하며 2위에 올라 있습니다. 퀄컴, IBM, 엔비디아 등이 주 고객이며 기술력을 인정받아 고객사를 늘려 나가고 있습니다.

③ UMC 🇹🇼

UMC는 대만에 설립된 첫 번째 반도체 기업으로 파운드리 사업과 시스템 반도체를 제작하고 있습니다. 14 nm 미세 공정까지 가능하며, 이보다 큰 선폭의 반도체 제조에 대해서는 그 능력을 인정받고 있습니다. 최근 삼성전자도 일부 CIS 제품을 UMC에서 제조하기로 한 바 있는데, 여기에는 28 nm 공정을 사용하기로 한 것으로 알려져 있습니다. 2021년 기준 8.7조 원의 매출액으로 7%의 점유율을 차지하며 파운드리 기업 순위 3위에 올라 있습니다.

④ 글로벌 파운드리스(GlobalFoundries) 🇺🇸

2009년, 시장에서 어려움을 겪던 AMD는 보유 중인 제조 공장(Fab)을 매각합니다. 이를 아부다비 왕가에서 인수해 설립한 기업이 바로 글로벌 파운드리스입니다. 7 nm 공정 개발을 포기하여 현재는 12/14 nm 미세 공정이 가능한 것으로 알려져 있습니다. 최근 인텔이 파운드리 사업을 시작한다고 선언하며 글로벌 파운드리스 인수설이 떠올랐으나, 아직 명확히 밝혀진 바는 없습니다. 2021년 기준 7.4조 원의 매출액으로 6%의 점유율을 차지해 파운드리 기업 순위 4위에 올랐습니다.

⑤ SMIC 🇨🇳

SMIC는 중국 최대의 파운드리 기업으로, 중국 정부와 지방 정부의 지원을 바탕으로 성장한 부분 국유 기업입니다. 중국에 존재하는 많은 팹리스 기업들의 주요 생산처로 알려져 있으나 TSMC의 IP를 남용하여 소송을 당한 바 있습니다. 2020년 미국 정부의 중국 무역 제재 리스트에 오르는 한편, 산업 및 보안국(Bureau of Industry and Security)의 제재 대상 기업 목록에도 등재되었습니다. 2021년 기준 6.2조 원의 매출액으로 5%의 점유율을 차지해 파운드리 기업 순위 5위에 올랐습니다.

⑥ DB하이텍 🇰🇷

DB하이텍은 우리나라 최초의 파운드리 기업으로 전력 반도체, CIS, MEMS(미세 전기 기계 시스템; Micro Electro-Mechanical System), 아날로그 및 디지털 신호 처리 칩과 같은 시스템 반도체 제품들을 제조하고 있습니다. 2021년 기준 1조 2천억 원의 매출액으로 전 세계 파운드리 시장에서 약 1%의 점유율을 차지하고 있습니다.

6. OSAT 기업

반도체 칩 자체의 성능 향상이 물리적인 한계에 다다르면서 OSAT 기업의 중요성이 갈수록 커지고 있습니다. 대표적인 기업들을 살펴보겠습니다.

순위	기업명	국적	매출액	시장 점유율
1	ASE	대만	2.5조 원	24.2%
2	앰코(Amkor)	미국	1.9조 원	18.9%
3	JCET	중국	1.4조 원	14.2%
4	SPIL	대만	1.2조 원	11.7%
5	파워텍(Powertech)	대만	0.9조 원	9%
6	TFME	중국	0.7조 원	7.2%
7	TSHT	중국	0.6조 원	5.6%
8	KYEC	대만	0.4조 원	3.6%
9	칩모스	대만	0.3조 원	2.9%
10	칩본드	대만	0.3조 원	2.9%

| 표 4-5. 전 세계 OSAT 기업 순위(2021년 3분기) |

① ASE, SPIL, 파워텍, KYEC, 칩모스, 칩본드 🇹🇼

2021년 3분기 기준 1위 ASE, 4위 SPIL, 5위 파워텍(Powertech), 8위 KYEC, 9위 칩모스(ChipMOS), 10위 칩본드(Chipbond)는 모두 대만의 OSAT 기업입니다. 이들의 OSAT 시장 점유율만 합쳐도 50%가 넘어갑니다. 세계적인 팹리스 기업인 미디어텍과 리얼텍, 파운드리 기업인 TSMC가 대만 내에 위치한 점이 잠재 고객사를 확보하는 데에 유리하게 작용한 것으로 추측됩니다. 자국 내 기반을 바탕으로 다른 국가의 고객사로 영역을 계속 넓혀가고 있습니다.

② 앰코(Amkor) 🇺🇸

앰코의 전신은 한국의 아남반도체입니다. 아남반도체는 국내 최초의 반도체 관련 기업으로 미국에서의 패키지 사업을 위해 앰코를 설립하였는데, 이후 2005년에 본사를 미국으로 옮기면서 미국 기업이 되었습니다. 2021년 3분기 기준 점유율 18.9%를 기록하며 OSAT 기업 2위에 올라 있습니다.

③ JCET 🇨🇳

JCET는 중국에서 가장 큰 OSAT 기업으로 2015년 업계 4위였던 싱가포르 OSAT 기업인 스태츠칩팩(STATS ChipPAC)을 인수하며(당시 JCET은 6위) 빠르게 몸집을 키웠습니다. 2021년 3분기 기준 점유율 14.2%로 OSAT 기업 3위에 랭크되어 있습니다.

장비, 부품, 소재 기업

반도체를 만들기 위해서는 공정 장비를 비롯해 다양한 종류의 부품과 여러 소재가 필요합니다. 이를 제조하는 장비 기업, 부품 기업, 소재 기업은 앞에서 소개한 기업에 비해 대중들에게 잘 알려지지 않았는데요, 지금부터 각 분야별로 경쟁력 있는 기업들을 자세히 알아보도록 하겠습니다.

1. 반도체 장비 기업

반도체 장비는 8대 공정에 필요한 장비를 의미하며 크게 웨이퍼 공정

순위	기업명	국적	주요 장비	매출액	시장 점유율
1	AMAT	미국	증착 장비, CMP 장비, 에칭 장비 등	18.8조 원	17.7%
2	ASML	네덜란드	노광 장비 (EUV, ArFi, ArF)	17.7조 원	16.7%
3	Lam Research	미국	에칭 장비, 증착 장비, 세정 장비 등	13.7조 원	12.9%
4	TEL	일본	에칭 장비, 증착 장비, 세정 장비 등	13조 원	12.3%
5	KLA	미국	웨이퍼, 포토마스크, 패키지 등의 측정/분석 장비	6.3조 원	5.9%
6	Advantest	일본	웨이퍼, 패키지 등의 테스트 장비 등	2.9조 원	2.7%
7	SCREEN	일본	노광 공정 주변 장비 등	2.7조 원	2.5%
8	Teradyne	미국	웨이퍼, 패키지 등의 테스트 장비 등	2.6조 원	2.4%
9	Hitachi	일본	전자 현미경(SEM), 에칭 장비 등	2조 원	1.9%
10	ASM	네덜란드	증착 장비 등	1.7조 원	1.6%

| 표 4-6. 전 세계 반도체 장비 기업 순위 |

에 필요한 장비와 테스트 장비로 구분됩니다. 각 장비 업체들은 보통 특화된 공정 분야가 있습니다. 전체 순위는 높지 않아도 특정 공정 분야에서는 세계 1위일 수 있는 것이죠. 이 책에서는 장비 종류의 구분 없이 매출액과 점유율을 바탕으로 반도체 장비 기업들을 정리했습니다.

① 어플라이드 머티리얼즈(AMAT; Applied Materials) 🇺🇸

미국의 반도체 장비 기업으로 다양한 반도체 장비를 설계하여 제조합니다. 특히 ALD, CVD와 같은 증착 장비 분야에서는 부동의 세계 1위입니다. 시장 조사 전문 업체인 The Information Networks와 KIET 산업 연구원의 조사 자료에 따르면, 전 세계 증착 장비 시장의 40%가량을 AMAT이 점유하고 있습니다. 이외에도 CMP 장비, 에칭 장비(점유율 약 20%), 이온 주입 장비를 비롯해 각종 검사 장비들을 만들고 있습니다. 2020년 기준 매출액 18.8조 원(점유율 17.7%)으로 반도체 장비 시장 1위에 올랐습니다.

② ASML 🇳🇱

네덜란드의 반도체 장비 기업으로 최근 화두가 되고 있는 극자외선(EUV) 광원을 활용한 EUV 노광기를 제작할 수 있는 세계 유일의 기업입니다. EUV 노광기 외에도 불화아르곤(ArF) 광원의 액침(Immersion) 노광기 등 반도체 공정 중 회로의 선폭을 결정하는 다양한 종류의 반도체 노광기를 전문적으로 생산하고 있습니다. 2020년 기준 매출액 17.7조 원(점유율 16.7%)으로 반도체 장비 시장 2위에 올랐습니다.

③ 램리서치(Lam Research) 🇺🇸

미국의 반도체 장비 기업으로 에칭 공정에서 경쟁력을 갖추고 있습니다. 상용 에칭 장비를 최초로 내놓을 만큼 기술력에서 앞서 있으며, 이를 바탕으로 에칭 장비 시장의 50%가량을 점유하고 있습니다. 이외에도 증착 장비(시장의 약 20% 점유), 세정 장비, 계측 장비와 같이 다양한 반도체 장비를 제조합니다. 2020년 기준 매출액 13.7조 원(점유율 약 12.9%)으로 반도체 장비 시장 3위에 랭크되어 있습니다.

④ 도쿄 일렉트론(TEL; Tokyo Electron) 🇯🇵

일본의 반도체 장비 기업으로 에칭 장비(시장의 약 30% 점유), 증착 장비(시장의 약 15% 점유), 세정 장비 등 다양한 반도체 장비를 생산하고 있습니다. 2020년 기준 매출액 13조 원으로 12.3%의 점유율을 차지하며 반도체 장비 시장 4위에 랭크되었습니다.

⑤ KLA 🇺🇸

미국의 반도체 장비 기업으로 측정/분석 장비 분야에서 강점을 가지고 있습니다. 웨이퍼의 표면 분석을 통해 회로가 제대로 만들어졌는지를 분석하는 장비, 포토마스크 검사나 반도체 패키지 검사 등에 필요한 장비를 제조합니다. 2020년 기준 매출액 6.3조 원으로 5.9%의 점유율을 차지하며 반도체 장비 시장 5위에 올랐습니다.

⑥ 기타

이외에도 테스트 장비 제작에 특화된 일본의 어드밴테스트(Advantest, 6위), 미국의 테라다인(Teradyne, 8위), 포토 공정 주변 장비(감광액 도포 장비, 현상기, 세정기 등) 제작에 특화된 일본의 스크린(Screen, 7위), 에칭 장비와 전자 현미경(SEM; Scanning Electron Microscope) 제작에 특화된 일본의 히타치 하이테크(Hitachi High-Tech, 9위), 증착 장비 제작에 특화된 유럽의 ASM(10위), 열처리 장비 제작에 특화된 일본의 고쿠사이 전기(Kokusai Electric, 11위), 노광 장비 제작에 강점을 갖고 있으며 카메라로도 유명한 일본의 니콘(Nikon, 12위), 클린룸 내 웨이퍼를 적재적소로 이송시키는 OHT(Over-Head Transporter) 및 클린룸 시스템 제작에 특화된 일본의 다이후쿠(Daifuku, 15위) 등이 있습니다.

2. 반도체 부품 기업

자동차에 수만 개의 부품이 들어가듯이 반도체 장비에도 많은 부품이 필요합니다. 이 책에서는 반도체 부품을 반도체 장비에 사용되면서 여러 차례 재사용이 가능한 것으로 분류했습니다. 반도체 부품은 그 품목이 매우 다양하고 영세한 기업들이 많아 서로 다른 품목을 취급하는 업체들 간 비교는 큰 의미가 없습니다. 따라서 시장 전체 순위보다는 해당 품목별 점유율을 기준으로 설명드리겠습니다.

① 블랭크 마스크(Blank Mask)

블랭크 마스크는 포토마스크의 필수 부품입니다. 쿼츠 글래스에 차광막을 포함한 기능성 막들을 코팅해 블랭크 마스크로 만듭니다. 2020년 시장 점유율 기준, 일본의 호야(HOYA)가 27.9%로 1위, 아사히글래스(AGC; Asahi Glass Co.)가 24.6%로 2위, 신에츠가 22.8%로 3위, 울코트(ULCOAT)가 12.3%로 4위, 한국의 에스앤에스텍(S&S Tech)이 8.8%로 5위, 미국의 텔릭(Telic)이 3.6%로 6위입니다. 일본의 4개 업체가 블랭크 마스크 시장의 87.6%를 점유하고 있습니다. 특히, EUV용 블랭크 마스크의 경우 일본의 호야와 아사히글래스가 독식하고 있다고 보면 됩니다. 이러한 구조를 타파하기 위해 최근 일본의 신에츠, 한국의 에스엔에스텍 등 DUV용 블랭크 마스크를 만들던 기업들이 EUV용 블랭크 마스크 연구 개발에 매진하고 있습니다.

② CMP 패드

CMP 패드는 연마를 위해 테이블 위에 부착하는 넓고 동그란 판으로 미국의 듀폰(DuPont; DOW 합병), Cabot, 3M 등이 전 세계 시장의 90%를 점유하고 있습니다. 국내에는 SKC솔믹스가 시장에 진입하여 공장을 운영하고 있습니다. 시장 조사 전문 업체인 Industry Research에 따르면, 전 세계 CMP 패드 시장의 규모는 2019년 기준 9천억 원이며, 2026년에는 1조 3천억 원 규모로 성장할 것으로 예상됩니다.

③ CMP 패드 컨디셔너

CMP 패드 컨디셔너는 다이아몬드가 박혀 있는 금속 덩어리로 CMP 패드의 표면 상태를 일정하게 유지하는 역할을 합니다. 패드 컨디셔너는 미국의 3M과 Entegris, 대만의 Kinik, 일본의 Nippon Steel and Sumikin Materials, 그리고 한국의 새솔 다이아몬드와 신한 다이아몬드 등의 업체들이 제작하는 것으로 알려져 있습니다. 시장 조사 전문 업체인 360 Research Report에 따르면, 전 세계 패드 컨디셔너 시장 규모는 2020년 기준 3,100억 원이며, 2026년에는 4,300억 원 규모로 성장할 것으로 예상됩니다.

3. 반도체 소재 기업

음식을 만들 때 다양한 재료가 필요하듯이 반도체를 만들 때에도 다양한 소재가 필요합니다. 반도체 제조 공정이 더욱 미세화됨에 따라 새로운 소재들에 대한 연구가 지속적으로 이뤄지고 있습니다. 이 책에서는 반도체 소재를 무언가를 만들 때 사용되는 기초 재료이거나 한 번 사용하면 재사용이 불가능한 것으로 분류했습니다. 반도체 소재 역시 부품 산업과 마찬가지로 그 품목이 매우 다양하고, 영세한 기업들이 많습니다. 서로 다른 품목을 취급하는 기업들 간 매출액 비교는 큰 의미가 없으므로 시장 전체 순위보다는 해당 품목별 점유율을 기준으로 설명드리겠습니다.

① 웨이퍼 제조

실리콘 웨이퍼 시장은 현재 5개의 업체가 과점하고 있습니다. 2021년

300 mm 실리콘 웨이퍼 시장 점유율 기준, 일본의 신에츠 반도체(Shin-Etsu Handotai)가 29.8%로 1위, 일본의 섬코(SUMCO)가 24.8%로 2위, 한국의 SK 실트론이 18.1%로 3위, 독일의 실트로닉(Siltronic)이 14.1%로 4위, 그리고 대만의 글로벌웨이퍼스(GlobalWafers)가 11.6%로 5위에 올라 있습니다. 상위 5개 업체 중 일본 업체 두 곳의 점유율이 49%를 상회할 정도로 일본은 실리콘 웨이퍼 생산에서 큰 경쟁력을 갖고 있습니다.

② 쿼츠 글래스

쿼츠 글래스는 포토마스크의 핵심 부품인 블랭크 마스크의 재료입니다. 일본의 신에츠 쿼츠(Shin-Etsu Quartz), 아사히글래스, 토소(Tosoh), 독일의 헤라에우스 코나믹(Heraeus Conamic), 미국의 코닝(Corning) 등이 쿼츠 글래스를 만들고 있습니다.

③ 감광액

감광액은 빛에 반응하는 감광제(PAG(Photo-Acid Generator), PAC(Photo-Active Compound)), 부착력과 에칭 저항력을 위한 폴리머 수지(Polymer Resin), 이들을 녹여 액체로 만드는 용매, 그리고 계면활성제 등의 첨가제로 구성돼 있습니다. 감광액 제조 기업은 크게 원재료를 만드는 기업과 재료들을 비율대로 섞어 완제품으로 만드는 기업으로 구분됩니다. 대표적인 감광액 기업으로는 일본의 JSR, 신에츠(Shin-Etsu), 스미토모 화학(Sumitomo Chemical), TOK, 후지필름(FujiFilm), 미국의 듀폰(DuPont), 한국의 동진쎄미

켐이 있으며, EUV 광원용 감광액의 경우 TOK, JSR, 신에츠 3사가 전체 시장을 과점하고 있습니다.

④ CMP 슬러리

CMP 슬러리란 CMP 공정을 진행할 때 사용되는 연마 용액입니다. 웨이퍼를 CMP 패드 위에 놓고 둘 사이에 CMP 슬러리를 주입하면서 패드를 고속 회전시키면 웨이퍼 표면이 화학적, 기계적으로 연마되어 매끈해집니다.

CMP 슬러리는 미국의 캐봇(Cabot), 일본의 후지미(Fujimi)와 히타치 화학(Hitachi Chemical), 한국의 케이씨텍, 솔브레인(Soulbrain), 동진쎄미켐 등이 제작하고 있습니다. 시장 조사 전문 업체인 Mordor Intelligence에 따르면, 전 세계 CMP 슬러리 시장의 규모는 1조 5천억 원이며, 2026년에는 2조 2천억 원 규모로 성장할 것으로 예상됩니다.

2

주요 국가들의
반도체 주도권 전쟁

지금까지 분야별 대표 기업들을 살펴봤습니다. 이제 이 기업들을 국가별로 나눠볼까요? 다음 장에 나오는 그림들을 같이 봐주세요.

미국은 시스템 반도체 강국입니다. 그리고 장비 분야에서도 경쟁력을 가지고 있죠. 반면 일본은 소재, 부품 분야에 강합니다. 한국은 메모리 반도체에서 압도적인 선두를 달리고 있으며, 대만은 파운드리와 OSAT 분야에 특화되어 있습니다. 중국 역시 파운드리와 OSAT 분야에서 강점을 지니고 있죠. 이처럼 국가별로 강점을 가지는 분야가 다릅니다. 이번 장에서는 각 국가들의 반도체 산업 경쟁력과 그들이 가진 힘이 어디에서 나오는지를 주요 사건들을 통해 알아보겠습니다.

| 그림 4-2. 국가별 시스템 반도체 기업들과 메모리 반도체 기업들 |

| 그림 4-3. 국가별 파운드리 기업들과 OSAT 기업들 |

| 그림 4-4. 국가별 반도체 장비, 소재, 부품 기업들 |

미국

한국 반도체 산업 협회(KSIA)가 인용한 시장 조사 업체 OMDIA의 데이터에 따르면, 2020년 국가별 반도체 시장 점유율은 미국 49.3%, 한국 19.3%, 대만 9.7%, EU 8.5%, 일본 6.6%, 중국 6.1%, 그리고 기타 0.5%입니다. 전 세계 반도체 산업의 절반 가까이를 미국이 독식하고 있습니다. 반도체 산업이 태동한 국가이기에 어찌 보면 당연한 일입니다.

오랜 역사를 가진 미국은 시스템 반도체 분야에서 압도적인 경쟁력을 가지고 있습니다. CPU 시장에서는 인텔과 AMD가, AP 시장에서는 퀄컴과 애플이, GPU 시장에서는 엔비디아와 AMD가 활약하고 있습니다. 설계 기술력의 바탕이 되는 전자 설계 자동화 기술(EDA)과 핵심 IP를 제공하는 시놉시스와 케이던스 역시 미국 기업입니다. 이처럼 뛰어난 시스템 반도체 설계 능력은 미국 반도체 산업을 지탱하는 힘의 원천이 되고 있습니다.

미국이 강점을 갖는 또 다른 분야는 바로 장비입니다. 어플라이드 머티리얼즈(Applied Materials), 램리서치(Lam Research)를 비롯해 KLA, 테라다인(Teradyne) 등 장비 분야에서도 다수의 미국 기업들이 활약하고 있습니다. 반면 메모리 반도체 분야의 기업은 많지 않습니다. 오직 마이크론(DRAM과 NAND 플래시 메모리 시장)과 웨스턴 디지털(NAND 플래시 메모리 시장)만이 메모리 반도체 분야에서 활동하고 있습니다.

반도체 산업의 강자인 미국에도 약점이 있습니다. 바로 반도체 생산 시설인 '팹(Fab)'이 부족하다는 것입니다. 2020년 미국의 반도체 웨이퍼 사용량은 전 세계 사용량의 12%입니다. 대만(22%; 1위), 한국 (21%; 2위), 일본과 중국 (15%로 공동 3위)의 뒤를 이어 5위입니다. 미국의 반도체 생산 능력이 설계 능력을 따라가지 못하고 있음을 알 수 있습니다.

AMAT, 램리서치, KLA, 테라다인과 같은 세계적인 반도체 장비 업체를 보유한 미국이 정작 반도체 생산에 약점을 갖고 있다는 것이 모순처럼 보입니다. 하지만 미국 반도체 기업 중 고성능 시스템 반도체를 제조할 수 있는 팹을 가진 기업은 인텔이 유일하며, 고성능 메모리 반도체를 제조할 수 있는 팹을 가진 기업은 마이크론뿐입니다. 그나마 앞선 공정을 진행할 수 있는 글로벌 파운드리 정도가 미국 내 팹을 가진 기업에 이름을 올리고 있죠. 이외의 팹리스 기업들은 모두 생산을 파운드리 기업에 위탁하고 있는 상황입니다. 만약 반도체 위탁 생산이 불가능한 상황이 온다면, 미국의 강력한 무기인 반도체 설계 능력이 무용지물이 될 수 있는 것입니다.

이러한 약점을 보완할 수 있는 가장 좋은 방법은 무엇일까요? 단순하게 생각해 보면 미국 팹리스 기업들이 자체 생산 시설을 확보하는 것입니다. 하지만 앞에서 설명한 것처럼 팹리스 기업이 자체 팹을 운영하기란 쉽지 않습니다. 그래서 미국은 팹리스 기업들과 협업하던 기존 파운드리 기업들이 미국에 공장을 짓도록 러브콜을 보내고 있습니다. 이를 통해 자국 내에 생산 시설을 확보하려는 전략입니다.

그러나 파운드리 기업 입장에서는 타국에 천문학적인 돈을 들여 제조 공장을 새로 짓는 것이 부담스러울 수밖에 없습니다. 미국에 고객사인 팹리스 기업이 많이 있다고 해도 말이죠. 이에 미국 정부는 미국에 생산 시설을 짓는 파운드리 기업에게 세금 혜택 등의 국가적인 지원을 약속합니다. 파운드리 기업은 세금 혜택을 받음과 동시에 고객사를 더 확보할 수 있어 좋고, 미국은 일자리 창출과 더불어 반도체 생산 시설을 확보하고 이를 바탕으로 글로벌 공급망을 구축할 수 있어 서로 이득인 셈입니다. 현 상황에 비춰보면 앞으로도 미국은 생산 시설 확충과 끊임없는 제조 기술 연구 개발을 통해 반도체 산업의 절대 강자 자리를 유지할 것으로 보입니다.

대한민국
·············

한국은 반도체 산업에 비교적 늦게 진입했습니다. 1960년대 값싼 인건비를 바탕으로 미국 기업들의 후공정 작업을 맡아 반도체 산업에 첫 발을 들였죠. 1974년, 강기동 박사가 설립한 '한국 반도체'가 처음으로 반도체 제작에 뛰어들었으며, 1983년, 삼성전자에서 이를 인수해 본격적으로 IC 칩과 메모리 반도체를 제조하기 시작했습니다. 이미 반도체 강국이었던 미국과 일본에 비하면 한참이나 늦은 결정이었지만, 환경 변화에 대한 빠른 대처와 남다른 기술력으로 곧 반도체 시장에서 두각을 나타냅니다.

현재 한국은 전 세계 반도체 시장의 19.3%를 차지하는 세계 2위 국가입니다. 생산력 측면에서도 대만(22%)에 이어 2위(21%)에 랭크되어 있죠. 특히, 한국은 메모리 반도체 분야에서 큰 강점을 가지고 있습니다. 2021년 4분기 기준 DRAM 시장의 72%, NAND 플래시 메모리 시장의 52.6%를 삼성전자와 SK하이닉스 이 두 회사가 점유하고 있습니다. 또한, 파운드리 분야에서도 삼성전자(2021년 기준 18%)와 DB하이텍(2021년 기준 1%)이 활약하고 있죠. 최근 전 세계적인 반도체 부족 사태로 생산 역량이 반도체 산업의 주요 화두로 떠오르고 있습니다. 이에 삼성전자와 SK하이닉스는 기존 반도체 제조 시설을 업그레이드하거나 신축하는 등 대규모 투자를 아끼지 않고 있습니다.

시스템 반도체 분야는 어떨까요? 디스플레이 구동 반도체(DDI; Display Drive IC), 이미지 센서(CMOS Image Sensor), 전력 제어 반도체(PMIC; Power Management IC)와 같은 특정 제품에서는 높은 점유율을 갖고 있지만, 전체 시스템 반도체 시장 점유율을 놓고 보면 1~3% 수준으로 매우 낮습니다. 시스템 반도체 산업이 메모리 반도체 산업보다 규모가 더 크고 향후 성장 가능성도 높다는 점에서 아쉬운 대목입니다. 최근 정부 차원에서 시스템 반도체를 육성하기 위한 다양한 정책을 내놓고 있고, 삼성전자 역시 2030년까지 시스템 반도체에 171조 원을 투자하는 등 기업과 정부가 나서 시스템 반도체 산업을 육성하기 위해 노력하고 있습니다.

한국은 반도체 기초 산업 분야(장비, 부품, 소재)에서도 경쟁력이 낮은 편입니다. 장비의 경우 증착, 세정, 후공정에서 활용되는 일부 장비를 국산화하는데 성공했지만, 주요 장비는 여전히 해외 의존도가 높습니다. 2020년 기준 상위 15개 장비 기업 중 한국 기업은 13위에 랭크된 세메스(SEMES)가 유일하며, 그다음으로 원익IPS 정도가 있습니다. 그마저도, 1위 어플라이드 머티리얼즈(17.7%), 2위 ASML(16.7%), 3위 램리서치(12.9%), 4위 도쿄 일렉트론(12.3%)에 비해 많이 낮은 1% 내외의 점유율이죠. 부품과 소재 역시 마찬가지입니다. 첨단 반도체용 부품과 소재를 대부분 해외 기업에 의존하고 있으며, 특히 EUV용 감광액이나 EUV용 블랭크 마스크의 경우 100% 수입에 의존하고 있습니다.

이러한 약점은 2019년에 있었던 일본의 수출 규제로 여실히 드러납니다. 일본의 수출 규제 목록에 반도체 소재가 포함되면서 반도체 생산에 어려움을 겪은 것이죠. 이 사건은 이후 반도체 소재의 국산화를 진행하고, 기업들이 소재 공급망을 재정비하는 계기가 됩니다. 최근 글로벌 장비 기업인 램리서치가 한국에 연구 개발 센터를 설립했는데, 국내 반도체 장비 기업들의 연구 개발의지에도 큰 자극이 될 것으로 예상됩니다.

한국 반도체 산업이 나아가야 할 길은 명확합니다. 강점인 메모리 반도체 산업은 현재의 위상을 유지함과 동시에 차세대 메모리 제품에 대한 꾸준한 연구 개발이 이루어져야 합니다. 또, 설계 역량 강화를 위해 인재를 확보하고 팹리스와 파운드리 기업 간 연계를 통해 시스템 반도체 산업을 육성해야 합니다. 생산 시설 투자를 확대해 파운드리 생산 능력 역시 키워야 하고요. 여기에 더해 장비, 부품, 소재 분야에 대한 연구 개발과 국내 생산 확대가 함께 이뤄진다면, 한국 반도체 산업은 다시 한번 크게 도약할 수 있을 것입니다.

대만

대만은 전 세계 반도체 시장의 9.7%를 차지하고 있는 국가입니다. 한때 DRAM 시장에서 우리나라와 치킨 게임을 벌이기도 했었죠. 비록 DRAM 시장에서는 철수했지만, 대만에는 최초의 파운드리 기업인 TSMC와 그 파트너사인 팹리스 기업, OSAT 기업들이 대거 포진해 있습니다. 덕분에 2020년 기준, 반도체 생산 능력 22%로 세계 1위에 올라있습니다. 현재 대만의 경제는 이들이 책임지고 있다고 해도 과언이 아닙니다. 대만의 큰 강점은 팹리스 - 파운드리 - OSAT로 이어지는 반도체 생태계입니다.

대만에는 미디어텍, 리얼텍, 노바텍 등 세계 유수의 팹리스 기업들이 존재합니다. 이들이 설계한 모바일용 AP, DDI, 통신 칩, 멀티미디어 칩 등이 각종 전자 제품에 탑재되고 있죠. 팹리스 기업들은 생산을 맡길 파운드리 기업이 꼭 필요합니다. 기왕이면 파운드리 기업이 자국에 있는 편이 여러모로 유리하겠죠? 대만에는 세계적인 수준의 파운드리 기업인 TSMC, UMC, PSMC, VIS 등이 있습니다. 이들이 전 세계 파운드리 시장의 64%를 차지하고 있습니다. 파운드리 기업이 생산한 반도체 웨이퍼는 테스트와 패키지 공정을 거칩니다. 이 과정은 OSAT 기업들이 담당하는데, 대만에는 전 세계 OSAT 1위 기업인 ASE를 비롯해, SPIL, 파워텍, KYEC, 칩모스, 칩본드 등 많은 OSAT 기업들이 있습니다. 이처럼 팹리스 – 파운드리 – OSAT로 이어지는 생태계는 대만 반도체의 경쟁력을 높이는데 큰 역할을 하고 있습니다.

물론, 남부러울 것 없어 보이는 대만에도 두 가지 고민이 있습니다. 첫 번째는 첨단 반도체 생산을 위한 장비, 부품, 소재, 소프트웨어, IP 분야의 해외 의존도가 매우 높다는 것입니다. 대만 전자 장비 협회 자료에 따르면, 2020년 기준 대만 반도체 공정 장비의 자급률은 전공정 장비 1%, 후공정 장비 15%에 불과합니다. 미국 일본, EU의 기업으로부터 반도체 생산에 필요한 원재료와 장비를 공급받지 못하면 언제든지 생산이 중단될 수 있습니다.

두 번째는 인력 유출입니다. 중국이 국가 주도 반도체 육성 정책을 내세우면서 대만의 인재들이 중국으로 향하기 시작했습니다. 언어 장벽이 낮은 데다 기존 연봉의 몇 배를 제시하고 있기 때문입니다. 대만의 반도체 산업이 인재 육성을 통해 이뤄진 만큼 인재 유출은 산업 기반을 흔드는 일입니다. 이를 막기 위해 대만 기업들도 높은 연봉을 제시하고 있지만, 중국의 국가 주도 반도체 육성 정책이 계속된다면 대만의 반도체 산업 역시 타격을 입을 수밖에 없습니다.

메타버스, 자율 주행 전기차 등 각종 산업의 발전으로 반도체 수요가 크게 증가했습니다. 반면 이를 생산해 줄 파운드리 기업은 턱없이 부족한 상황입니다. 최근 반도체 공급 부족 현상으로 인해 파운드리 기업과 OSAT 기업이 몰려 있는 대만이 큰 주목을 받고 있습니다. 대만을 상대로 반도체 물량을 확보하기 위한 각국 정부의 외교적인 노력이 계속되고 있죠. 이러한 환경에 힘입어 현재 대만의 반도체 산업은 최고의 시기를 보내고 있습니다.

미래에도 경쟁력을 유지하기 위해 대만 기업들은 막대한 투자를 이어가고 있으며, 대만 정부 역시 지원을 아끼지 않고 있습니다. 대만 반도체 산업의 호황이 앞으로도 쭉 이어질지 귀추가 주목됩니다

일본

일본은 한때 반도체 시장을 석권했던 반도체 강국입니다. 1980년대와 1990년대를 호령한 상위 10개 반도체 기업 중 무려 5~6개가 일본 기업이었죠. 하지만 세 차례의 미·일 반도체 협정을 맺으면서 일본 반도체 산업은 크게 퇴보합니다. 현재 반도체 시장 매출액 기준 상위 15개 기업 중 일본 기업은 단 하나, 키옥시아(KIOXIA) 뿐입니다. 이외에 차량용 반도체 분야 강자인 르네사스(Renesas)가 일본을 대표하는 반도체 기업으로 남아 있죠. 반도체 완제품을 만드는 기업이 없다는 것이 일본의 최대 약점입니다. 그럼에도 불구하

고, 일본은 여전히 전 세계 반도체 시장의 6.6%를 차지하고 있습니다. 또, 생산 능력 측면에서도 중국과 함께 공동 3위(15%)에 올라 있습니다. 일본의 경쟁력은 어디서 나오는 걸까요?

일본은 장비, 부품, 소재 분야에서 큰 경쟁력을 가지고 있습니다. 일본의 대표 장비 기업인 도쿄 일렉트론(TEL)은 전 세계 에칭 장비 시장의 약 30%, 증착 장비 시장의 약 15%를 차지하고 있습니다. 이외에도, 세정 장비를 제작하는 스크린(SCREEN), 특수 공정용 에칭 장비와 전자 현미경(SEM)을 제작하는 히타치 하이테크(Hitachi High-Tech), I-line(365 nm 파장의 UV) 노광기에서 강점을 가진 캐논(Canon), 열처리 장비를 제작하는 고쿠사이 전기(Kokusai Electric), 후공정에서 사용하는 다이싱 장비를 제작하는 디스코(Disco), 웨이퍼 보관 케이스인 FOUP(Front Opening Unified Pod)을 장비로 자동 이송해 주는 OHT를 제작하는 다이후쿠(Daifuku) 등이 장비 분야에서 활약하고 있습니다.

부품 분야는 어떨까요? 반도체 장비의 움직임을 제어하는 공기압 밸브에서부터 진공 펌프, 유압 구동 부품 등 매우 많은 품목에서 일본 기업들이 경쟁 우위를 가지고 있습니다. 특히 포토마스크에 활용되는 블랭크 마스크, 그중에서도 최근 각광받고 있는 EUV용 블랭크 마스크는 일본의 광학 기업인 호야(HOYA)와, 아사히글래스(AGC)가 전 세계 시장을 과점하고 있습니다.

소재 분야도 마찬가지입니다. 300 mm 실리콘 웨이퍼 시장의 54.6%를 신에츠 반도체(29.8%)와 섬코(24.8%) 두 기업이 점유하고 있습니다. 이외에 에칭/클리닝용 가스, 화학 용액, 증착 공정용 전구체 소재, 감광액과 같은 화학 제품 분야에서도 일본 기업들이 활약하고 있죠.

완제품 시장에서 주도권을 뺏긴 일본은 다시금 재기를 위해 노력하고 있습니다. 최근 일본 정부는 반도체 산업 육성 전략을 발표했습니다. 미국, 대만 등과 협력해 글로벌 협력 체계를 구축함과 동시에 일본 내 생산 거점을 마련하는 것이 최종 목표입니다. 이에 국가 연구 기관인 산업 기술 종합 연구소(AIST)가 선폭 5 nm 이하 반도체 제조 기술을 개발하기 위한 컨소시엄을 구성했고, 일본의 여러 장비 기업들과 TSMC, 인텔 등의 기업이 참여를 확정했습니다. 특히, 대만의 TSMC는 차세대 반도체 패키지 연구 개발 센터를 일본에 설치하는 계획과 파운드리 공장 신설 계획을 발표했죠. 또한, 일본 기업인 소니 역시 이미지 센서(CIS) 공장 증설 및 신설 등 다양한 계획을 내놓고 있습니다. 이러한 노력으로 일본이 잃어버린 위상을 되찾을 수 있을지 귀추가 주목됩니다.

중국

중국은 2020년 반도체 생산량 기준으로는 일본과 함께 공동 3위(15%)에 올라있지만, 반도체 시장 점유율(6.1%)은 그에 비해 많이 낮은 수준입니다. 또한 아직까지 장비, 부품, 소재 등을 모두 해외 기업에 의존하고 있으며, 생산하는 반도체의 종류 역시 고부가제품이 아니어서 당장은 산업에 미치는 영향력이 크지 않습니다. 하지만 국가 차원의 지원을 통해 빠르게 성장하고 있는 만큼 주목할 필요가 있습니다.

2016년 이전에는 미국 오바마 정부의 자유 무역 주의 정책으로 인해 전세계의 IT 가치 사슬이 서로 연동되어 있었습니다. 미국이 주도적으로 IT 산업을 이끌고, 일본이 장비·부품·소재를 만들고, 한국이 이를 활용해 전자기기에 들어가는 반도체나 디스플레이를 제조하면, 중국에서 완제품으로 조립하는 방식이었죠. 중국은 주요 부품들을 전달받아 조립만 하는 하청 공장의 역할을 담당했습니다. 그러다 중국이 자신감을 얻는 사건이 발생합니다. 바로 디스플레이와 스마트폰 시장에서의 성장입니다.

2000년대 중반까지만 하더라도 당시 첨단 디스플레이인 LCD(Liquid Crystal Display) 시장에서 중국이 미치는 영향력은 거의 제로에 가까웠습니다. 그런데, 2007년 LCD TV 국산화율 80%를 목표로 시작한 중국 정부의 보호 무역 주의와 보조금 및 세제 지원 혜택으로 중국 기업들이 급격하게 성장하기 시작합니다. 결국, 2017년 중국은 전 세계 LCD 생산 능력 34.1%를 차지하며 한국(30%)을 뛰어넘습니다. 스마트폰과 통신 장비 시장 역시 비슷했습니다. 초기 중국 기업들은 저가형 모델만 만들 수 있었습니다. 고가폰은 애플과 삼성전자의 몫이었죠. 하지만 화웨이(Huawei)와 샤오미(Xiaomi)가 성장하면서 내수를 넘어 수출까지 하게 됩니다. 일련의 사건들로 중국은 자국 기업의 브랜드 파워로도 전 세계에서 인정받을 수 있다는 자신감을 얻습니다.

이런 자신감을 바탕으로 제조업 육성, 기술 혁신, 녹색 성장을 통해 중국의 경제를 질적으로 성장시키는 '중국 제조 2025' 정책을 발표합니다. 특히 대부분의 반도체를 수입해 사용하던 문제를 해결하기 위해 반도체 산업 육성에 대규모로 투자할 것을 선언합니다. 2025년까지 반도체 자급률 70%를 목표로 국가 차원에서 64조 원 이상의 자금을 지원해 반도체 설계, 제조, 테스트 및 패키지, 장비, 소재 분야에서 최상급의 기술을 육성하고자 했습니다. 그렇게 중국 정부의 지원 아래 반도체 신생 기업과 공장이 우후죽순 생겨났고, 대학에 반도체 학과가 신설되는 등 엄청난 규모의 인력 육성 프로젝트가 시작됩니다.

반도체 산업의 패권을 가진 미국 입장에서 중국의 이런 행보는 눈엣가시와도 같았습니다. 곧, 트럼프 정부의 'Make America Great Again(MAGA)' 정책을 시작으로 중국 기업 화웨이에 대한 수출 규제가 진행됩니다. 그리고 얼마 지나지 않아 규제의 불씨는 반도체 산업 전반으로 확대됩니다. 반도체 제조 기밀이 중국으로 유출되지 않도록 중국으로 들어가는 반도체 생산 장비, 재료, 소프트웨어의 공급 루트를 사실상 차단시킵니다. 이로 인해 중국은 반도체 공장 건설에 차질을 빚게 되고, 반도체 기업 역시 큰 타격을 받습니다.

설상가상으로 내부의 문제까지 중국의 발목을 잡습니다. 정부 주도로 급격하게 지원이 이뤄진 탓에 기업들이 질적인 성장보다는 양적인 성장에 집중하면서 여러 부작용이 속출한 것입니다. 재무 상태가 매우 불안정함에도 정부만 믿고 과잉 투자를 진행한 칭화 유니 그룹은 디폴트(채무불이행)를 선언합니다. 또, 기술력이 전혀 없는 우한 홍신 반도체 제조(HSMC)와 같은 기업들이 거액의 지원금을 받아 간 것이 확인되었죠. 미국의 제재와 내부의 문제가 동시에 터지면서 중국 내 많은 반도체 기업들이 파산, 법정 관리 절차를 밟습니다. 이를 모면하기 위해 중국은 대만을 이용하려 했지만, 대만마저 'CHIPS for America'에 동참하면서 완벽하게 고립되죠. 결국 '중국 제조 2025' 이후 중국에서 생겨난 수많은 반도체 기업 중 6년 이상의 시간을 버티고 남아있는 기업은 SMIC, YMTC, 그리고 일부 OSAT 업체로 소수에 불과합니다.

물론 중국 기업들의 노력이 아예 없는 것은 아닙니다. 차량용 반도체 부족 사태로 큰 수혜를 본 중국 최대 파운드리 기업이자, 전 세계 5위의 파운드리 기업인 SMIC는 신규 반도체 제조 공장 신설을 발표했습니다. TSMC나 삼성전자에 필적하는 첨단 반도체 공정은 아니지만, 28 nm 선폭의 레거시 공정을 활용해 차량용 반도체 제조 분야에서 점유율을 높이기 위한 것으로 보입니다. 전 세계 3위의 OSAT 기업인 JCET 역시 여러 인수합병을 통해 경쟁력을 키우고 있습니다.

중국과 미국의 싸움에 우리나라와 대만도 덩달아 어려운 상황에 놓였습니다. 우리나라는 반도체 생산에 필요한 부품, 소재 등을 대부분 미국과 일본에서 수입합니다. 그리고 완제품을 중국에 수출하죠. 중간에서 양쪽 눈치를 봐야 하는 상황인 것입니다. 반도체 최대 생산국인 대만 역시 정치적으로 중국과 얽혀 있어 불안한 상황은 매한가지입니다.

앞으로도 중국은 반도체 산업 육성을 위해 끊임없이 노력할 것입니다. 한번 쓴맛을 본 만큼, 반도체 산업을 제대로 이해하고 분석해 보다 효과적인 지원책을 내놓겠죠. 산업 성장에 필수적인 인재 육성에 힘을 쏟는 한편, 해외에 거주 중인 자국 인재들을 적극적으로 유치할 것으로 보입니다. 강경한 태도를 유지하고 있는 미국 정부가 앞으로 어떤 자세를 취할지도 지켜볼 필요가 있습니다.

EU

EU 내 반도체 기업들은 특화된 분야에서 활동하고 있습니다. 전 세계 IP 시장의 40.4%를 점유하고 있는 영국의 ARM, EUV 장비를 만들 수 있는 유일한 기업인 네덜란드의 ASML, 차량용 반도체 기업인 독일의 인피니언(Infineon)과 보쉬(Bosch), 스위스의 ST마이크로일렉트로닉스(STMicroelectronics), 네덜란드의 NXP 등이 대표적인 EU 내 반도체 기업입니다.

EU는 2020년 기준 세계 반도체 시장에서 8.5% 정도의 점유율을 가지고 있지만, 점유율에 비해 생산 능력은 떨어집니다. 이러한 문제는 2021년 초 차량용 반도체 부족 사태로 여실히 드러납니다. EU에서 큰 규모를 차지하는 자동차 산업이 차량용 반도체를 구하지 못해 큰 타격을 받은 것입니다. 이 문제를 타개하기 위해 EU, 특히 독일은 대만에 반도체 생산을 늘려 달라는 요청을 합니다. 하지만 파운드리 기업들은 원하는 만큼 생산량을 늘리지 않았습니다. 차량용 반도체는 IT 용 반도체(AP, CPU, GPU 등)에 비해 부가가치가 낮은 데다, 당장 차량용 반도체의 생산량을 늘릴 수 있는 상황도 아니었기 때문입니다.

반도체 생산 시설의 중요성을 깨달은 EU는 생산 분야의 경쟁력을 높이기 위해 막대한 자금을 쏟아붓기로 합니다. 반도체 생태계 조성을 위해 반도체 동맹을 결성하고, 국제적인 협력을 강화할 것임을 발표하죠. 해외 유수의 파운드리 기업들과 협력해 반도체 생산 점유율을 현 10% 수준에서 20%까지 끌어올리는 것이 최종 목표입니다.

이에 미국에 생산 공장을 증설 또는 신설하겠다던 파운드리 기업들이 EU에도 눈을 돌리고 있습니다. 수많은 고객사가 있는 미국이 부가가치가 더 높은 것은 맞지만, 뚜렷한 수요처가 있고 세제 혜택까지 받을 수 있는 EU 역시 매력적인 투자처이기 때문입니다. 반도체 공장을 신설해 첫 제품이 나오기까지는 수 년이 걸립니다. 차량용 반도체 부족 현상이 당장에 해소되지는 않겠지만, 이 사태를 계기로 EU가 반도체 생산 시설 유치와 운영에 필요한 인력 육성에 더 큰 힘을 쏟을 것은 자명합니다.

이스라엘

현재 반도체 산업에 미치는 영향력이 크지는 않지만, 이스라엘은 향후 성장이 기대되는 국가입니다. 이스라엘의 반도체 산업은 인텔의 엔지니어였던 도브 프로만(Dov Frohman)이 이스라엘로 오면서 시작되었습니다. 인텔은 그를 통해 이스라엘에 반도체 디자인 센터를 설립했습니다. 이를 계기로 퀄컴, 모토로라와 같은 글로벌 기업들의 디자인 센터뿐만 아니라 셀레노(Celeno), 발렌스(Valens), 갈릴레오 테크놀로지(Galileo Technology), 엠시스템즈(M-Systems), 모빌아이(Mobileye)와 같은 경쟁력 높은 설계 업체들이 이스라엘로 들어오게 되죠.

또한 인텔은 자율 주행과 반도체 연구 개발에 투자를 진행하는 한편, 12조 원 규모의 반도체 제조 공장을 신설하기로 결정합니다. 인텔의 연구 센터와 제조 시설이 이스라엘에 갖춰지는 셈입니다.

인텔뿐 아니라 퀄컴의 연구 센터, 장비 기업인 어플라이드 머티리얼즈와 KLA의 생산 공장 등 이스라엘에는 많은 미국 기업들이 진출해 있습니다. 세계 유수의 기업들이 이스라엘에 투자를 진행하고 있다는 점에서 추후 이스라엘이 반도체 산업을 뒤흔들 변수로 작용할 가능성이 높습니다.

이런 이스라엘의 성장세는 중국과도 비슷해 보입니다. 다만, 이스라엘의 반도체 산업 성장에는 미국의 후원이 있습니다. 따라서 중국과 달리 반도체 산업을 안정적으로 성장시킬 수 있는 상황이며, 앞으로도 발전 가능성이 매우 크다고 할 수 있습니다.

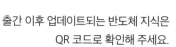

출간 이후 업데이트되는 반도체 지식은
QR 코드로 확인해 주세요.

반도체, 핵심만 쏙쏙!

1. 반도체, 어떤 기업이 있을까?

① IDM

삼성전자(🇰🇷), 인텔(🇺🇸), SK하이닉스(🇰🇷), 마이크론(🇺🇸), 텍사스 인스트루먼트(🇺🇸), 키옥시아(🇯🇵)

② IP 기업

ARM(🇬🇧), 시놉시스(🇺🇸), 케이던스(🇺🇸)

③ 팹리스 기업

퀄컴(🇺🇸), 엔비디아(🇺🇸), 브로드컴(🇺🇸), 미디어텍(🇹🇼), AMD(🇺🇸), 노바텍(🇹🇼), 마벨(🇺🇸), 리얼텍(🇹🇼), 자일링스(🇺🇸), 하이맥스(🇹🇼)

④ 파운드리 기업

TSMC(🇹🇼), 삼성전자(🇰🇷), UMC(🇹🇼), 글로벌 파운드리스(🇺🇸), SMIC(🇨🇳)

⑤ OSAT 기업

ASE(🇹🇼), 엠코(🇺🇸), JCET(🇨🇳), SPIL(🇹🇼), 파워텍(🇹🇼), TFME(🇨🇳), TSHT(🇹🇼), KYEC(🇹🇼), 칩모스(🇹🇼), 칩본드(🇹🇼)

⑥ 장비 기업

어플라이드 머티리얼즈(🇺🇸), ASML(🇳🇱), 램리서치(🇺🇸), 도쿄 일렉트론(🇯🇵), KLA(🇺🇸), 어드밴테스트(🇯🇵), 스크린(🇯🇵), 테라다인(🇺🇸), 히타치 하이테크(🇯🇵), ASM(🇳🇱), 고쿠사이 전기(🇯🇵), 니콘(🇯🇵), 다이후쿠(🇯🇵)

⑦ 부품 기업

호야(🇯🇵), 아사히글래스(🇯🇵), 신에츠(🇯🇵), 듀폰(🇺🇸), Cabot(🇺🇸), 3M(🇺🇸)

⑧ 소재 기업

신에츠(🇯🇵), 섬코(🇯🇵), 신에츠쿼츠(🇯🇵), 아사히글래스(🇯🇵), JSR(🇯🇵), 스미모토 화학(🇯🇵), TOK(🇯🇵)

2. 반도체, 어떤 나라가 잘 만들까?

① 미국(🇺🇸): 전체 반도체 시장의 49.3%를 점유하고 있는 미국은 시스템 반도체(팹리스) 강국으로 팹리스뿐 아니라 장비 분야에서도 큰 경쟁력을 가지고 있습니다. 미국의 유일한 약점은 반도체 생산 시설(Fab) 부족인데, 이를 극복하기 위해 미국 내 생산 시설을 짓는 글로벌 기업에게 국가적인 지원을 약속하고 있습니다.

② 한국(🇰🇷): 한국은 전 세계 반도체 시장의 19.3%를 차지한 2위 국가입니다. 메모리 반도체 분야의 최강국으로 전 세계 DRAM 시장의 72%, NAND 플래시 메모리 시장의 52.6%를 삼성전자와 SK하이닉스 두 개 회사가 점유하고 있습니다. 또한 파운드리 분야에서도 일정 정도의 경쟁력을 가지고 있죠. 다만, 장비, 부품, 소재의 해외 의존도가 높고, 시스템 반도체 분야에서의 존재감이 아직은 미약하다는 약점을 안고 있습니다.

③ 대만(🇹🇼): 대만은 파운드리와 OSAT 분야에서 큰 경쟁력을 가진 국가로 전 세계 반도체 시장의 9.7%를 차지하고 있습니다. 반도체 강국이지만, 장비, 부품, 소재, 소프트웨어와 IP 등에 대한 해외 의존도가 높고, 인재 유출이 부쩍 늘어나고 있는 점이 약점으로 꼽히고 있습니다.

④ 일본(🇯🇵): 일본은 장비, 부품, 소재 분야에 강점을 가지고 있습니다. 한때 미국 다음으로 반도체 시장에서 영향력이 컸지만, 현재는 그 위세가 많이 줄었습니다. 전 세계 반도체 시장에서 6.6%의 점유율을 차지하고 있습니다.

⑤ 중국(🇨🇳): 국가의 지원 아래 빠르게 성장해왔지만, 아직 특정 분야에서 독보적인 경쟁력을 갖추고 있지는 않습니다. 최근 미국의 제재와 과도한

정부의 지원이 부메랑이 되어 성장에 어려움을 겪고 있습니다.

⑥ EU(🇪🇺): IP 설계(ARM), EUV 장비(ASML), 차량용 반도체(인피니언과 보쉬) 등 특화된 영역에서 경쟁력을 가지고 있습니다. 취약한 생산 능력을 보완하기 위해 여러 노력을 하고 있지만, 미국과의 경쟁에서 밀려 이렇다 할 성과가 나오지 않고 있습니다.

⑦ 이스라엘(🇮🇱): 아직까지 반도체 산업에서 큰 영향력은 없지만, 뛰어난 IT 인재들과 미국의 지원으로 향후 성장 가능성이 높은 국가입니다.

1. 전자 설계 자동화(Electronic Design Automation) 프로그램

앞에서 소개한 IP 기업 시놉시스와 케이던스는 EDA 사업과 IP 라이선싱 사업을 함께 진행하고 있습니다. 여기서 EDA란 무엇일까요? EDA는 전자 설계를 자동으로 해주는 프로그램입니다. 설계도를 EDA에 넣으면 실제 만들어질 반도체의 배치, 배선의 모양과 길이 등이 자동으로 구현됩니다. 설계 회사는 EDA의 도움을 받아 개발에서 생산까지의 기간을 획기적으로 단축할 수 있습니다.

EDA 시장은 진입장벽이 굉장히 높습니다. EDA 프로그램에 고객사의 설계 노하우가 고스란히 녹아 있어 이례적인 경우가 아닌 이상, 고객사가 거래하는 EDA 기업을 변경하는 일이 거의 없습니다. 신규 업체가 기존 업체를 따라잡는 것이 매우 어려운 시장인 것이죠. 업력이 오래된 EDA 회사들이 경쟁우위를 갖는 이유가 바로 여기에 있습니다.

2. 차량용 반도체 품귀 현상의 진실

2021년, 차량에 들어가는 반도체를 구하지 못해 자동차 생산이 중단되는 초유의 사건이 발생합니다. 이것이 바로 언론을 떠들썩하게 한 차량용 반도체 공급 부족 이슈입니다. 이 문제는 지금까지도 완전히 해결되지 않고 있는데요, 제조 난이도가 낮은 편인 차량용 반도체가 갑자기 왜 이렇게 부족하게 된 것일까요? 몇 가지 원인을 짚어 보겠습니다.

첫 번째 원인은 완성차 업체의 빗나간 수요 예측입니다. 자동차 업계는 코로나19 사태로 2020년 자동차 수요가 감소할 것으로 예측하고 차량용 반도체 주문량을 미리 줄였습니다. 하지만, 예측과는 달리 자동차 수요가 빠르게 회복되면서 차량용 반도체 공급 부족에 직면하게 됩니다.

두 번째 원인은 반도체 산업의 특성에 있습니다. 반도체는 설계부터 생산까지 오랜 기간이 소요됩니다. 특정 반도체의 수요가 늘어났다고 해서 즉각적으로 이를 공급할 수 있는 구조가 아닙니다. 설상가상으로 2021년 초 발생한 르네사스(Renesas) 공장 화재, 미국 텍사스 주 한파 등으로 인해 차량용 반도체 생산에 문제가 생기면서 품귀 현상이 더욱 가중되었습니다.

또 다른 원인으로는 차량용 반도체의 낮은 수익성을 꼽을 수 있습니다. 코로나19 사태로 스마트폰, 태블릿, 컴퓨터 등 전자 제품의 수요가 급증하면서 여기에 들어가는 AP, CPU 등의 수요 역시 폭발적으로 증가합니다. 차량용 반도체와 IT 기기용 반도체가 동시에 공급 부족 사태에 직면한 것이죠. 문제는 IT 기기용 반도체는 수익성이 좋지만, 차량용 반도체는 상대적으로 수익성이 낮다는 것입니다. 반도체 제조 기업 입장에서는 이미 생산 능력의 대부분을 IT 기기용 반도체에 사용하고 있는 상황에서 군이 차량용 반도체의 생산을 늘릴 이유가 없었을 것입니다.

차량용 반도체 품귀 현상이 계속 이어지자 미국, 독일, 일본 정부는 세계에서 가장 큰 파운드리 기업을 가진 대만 정부에 도움을 요청합니다. 또한 이런 일이 반복되지 않도록 자국 내 파운드리 기업의 제조 시설 유치를 진행하죠. 이 사태로 자동차 업계와 소비자들은 큰 피해를 보았지만, 파운드리 기업의 몸값은 천정부지로 치솟게 됩니다. 최근 자동차 업계에서는 차량용 반도체를 안정적으로 수급하기 위해 자사 차종에 들어가는 반도체 부품을 직접 설계하고 제조하려는 움직임을 보이고 있습니다. 이러한 노력들이 향후 차량용 반도체 시장에 어떤 영향을 미칠지 귀추가 주목됩니다.

3. 화합물 반도체란?

실리콘이나 저마늄처럼 한 종류의 원소로 이루어진 반도체 물질을 원소 반도체(Elemental Semiconductor)라고 합니다. 반면 두 종류 이상의 원소로 이뤄진 반도체 물질은 화합물 반도체(Compound Semiconductor)라고 하죠. 반도체 산업에서는 실리콘 기반의 원소 반도체를 주로 사용하지만, 광학 반도체나 전력 반도체처럼 특정 분야에서는 화합물 반도체가 실리콘 반도체보다 더 좋은 성능을 내기도 합니다. LED 제조에 사용되는 질화갈륨(GaN)이나 고전압 반도체 제조에 활용되는 탄화규소(SiC)가 좋은 예입니다. 대표적인 화합물 반도체로는 비소화갈륨(GaAs), 셀렌화아연(ZnSe) 등이 있습니다.

4. 그래핀이란?

다이아몬드와 흑연은 모두 탄소 원자로만 구성된 물질입니다. 같은 탄소 원자지만 원자들의 결합 구조가 달라서 서로 다른 성질을 갖게 되죠. 그래핀 역시 탄소 원자로만 구성된 물질입니다. 그래핀은 뛰어난 특성으로 주목을 받고 있는데요, 두께가 0.3 nm 수준으로 얇지만 같은 무게의 강철보다 200배 이상 높은 강도를 갖습니다. 또한 길이를 20% 늘려도 파손되지 않죠. 전기가 가장 잘 통하는 물질 중 하나인 은(Ag) 만큼 전기가 잘 흐르고, 열전도성이 높은 다이아몬드보다 2배 이상 열이 잘 전달됩니다. 이러한 장점 덕분에 꿈의 소재로 불리게 되죠. 그러나 그래핀이 가진 한계점도 분명합니다. 우선 그래핀은 제작이 어렵습니다. 반도체 공정에서 사용될 만큼 정밀하면서 균일한 그래핀을 제작하기 위한 생산 공정이 아직 준비되지 않았습니다. 또한, 전기를 확실히 차단시키기 어려워 반도체의 주요 기능인 스위치 기능을 제대로 소화하지 못합니다. 이런 한계를 넘기 위해 그래핀을 기반으로 한 새로운 물질에 대한 연구가 활발히 진행되고 있습니다.

5. 이 실리콘이 그 실리콘이 아니라고요?

실리콘하면 아기 젖병이나 주방 용품에서 볼 수 있는 말랑말랑한 재질을 떠올리는 분들이 많습니다. 그런데 웨이퍼를 만드는 재료와 여러 생활용품에 사용되는 재료가 과연 같은 것일까요?

반도체에서 사용되는 실리콘은 영어로 'Silicon'이라 쓰고, 화학식으로는 간단하게 'Si'으로 표시합니다. 이산화규소(SiO_2)가 주성분인 모래를 화학적으

| 그림 4-5. Silicon으로 만든 웨이퍼(좌)와 Silicone(우)으로 만든 주방용품 |

로 가공, 추출하여 순수한 실리콘 원자들을 얇은 단결정 원판으로 만든 것이 실리콘 웨이퍼죠.

반면, 말랑말랑한 실리콘은 영어로 'Silicone'이라 쓰고, 화학식으로는 'R$_2$SiO'라고 표시합니다. 여기서 R은 탄화수소(탄소(C)와 수소(H)가 결합한 분자 단위)를 나타내죠. 즉, Silicone은 실리콘(Si), 탄소(C), 수소(H), 산소(O)가 수없이 많이 연결되어 있는 고분자(Polymer) 물질입니다. 이 고분자 물질은 주방용품, 스마트 워치 시곗줄, 건축 자재, 성형 보형물 등 많은 분야에서 활용되고 있습니다. 이제 두 실리콘이 서로 다른 물질인 것을 확실히 아시겠죠?

안녕하세요. [진짜 하루만에 이해하는 반도체 산업]의 저자 박진성입니다. 독자님들은 뭔가 까다롭고 어려운 문제를 마주하게 되면 어떻게 행동하시나요? 저는 개념부터 이해하려고 노력합니다. 개념을 이해하면 어렵게만 보였던 문제의 본질을 파악할 수 있거든요! 그리고 본질을 파악하면 문제를 푸는 것에서 끝나지 않고 쉽게 설명하는 것까지 가능합니다. 평소 주변 사람들에게 무엇이든 쉽게 잘 설명한다는 이야기를 자주 듣는 것도 저의 이런 성향 때문이 아닐까 생각합니다. 천체 물리학을 대중화시킨 칼 세이건(Carl Edward Sagan)처럼, 쉽게 설명하는 장점을 살려 전공 분야인 반도체에 대해 많은 사람들에게 알려드리고 싶었습니다. 어렵기만 할 것 같은 반도체 공부의 문턱을 조금이라도 낮추고 싶었습니다. 첫 대상은 가족이었고, 그다음은 반도체 비전공자 친구들이었습니다. 결국, 이렇게 연이 이어져 티더블유아이지 출판사 대표님에게까지 뜻이 닿게 되었습니다.

이 책이 만들어지기까지 도움을 주신 분들이 많은데, 제일 먼저 출판사 대표님과 신미선 편집장님께 감사드립니다. 첫 미팅을 했던 날, 간단히 요약된 자료로 30-40분 정도 책의 방향에 대해 설명드리고 대화를 나눴던 것이 기억납니다. 대표님과 편집장님께서 비전공자가 공부할 만한 적절한 자료가 없다는 사실을 알려주셨을 때, 머리를 한 대 얻어맞은 것 같았습니다. 두 분과 대화를 나누면서 반도체 산업을 스토리로 구성하고, 개념 위주로 이해하기 쉽게 설명할 필요성을 느끼게 되었습니다. 이 책은 다소 따분한 전공 책 같았던 초안으로 시작했으나 반도체 산업을 이해하려는 대표님과 편집장님의 노력을 통해 결실을 맺게 되었습니다. 감사합니다.

다음으로, 이 책을 쓰는 데 도움을 주신 가족들과 친구들에게 감사드립니다. 원고를 작성하면서 '잘 쓸 수 있을까?'하는 걱정이 있었지만 가족과 친구들의 응원 덕분에 완성해낼 수 있었습니다. 한창 내용을 궁금해하고 있을 가족과 친구들에게 이 책을 보여드릴 수 있게 되어 정말 다행입니다. 부디 이 책을 통해 제 주변 사람들이 '반도체 산업에 흥미를 느낀 비전공자'가 되어 함께 스스럼없이 반도체 산업을 논할 수 있었으면 좋겠습니다.

마지막으로, 이 책을 읽어 주신 독자님들께 감사드립니다. 쉽게 설명하는 데 초점을 맞추다 보니 전공자 눈으로 볼 때에는 생략한 부분이 있어 걱정되고 아쉬울 따름입니다. 이 부분을 살리려면 전공 책이 될 수밖에 없는 것도 잘 알고 있었기에 고민이 많았습니다. 행여 부족한 부분이 있더라도 넓은 마음으로 이해해 주시길 부탁드립니다.

이 책이 여러분의 호기심에 불을 지펴 반도체 산업에 대한 이해도를 높이고, 더 심화된 공부를 도울 수 있는 기본 교양서가 되리라 자신합니다. 반도체 산업에 대한 공부를 통해 여러분이 목적하는 바를 모두 이루시기를 바라며, 다시 한번 감사의 인사를 드립니다.

PART 01

- Ben G. Streetman & Sanjay Banerjee, "Solid State Electronic Devices", Pearson Education Limited (2016)
- Simon M. Sze & Kwok K. Ng, "Physics of Semiconductor Devices", Wiley-Interscience (2006)
- 김동명, "반도체 공학: 그림으로 보여주는 반도체의 핵심 원리", 한빛아카데미 (2015)
- Chenming C. Hu, "Modern Semiconductor Devices for Integrated Circuits", Pearson Higher Education (2010)
- 앰코인스토리, "반도체, 그 역사의 시작 - 반도체에 대한 이해와 개발의 역사" https://amkorinstory.com/72
- 앰코인스토리, "반도체와 전자공학의 역사, 두 번째" https://amkorinstory.com/458
- Jon Gertner, "The Idea Factory", Penguin Books (2012)
- 앰코인스토리, "반도체, 그리고 현재 - 반도체의 집적도를 높이고 한계를 극복하는 기술의 등장" https://amkorinstory.com/8
- 앰코인스토리, "반도체, 그리고 현재 - 누설전류를 해결하는 기술 High-K와 Fin-FET" https://amkorinstory.com/9

PART 02

- Computer Science Wiki, "Arcitecture of the CPU" https://computersciencewiki.org/index.php/Architecture_of_the_central_processing_unit_(CPU)
- WSTS, "WSTS Semiconductor Market Forecast Spring 2022" https://www.wsts.org/esraCMS/extension/media/f/WST/5550/WSTS_nr-2022_05.pdf
- NVIDIA, "NVIDIA CUDA C++ Programming Guide" https://docs.nvidia.com/cuda/cuda-c-programming-guide/index.html
- PassMark Software, "CPU Benchmark" https://www.cpubenchmark.net/market_share.html
- Jon Peddie Research, "AMD: Xilinx Acquisition Heats Up Competition With Intel" https://seekingalpha.com/article/4487862-amd-xilinx-acquisition-competition-with-intel
- Counterpoint Research, "Infographic: Q1-2022 | Global Smartphone AP Market Share" https://www.counterpointresearch.com/infographic-q1-2022-global-smartphone-ap-market/

- Amazon Web Services, "Parallel processing in GPUs and FPGAs"
- Modor Intelligence, "FPGA Market" https://www.mordorintelligence.com/industry-reports/field-programmable-gate-array-fpga-market
- PR Newswire, "Programmable ASIC Market" https://www.prnewswire.com/news-releases/programmable-asic-market-69-of-growth-to-originate-from-apac-by-application-consumer-electronics-telecommunication-automotive-and-others-and-geography--growth-trends-and-forecasts-2022---2026-301497461.html
- 대한민국 정책브리핑, "인공지능 반도체로 세계시장을 이끌겠습니다" https://www.korea.kr/news/visualNewsView.do?newsId=148878797
- 경제추격연구소, "'21년 「인공지능반도체」 기술산업·특허연계분석최종보고서" http://www.catch-up.org/modules/board/bd_view.html?id=kor_document_research&no=29
- 머니투데이, ""삼성 카메라 1등 만들라" 8년만에 소환된 이건희의 꿈" https://news.mt.co.kr/mtview.php?no=2020021809382951703
- IT조선, "삼성전자 디카 철수는 '신의 한수'···돈 되는 응용 분야 박차" http://it.chosun.com/site/data/html_dir/2019/08/14/2019081402545.html
- Vladan Blahnik & Oliver Schindelbeck, "Smartphone imaging technology and its applications", Advanced Optical Technologies, Vol. 10, Issue 3, pp. 145-232 (2021) https://www.degruyter.com/document/doi/10.1515/aot-2021-0023/html
- Yole Developpement, "CMOS Image Sensor Quarterly Market Monitor" https://www.i-micronews.com/products/cmos-image-sensor-quarterly-market-monitor/
- Counterpoint Research, "Global CIS Market Revenue to Reach $21.9 Billion in 2022" https://www.counterpointresearch.com/global-cis-market-revenue-reach-21-9-billion-2022/
- 뉴스핌, "폰·TV 잘 팔리니···디스플레이 반도체 'DDI'도 공급 부족" https://www.newspim.com/news/view/20210210001073
- ifixit, "Samsung Galaxy S20 Ultra Teardown" https://ko.ifixit.com/Teardown/Samsung+Galaxy+S20+Ultra+Teardown/131607
- 유진투자증권, "2022년 반도체 산업 전망 Revision"
- TrendForce, "Revenue Ranking of DRAM Brands, 4Q21" https://www.dramexchange.com/

 참고문헌

WeeklyResearch/Post/2/11223.html
- TrendForce, "Revenue Ranking of Global NAND Flash Brands, 4Q21" https://www.dramexchange.com/WeeklyResearch/Post/2/11227.html
- Wikipedia, "Memory Hierarchy" https://en.wikipedia.org/wiki/Memory_hierarchy
- JTBC, "차이나는 클라스 107회 - 반도체 전쟁, 왕좌의 주인은?"
- 전자신문, "[한국 반도체 50년]<9> 미국, 한국을 견제하다… 마이크론의 반덤핑 소송 제기" https://www.etnews.com/20160907000266

PART 03

- IPnest, "ARM returns to losing IP market share" https://www.eenewsanalog.com/en/arm-returns-to-losing-ip-market-share/
- TrendForce, "Foundry Revenue by Market Share, 2021~2022" https://www.eenewsanalog.com/en/tsmc-taiwan-to-increase-foundry-market-share-in-2022/
- TrendForce, "Revenue Ranking of the Top 10 OSAT Companies, 3Q21" https://www.trendforce.com/presscenter/news/20211123-11020.html
- Gary S. May & Simon M. Sze, "Fundamentals of Semiconductor Fabrication", John Wiley & Sons, Inc. (2004)
- Chenming C. Hu, "Modern Semiconductor Devices for Integrated Circuits", Pearson Higher Education (2010)
- 손윤철, "FOWLP 기술 동향", 한국전기전자재료학회지, Vol. 34, No. 2, pp. 04-11 (2021) https://koreascience.kr/article/JAKO202109960884260.pdf
- 그림 3-19 : ©ASML. https://www.asml.com/en/news/media-library

PART 04

- Gartner, "Top 10 Semiconductor Vendors by Revenue" https://www.e4ds.com/sub_view.asp?ch=2&t=0&idx=14606
- Omdia, "차량용 반도체 점유율" https://www.joongang.co.kr/article/24050996#home
- IPnest, "ARM returns to losing IP market share" https://www.eenewsanalog.com/en/arm-returns-

to-losing-ip-market-share/

- TrendForce, "Global Top 10 IC Design Company Revenue, 2021" https://www.electronicsweekly.com/news/business/top-ten-fabless-2021-2022-03/

- TrendForce, "Foundry Revenue by Market Share, 2021~2022" https://www.eenewsanalog.com/en/tsmc-taiwan-to-increase-foundry-market-share-in-2022/

- TrendForce, "Global OSAT Revenue for 3Q21" https://www.trendforce.com/presscenter/news/20211123-11020.html

- VLSI Research, "2020 Top Semiconductor Equipment Suppliers"

- The Information Network, "글로벌 주요 반도체 장비업체의 주요 장비별 시장점유율"

- 연구개발특구진흥재단, "글로벌 시장동향보고서 (2021.03) - 반도체 제조 장비 시장"

- Read Market Research, "Global Mask Blank Market Share by Companies (2020)"

- Industry Research, "CMP Pad Market Forecast (2020-2026)"

- 360 Research Report, "CMP Pad Conditioner Market Forecast (2020-2026)"

- SEMI, "2021년 웨이퍼 재료 시장 규모" https://biz.chosun.com/it-science/ict/2022/03/22/HNW56CDU4VEMRJHPBZDZAXFLVE/

- SK실트론 추정치, "2021년 기준 전 세계 300mm 실리콘 웨이퍼 시장 점유율" https://m.mk.co.kr/news/business/view/2022/05/393971/

- Modor Intelligence, "CMP Slurry Market Forecast (2020-2026)"

- Omdia, "국가별 반도체 시장 점유율" https://www.mk.co.kr/news/business/view/2022/04/362158/

유료 이미지(123RF 구매)

- 그림 1-10 ID 44499405
- 그림 1-11 ID 54527304
- 그림 1-15 ID 24523040
- 그림 3-12 ID 103773240
- 그림 3-53 ID 158465507 / 11583139

진짜 하루만에 이해하는
반도체 산업

초판 1쇄 발행 2023년 2월 6일
초판 6쇄 발행 2024년 11월 6일

지은이 박진성
펴낸곳 티더블유아이지(주)
펴낸이 자몽

기획총괄 신슬아
편 집 신미선, 박고은
디자인 윤지은
일러스트 나밍
마케팅 자몽

출판등록 제 300-2016-34호
주 소 서울특별시 종로구 새문안로3길 36, 1139호 (내수동, 용비어천가)
이메일 twigbackme@gmail.com

ⓒ 박진성, 2023, Printed in Korea
ISBN 979-11-91590-12-8 (03320)